思想觀念的帶動者

文化現象的觀察者

本土經驗的整理者

生命故事的關懷者

對於人類心理現象的描述與詮釋

有著源遠流長的古典主張，有著素簡華麗的現代議題

構築一座探究心靈活動的殿堂

我們在文字與閱讀中，找尋那奠基的源頭

青年路德

一個精神分析與歷史的研究

Young Man Luther

A Study in Psychoanalysis and History

艾瑞克・艾瑞克森 Erik H. Erikson——著

康綠島——譯

丁興祥——審訂

目錄

【審訂者序】

路德之為艾瑞克森，艾瑞克森之為路德

丁興祥／輔仁大學心理學系教授

歷史與脈絡之為閱讀視野

這本《青年路德：一個精神分析與歷史的研究》，可說是人格心理學家艾瑞克．艾瑞克森成名的心理傳記作品。艾瑞克森在這本傳記中運用了他的「人生發展階段論」，並以此「案例」說明了他所主張的「自我認定」危機[1]（identity crisis），傳主是宗教改革領袖馬丁．路德。書中艾瑞克森特別看重路德「青年時期」的心理衝突，尤其是與「父親」的矛盾衝突，以及自己人生方向的選擇問題，當然，也涉及「那個時代」（中世紀）的宗教改革問

1 註：「Identity Crisis」一般譯為「認同危機」。「認同」（identity）不是一個準確的翻譯，也有譯為「身分認同」。依艾瑞克森之意，可改譯為（身分或自我）「認定」或「確定」。（詳第一章註2）

題。了解一個人，不能只看其「個人」，也必須同時考慮當時的社會及此人所身處的歷史與文化，「人」總是鑲嵌於特定的社會與文化脈絡之中的。

當然，閱讀這本《青年路德》，也不能只看這本書，而不去了解寫這本書的「作者」（艾瑞克森），以及他的「理論」（人生週期論）。

有人說「理論」即是「自傳」。每個人格心理學家提出的理論及創見，多少都與他自己的「生命經驗」有關，尤其是「早年的生命經驗」。若要了解「理論」，就不能只有抽離式的理解，不但要進一步進入理論家的生命脈絡，進入到他書寫的原著文本（text），還要能考慮其身處的「時代」，體會他的困境，並進一步與我們「自己」的生命及時代「對話」，如此一來，就比較能夠「具體地」了解一個「人」及其「理論」了。

我在教「人格理論」課程時，常要學生閱讀人格心理學家的「傳記」以及他的「原典」，然後才進入他的「理論」，這樣才能比較深入「體會」其理論。三方對話或可形成一種「格式塔」（完形）的理解。

孟子曾說：「頌其詩，讀其書，不知其人可乎？」孟子的論點重在「知人論世」，意即要了解一個人的「書」，也要了解這個人及他的時代。這種「知人論世」的讀法，可以是我們閱讀《青年路德》的方法，也是了解這本書的作者以及他的心理學理論的入口。

我們常依賴二手的教科書背誦艾瑞克森的「人生八段論」，其中第五階段所講的「危機」，是自我認定與角色混淆的概念。這種「簡化」式的理解是不夠的。我們需要讀艾瑞克森本人寫的原典，而這本《青年路德》便是他以一個中世紀的「案例」，用精神分析理論，去分析案主經歷「自我認定」的混淆、掙扎及最後決斷（認定）的過程。閱讀這本書，能對「自我認定」這個概念，有比較深入的理解。

但在理解這本書時，如果不知艾瑞克森的生平，以及他寫這本書時所面臨的困境，就不易理解他為何提出「自我認定」的問題，以及他為何選擇「路德」。如果能進一步閱讀艾瑞克森的傳記，進入作者「生命經驗」的脈絡中，便可能發現，原來「路德」的問題，也正是艾瑞克森「自己」的問題，而他在寫這本書時，也正面臨「認定」的問題（在身分上、在學術取向上）。這也就是他為何投注（資）了許多時間鑽研的緣由了。

艾瑞克森出版《青年路德》是在一九五八年及一九六〇年，也是美國社會面臨青少年問題，尤其是「自我認定」問題相當嚴重時期。艾瑞克森身為臨床醫生，也正在處理許多「青少年」生命不知何去何從的困境。原先艾瑞克森是在寫青少年的「認定」問題，後來才擴展成為這一本書。如果「理論」不是從「真空」中冒出，我們也得去了解這本書以及當時的「人」所處的時代脈絡（historical context），以及艾瑞克森所處的社會及時代環境。知其「人」，讀其「書」（原典），識其「時」與「境」，對其間彼此相互作用的動態交疊關係進行較為「周全」的思考後，也許我們可以進入其「理論」及「生命」之堂奧了。

心理傳記之為一種心理學

傳記是一個人生命故事的敘述，心理傳記學（psychobiography）是以心理學的角度及知識，將人的生命事件及經驗連貫成有啟發性的故事。如果心理學目的是了解人的心理歷程及外在行為，而心理傳記是以敘事的視角來理解人的內在歷程及外顯行為，那麼，心理傳記學就不只是一種「研究方法」，也是一種心理學。艾瑞克森身為心理學家，在撰寫《青年路德》時，會受到他本人「理論」視框的影響，寫出他眼中的路德，也會因而選擇路德生命中某些「特定」的事件加以詮釋。當然，心理傳記不能只著重在「個體」內心的世界，也要關注身處的「外在」環境及其相互關連，因此也不能忘了身處的「時代」（歷史）脈絡，畢竟人是置身於處境之中的。綜合這些考量脈絡，心理傳記的敘事是要審慎評估的。而艾瑞克森強調「心理—社會」發展，便是在強調「個人內心」及「外在環境」之間的交互作用，甚至較重視「社會」層面，也就是人所身處的歷史及社會文化脈絡。這也是他不同於佛洛伊德之處，他試圖與佛洛伊德有所區隔，而發出「自己」的聲音。他在這本書特別著重青年時期的路德，依其人生發展理論，一個人在青少年階段所面臨的危機，就是不知道自己是誰，以及未來人生方向在何方，他稱之為「自我認定」的危機（self-identity crisis）。這個「議題」

也正是艾瑞克森理論的重心，當然，這與他本人的生命經驗有密切關連。

艾瑞克森筆下的青年路德，往往會與他臨床所面對的「案例」以及自身的經驗，彼此參照對話。艾瑞克森人生階段理論認為，人生是一個不斷追尋自我完成的歷程，不同的階段會有不同的課題。這就如同孔子所言：「十五而志於學，三十而立，四十而不惑，五十而知天命，六十而耳順，七十從心所欲不踰矩。」孔子自述中的青年時期（十五至三十歲），尋求的也是自己的「安身立命」。青年期處於童年及成人之間，是個「不確定」的模糊交界區，因急切想要找到自身在「成人世界」的「位置」而焦慮。艾瑞克森認為這是一個「危機」（關鍵時期），但也是一個「機會」。他在臨床個案中發現了這種狀況，希望找到治療方式，而發現藥方常常是找到一個「使命」（cause）。因此，他稱青少年的危機是一種「認定」危機。「認定」危機之產生，是由於每個青少年都必須在童年的殘留與對成年的憧憬中，創造自己的重心感與方向（central perspective and direction），以及一個行得通的「統一感」。他必須在自己對自己的看法與別人對自己的判斷和期望之間，找到一個有意義的相同點。這是青年面對的一個「關口」（a critical period），一種「再生」（second birth）。因為這種危機，青少年很容易患上神經疾病，或疾患因思想的不安而惡化。這在某些民族、階層、時代裡，表現尤烈。

艾瑞克森的《青年路德》，敘述了青年路德所面對的「自我身分之確定」的困境。艾瑞克森特別關注路德的生命中幾個關鍵事件：二十一歲時，進入修道院；二十三歲發生唱詩班中瘋狂事件；二十八歲的「塔中的啟示」；以及發狂事件後十年，在威登堡教堂釘上《九十五條論綱》。

心理傳記學家歐文・亞歷山大（Irvin Alexander，2005）研究艾瑞克森的心理傳記，特別強調在《青年路德》中，艾瑞克森主要從兩個方向關注路德，一個是路德「發現了自己的聲音」，即他能夠用自己的方式來反抗無能的權威；另一個是「使它有意義」。對於「發現自己的聲音」，艾瑞克森指的是「唱詩班中的發狂」事件。這件事的真實性仍有不少爭議，為什麼艾瑞克森還要用它來做本書之引子呢？艾瑞克森的解釋是：當我透過研究這許多種不同的事實與解釋，以從中為自己對路德認定危機的研究尋找方向時，我似乎聽見路德在憤怒與嘲笑中怒吼著：「我不是！」而這個「我不是」，好像是一個人在釋放長期的壓抑與憤怒。當然可用來解釋路德當時進入修道院之後，原有的「內心」衝突未能解決。

這似乎也是可能是艾瑞克森本人的早年經驗，以及當時撰寫《青年路德》時的焦慮。艾瑞克森的母親是猶太人，不知生父是誰，因此童年在德國時可能常被同儕嘲笑，那時他也可能說著「我不是，我不是」，這與路德被壓抑的憤怒相似。而艾瑞克森寫路德傳記時，正對正統精神分析理論發出自己的反抗聲音，他可以不再考慮忠誠於正統，自由開展自己的研究。

艾瑞克森對「聲音」有其特別的關注。能發出聲音，象徵有了「自我」。艾瑞克森有一次在寫給心理學家亨利．莫瑞（Henry Murray）的信中提到，當時為了慶祝佛洛伊德百歲冥誕（一九五六年），他在法蘭克福演講，在德國總統面前，他聽到了麥克風傳出「自己」的「聲音」，他同時提到他剛寫了一本德國人馬丁．路德的故事，試圖抓住青年路德的「聲音」。對一九五〇年代的艾瑞克森來說，「聲音」成為個人力量、溝通及真實的象徵。他筆下的路德，似乎就是他自己。以這個事件為例，艾瑞克森以「自身」的生命經驗及理論詮釋了路德，而路德的生命困境，也使艾瑞克森找到了「返身」問題的共鳴，甚至得到「啟示」，找到自己的「生命意義」及「確定」之感。

艾瑞克森自己一生面臨多重的「自我身分認定」問題，他生父成謎，母親改嫁，有了「繼父」，外表不像猶太人，血緣背景一直困擾他。童年在德國長大，讓他倍受歧視。他不想聽繼父的話成為醫生，而去「自我追尋」；高中畢業後在外「懸宕」，也不能決定該從事何種工作；想成為「藝術家」，又發現自己不適合。這些正是「自我認定」的危機，因此他選路德為案例，絕不是沒有原因的。

路德在歷經「自我」追尋而發展出自己的聲音之後，終於過了十年「使它有意義」歷程。最後，路德決定貼出《九十五條論綱》，並將《聖經》譯成德文，如此有了「自己」的聲音。

艾瑞克森在寫出《青年路德》後，在學界得到了認可。他在一九六〇年被特聘為哈佛大學教授，內心的、身分地位的以及與正統精神分析的衝突，得到了緩解。在哈佛教書，他得到了同儕、精神分析界以及學生的肯定，他的「心理學」觀點也受到相當歡迎。他要面對的是下個人生階段的問題了。

艾瑞克森由於自身的「自我認定」問題，選擇撰寫《青年路德》，運用他自己的理論詮釋了馬丁．路德的生命困境。「路德」是中世紀的人，因艾瑞克森的詮釋而鮮活起來，而使「自我認定」的議題成為「現代生活」的議題，促使我們自己進一步反思（反身）自身的「確立」問題。艾瑞克森的這種研究「傳記」的取向，可稱之為「互為主體」的「對話」與「共構」，對路德這樣「歷史」人物，進行一種「跨歷史」的對話。我們常言：「尚友古人」，這樣的取向可接續某種文化（歷史）的傳統。

懸宕探索之必要

艾瑞克森在研究路德時，發現青年在最熱忱的獻身之中，可能會有很激烈的改變，因此社會也常會提供一個時間上的「懸宕期」（moratorium）。也就是，他們不再是兒童，而又還沒有在行為與道德上形成未來的「自我認定」時，給他們一段探索的時間。在這段時間裡，他們不必馬上決定自己到底是什麼人，或將來想要成為怎樣的人。對路德而言，進修道院可以是個「懸宕」；對佛洛伊德來說，則是獻身於實驗生理學；聖奧古斯丁獻身於摩尼教也是如此；達爾文則是在學醫失敗後，偶然上了獵犬號，使他能環球仔細觀察自然。這個「懸宕期」的發現，也可說是艾瑞克森自己的生命體驗。他自己進入「精神分析」之前，也在歐洲懸宕探索，尋尋覓覓將近十年。艾瑞克森在懸宕探索時，還好有母親的全力支持與寬容，雖然繼父不怎麼贊成，認為他在浪費時間。

艾瑞克森強調，「自我認定」危機發生時，往往就是在一個人對世事半知半解，可能過分地獻身給自己並不十分喜歡的角色的時候。艾瑞克森以老人（蕭伯納，George Bernard Shaw）的話為這種過分獻身的苦境做見證。蕭伯納在回憶中說，他不是因為危難或失敗而改變職業，而是因為那種事事順利卻毫無意義的感覺。他事業順遂，但覺得自己不像是活著，而像是被事情拖著走。蕭伯納描述自己的危機：「儘管我不喜歡，我卻幹得挺不錯。我驚慌地發現，商業並沒有使我變成一個毫無價值的騙子。它緊緊抓著我，完全不放鬆。我二十歲那年，抓著我的東西，是我的商業訓練帶給我的職業。我痛恨這個職業，就像所有正常人痛恨他逃不掉的東西一樣。在一八七六年三月，我終於掙脫了。」蕭伯納脫離了原有的「職業」，經過八年的孤獨之後，才投入八〇年代英國人的社會主義復興運動。像蕭伯納這樣具有創作潛力的人，都是在「懸宕」探索中，奠下了成就的基礎。

上述的例子，包括艾瑞克森自己的生命體驗，使我們領會到解決自身「身分認定」危機的過程猶如「創造力」發展個歷程，而這須要一個探索遊蕩的時間，創造力理論稱此為「醞釀期」。青年人面對自身的「認定」危機，也會有這個階段。這時，成人及社會需要給予一段探索「懸宕」的時間，給予支持、溫柔的等待及理想的陪伴，而不是嚴苛地要求青年人去面對其茫然。成人世界的支持及關鍵人物的陪伴，可為青年茫然時期的指引，青年人才可能有機會面對自己的「真誠」，進而勇敢「做自己」，以解決自身「認定」的混亂與迷散。

靈魂在傑作中冒險

閱讀這本《青年路德》，可以以自己的生命體驗與本書的內容彼此「交遇」及「對話」。「靈魂在傑作中冒險」是朱光潛在《談美》書中的話。他認為在閱讀一本文藝作品時，可採取「欣賞」與「交談」的態度。他引用了批評家佛郎士（Anatole France）的一段話：「依我來看，批評和哲學與歷史一樣，只是給深思好奇者看的小說，精密地說起來，都是一種自傳。凡是真批評家，都只敘述他的靈魂在傑作中的冒險。」朱光潛認同這種讀書之法。他認為遇到一篇「作品」，如果始終保持著批評的態度，則我是我，作品是作品。我不能沉醉在作品中，如此將永得不到經驗。他支持一種印象派的批評，是一種「欣賞」的批評。欣賞的態度則排除自己的任何成見，能設身處地，把自己放在作品裡去分享它的生命。朱光潛在《談美》中也提到，「一首詩的生命不是作者一個人所能維持住，也要讀者幫忙才行。讀者的想像和情感是生生不息的，一首詩的生命也就是生生不息的。」「藝術作品」並非一成不變的，一切藝術作品都需要在被欣賞中再度創造。

閱讀這本《青年路德》時，正需要這種讀者「創造」的態度。艾瑞克森這本《青年路德》可為「心理傳記」的範例之一，可稱之為一本「傑作」。透過與本書內容的「對談」及「交談」，讀者可與青年的路德「相遇」（encounter），經由「對話」及精神之互通，共感的「互動」，逐漸進入所謂「自我認定」之處境。「自我認定」的危機雖然在青少年期發生較多，但這個議題在「人生週期」（人生旅程）中會經常出現，路德的「危機」，也是我們人生旅程中會遇到的。這時就不只是一個抽象的「理論」，而是在面對生命困境時的具體指引。

艾瑞克森以自己的生命經驗，以及與五百年前的青年路德「互為主體」的對話，共感交融凝聚成了《青年路德》。艾瑞克森青年時期正處於世代迷惘的時代（一次世界大戰後的德國），當時的他一路追尋「自我認定」；他選擇的傳主馬丁·路德，當時也臨一個歷史上變遷急遽的時期（文藝復興），他倆同樣面對著世代變遷，該何去何從？艾瑞克森在這種跨世代，甚至是跨文化的「交遇」中，精鍊出人類生命發展中青年時期的重大心理現象——「自我認定」危機。他們的經驗，正可為我們之借鏡，也可鼓勵同樣在世代迷惘中成長的青少年，去追尋自己的「確立」，形成新世代自己的文化方向。

「心理傳記」可使作者、傳主及讀者之間，彼此相互滲透生命經驗，進行一種「主體間」的「對話」及「體會」，甚至去「創造」。透過閱讀者的想像及情感，一本好的傳記是生生不息的。因為「情感」生生不息，「意象」也生生不息，正如朱光潛所言：「美並不是天上掉下的，它一半在物（外），一半在你——在你的手裡。」

【導讀1】

淺談艾瑞克森其人其事與理論核心精神

洪瑞斌／中國文化大學心理輔導學系副教授

艾瑞克森是極其知名的心理學家，因為他提出了名聞遐邇的人生發展八階段理論以及「自我認定」[1]等重要概念。八階段理論橫跨人一生的生命週期，並主張每個階段都有不同的發展任務或危機（見表）。包括艾瑞克森自己在內的多數學者都認為，青少年的認定危機是所有階段最重要的，而且自我認定這個主題其實貫穿整個生命歷程。簡言之，艾瑞克森認為人一生的「心理—社會」發展就是尋找、確認並完成自我的建構過程。

這本《青年路德：一個精神分析與歷史的研究》正是艾瑞克森闡述自我認定概念及心理社會發展論的重要作品，有著基石般的作用；也是後世學者公認「心理傳記」研究的早期典範之作。他以馬丁．路德為研究個案，詮釋並展現了一個歷史案例自我認定的發展歷程。當然，若對基督新教之變革領導者——馬丁．路德有興趣，本書應該能夠帶您揣摩他的心路歷

1 編註：見第一章註2之審訂說明。

艾瑞克森的人生八階段

艾瑞克森認為人生每個階段在心理上都有要面對的「危機」（crisis），這危機與個人當時最主要的社會互動情況有關。危機也是轉機，若成功度過或解決危機，則人生得以繼續開展，若否，則可能在心理發展上帶來較負面的影響。

	時期	「心理—社會」危機	與佛洛伊德性心理發展階段之對應
1	嬰兒期	信任　或　不信任	口腔期
2	幼兒期	自主　或　羞怯懷疑	肛門期
3	學齡前兒童期	主動積極　或　內疚	性器期
4	學齡兒童期	勤勉　或　自卑	潛伏期
5	青少年期	認定　或　角色混淆	兩性期
6	成年早期	親密　或　疏離	——
7	成年中期	傳承　或　停滯	——
8	成年晚期	自我整合　或　絕望	——

程，不同於一般傳記作品，更貼近路德的內在世界。

心理學理論的建構總是呼應著心理學家個人的生命故事。若對其生平與故事毫無所悉，頂多覺他的理論言之成理，符合我們的生活經驗，但若能進入心理學家的生命，將發現他的理論與生命緊緊相扣。

艾瑞克森的生命故事

童年的困惑：我是誰？

艾瑞克森很小就在心底產生「我是誰？」的疑問。他終其一生不知道自己生父，是所謂的「私生子」。雖然母親與繼父基於善意盡可能掩蓋事實，並騙他說繼父即為親生父親，但從親戚、鄰居的流言以及他們的尷尬態度，艾瑞克森還是覺得不對勁，這對他造成了影響。養子的身份也讓艾瑞克森與繼父不親近，雖然他覺得繼父很慈祥，但仍然感到孤獨，並對自己的身份疑惑。

艾瑞克森擁有金髮、藍眼、高大的典型北歐人外型，而父母皆為黑髮猶太人，母親家族居於丹麥，繼父家族居於德國，當他們定居於德國時，艾瑞克森常遭到排斥，顯得與同儕不相容。例如他的外型使他在猶太社區教會中得到了「非猶太人」的外號，被當作異教徒。但回到學校裡，德國同學卻認為他是「猶太人」與「外國人」（丹麥人），對他排擠與屈辱。猶太教與異教、德國與丹麥、生父與繼父……，艾瑞克森的童年可說就是學習如何在不同「界限」上生存的過程，這樣的經驗開啟了一個起點，累積了探索「認定」問題的能量。

他從小就像是「白烏鴉」，飛到烏鴉群中被追趕、被排斥，不被接納；飛到鴿子群裡，牠們還是覺得你是烏鴉。當他被這一群排擠，那一群也不能接受他時，他找不到自己屬於哪一群，他不禁要問「我是誰？」、「我屬於何處？」。

流浪是為了找尋自我

青年艾瑞克森從高中畢業（一九二〇年）後，花了人生精華的六、七年青春去流浪。流浪是因為不知自己未來要走向何方，也是為了追尋自我。艾瑞克森在學校成績並不好，對學校裡刻板、強迫記憶的正規教育感到厭倦，雖然考取了大學入學資格，但並未就讀。繼父希望他學醫繼承衣缽，但他卻心怡於藝術。這部份是受到母親影響。艾瑞克森的母親卡拉散發著開放、自由的特質，喜歡閱讀齊克果（Søren Aabye Kierkegaard）、愛默生（Ralph Waldo Emerson）的書，從年輕時就一直結交藝術家朋友。艾瑞克森也喜歡那些藝術家朋友，十二歲就模仿他們做木雕。

流浪的歲月裡，艾瑞克森一度以藝術為志，並曾在不同的地方學習藝術，包括雕刻與素描。但是當他發覺自己不會使用色彩，而且永遠無法跟上米開朗基羅等偉大藝術家時，他放棄了藝術之路。這段期間他到過慕尼里、法義邊界、托斯卡尼、佛羅倫斯等地。在當時的德國文化中，徒步旅行是青少年常見的事，但艾瑞克森的旅程似乎特別長。

他從無形界限的漂流，轉到有形疆域的遊蕩，是為了找到一個方向與出口，形體在「非此」與「非彼」間的邊緣與曖昧地帶遊走，內在也跟著反芻與思索，卻也只能等待出口的亮光乍現。

意外的新希望與出口

艾瑞克森並未因青年時的流浪確定人生方向，反而因體認自己無法走藝術之路而內心更加混亂。當時他處在一種脆弱、退縮的狀態，也就是他所謂的「自我認定危機」。所幸，一個偶然的機會開啟了他的事業，當他被分裂的自我拖到生命底層時，好友彼得意外帶給他一條生路，拯救了他。

在彼得的邀請下，艾瑞克森有機會和彼得一起在維也納海茲（Hietzing）學校教書，這所學校是佛洛伊德的女兒——安娜．佛洛伊德與二位朋友根據精神分析原則所創的實驗性學校，學生人數很少，至多不超過十幾位小朋友。艾瑞克森教導小朋友藝術、歷史與德國文學，他親切而敏感，十分受小朋友歡迎。也因為在海茲的工作，艾瑞克森有機會接受安娜的精神分析，並在她的引領下，學習精神分析、兒童分析，接受蒙特梭利訓練，並且有機會和哈特曼（Heinz Hartmann）、阿齊洪（August Aichhorn）等重量級大師學習。艾瑞克森確認了精神分析與心理學為志業，尤其，精神分析工作可以結合他原本的藝術興趣，他透過心理話劇、繪畫來分析兒童內在情緒，這使他保有敏銳性與創造性的藝術氣質。一九三三年，他到了維也納之後的六年，艾瑞克森成為維也納精神分析學會的會員，這代表他已完成專業訓練，可以開始以精神分析執業。

他好像馬戲團的空中飛人，在空中擺盪著，此刻對面的握把沒有出現，他卻已經放開原本抓住的握把，他感覺自己開始往下墜，掉到無止盡的深淵。所幸此時機遇給了他一個出口——精神分析，他終於找到了可以滿足自己藝術興趣以及敏感氣質的志向。

依賴身邊女性的照顧

艾瑞克森身邊不時出現重要的女性，而且他依賴她們的照顧甚深。最早是母親卡拉。在卡拉與艾瑞克森的繼父泰德再婚之前，有三年時間為躲開閒言閒語而離開家族，只與艾瑞克森兩人相依為命，母子間建立了一種特別的關係。艾瑞克森從小就感覺到母親對他充滿期待，母親是他所有的生命希望與力量泉源，也讓他感到自己與眾不同。後來在維也納，艾瑞克森應該有機會尋找其他男性精神分析師與督導老師，但是他選擇了安娜．佛洛伊德，除了安娜欣賞他之外，安娜也像他母親一樣具有保護性、聰明而具吸引力，再說他從小就習慣女性的照顧與保護，因此雖然他一直尋找並渴望男性父親形象的認定，但女性實質上餵養他、照顧他，給他力量，讓他逐漸發展出自我以及專業。

一九二九年，艾瑞克森在海茲學校遇到了他的妻子瓊（Joan Erikson）。當時瓊在美國修教育博士，並到歐洲研究關於現代舞教學的論文，到海茲是因為想要兼授一些課。這位美麗的加拿大女人直率、充滿活力而且喜歡舞蹈。他們相遇後，很快就相戀、結婚，而後相守到老，直到艾瑞克森在一九九四年過世。瓊在艾瑞克森的生命中發揮很大作用，不但照顧他的食衣住行，也擔起養育兒女的工作，並從旁協助艾瑞克森發展學術專業（幫他校閱、一起討論及完成許多著作）。瓊甚至因為負擔生活及先生的事務而無暇發展自己的專業，也因為先生經常轉換服務的醫療機構、學校而隨之遷徙。艾瑞克森其實沒有很好的生活能力，他不喜歡做飯、買東西，甚至在餐廳也由瓊幫忙點菜；他也很少花時間陪伴兒女，都交由瓊來照顧。所以某些時候，艾瑞克森其實像瓊的另一個小孩。

她給了這個漂泊不定、混淆掙扎的他一個穩定而堅強的支持力量，並幫他把混亂的生活帶上正軌，他的內心感覺安心，就開始有力量向上成長與發展。

新生活與新身分——移民美國

當艾瑞克森成為精神分析會員後，開始想與妻子離開維也納。這有一部分是因為德國納粹的陰影，一部分則是因為他發現維也納的精神分析圈是充滿信徒的一言堂，失去了原創性，而他則想發展自己不同的東西。艾瑞克森最先想到的是丹麥，那傳說與想像中屬於他自己的根。在丹麥親戚的幫忙下，艾瑞克森夫妻申請丹麥國籍，但沒想到被拒絕了，在失望與屈辱的心情下，他決定離開，按妻子的意見前往美國。

美國張開雙臂歡迎艾瑞克森，也讓他視美國為自己的新祖國。由於當時美國的兒童精神分析師不多，加上維也納精神分析的名聲響亮，艾瑞克森受到重視，並開始發展專業。他善於與個案建立關係，敏銳直覺使他成功的治療許多棘手的個案。

因為工作包含心理治療、研究，所以他因著醫療機構、研究機構的不同以及工作的轉換而經常搬家，過著近似逐水草而居的生活。對他來說，遷移狀態變成一種穩定。由於出身之謎，他缺乏歸屬感，加上過去流浪成為習慣，所以到了美國還是沒有固定下來，這樣不斷變動反而讓他感到安定。

生父之謎其實影響艾瑞克森甚深，從知道自己生父並非繼父之後，他就追問母親，向親戚打探父親線索，但母親終究沒有說明，也要求親戚守口如瓶。艾瑞克森從蛛絲馬跡拼湊出父親約略的輪廓，卻沒能得到直接答案。在接受安娜的精神分析時，艾瑞克森談很多生父的問題，安娜鼓勵他把對父親不確定性轉化為積極作為，而不是直接去尋找生父。當初艾瑞克森之所以進入精神分析專業，有一個原因是被佛洛伊德深深吸引，艾瑞克森覺得他優雅且帶有藝術特質，是理想的父親形象。這樣對「父親」的追尋直到一九三九年開始漸漸轉向。這一年，他得到美國國籍，把自己的姓名改為「艾瑞克．艾瑞克森」（Erik H. Erikson），英文名字中的「H.」是他繼父的姓氏（編按：「H.」指「Homburger」，在此之前，他的名字是艾瑞克．漢堡格〔Erik Homburger〕），而在父親名字加上「son」則是指「某某人所生之子」的意思。他說：「我將自己命名為艾瑞克森（艾瑞克之子），我將成為自己的來源（父親）」。

移民美國對艾瑞克森來說意義重大，因為他相當景仰美國文化，並從中獲得頓悟，認為美國是民族大鎔爐，是一新興國家，美國的單一國家認定是從它自己本身創造、生成而出的，而關鍵在於國家的自我如何熔成一個理想形象。

當他的根源之地如同其生父般的拒絕他時，卻有一個全新的天地接納了他，追不到屬於自己的根，他只能重新塑造自己，在這樣一個沒有人在意父親是誰、你從何處來的地方，艾瑞克森成為自己的父親，至此他開始掌握自己的生命。

用寫作代替旅行

一九五〇年，艾瑞克森出版了他的第一本書《童年與社會》（*Childhood and Society*），這是集結他過去曾發表與未發表的多篇論文改寫而成的一本書。內容包含各式各樣的案例，艾瑞克森以「認定」這個主題貫穿各章，也提出他最著名的理論——「生命週期」的八階段。當然這本書經過長時間醞釀的，許多論文其實是他一路思考的過程。他從臨床個案資料、兒童研究計劃、人類學研究資料甚至是電影及歷史人物傳記分析等如此多元的方法與來源擷取的想法，其實都扣住他自己關心的主題——「自我認定」——回答他從小就面對的困惑。此書出版數年之後，艾瑞克森也成了知名人物。

從第一本書之後，他喜歡上寫作，並投入許多精神，因為他發覺寫作幫助他做自我統整，包括將精神分析與人類學田野分析結合，將治療師與社會科學家結合，並將他藝術與臨床的能力結合，所以在他的眾多身分中，他最喜歡作家。但更重要的是，他不需要再旅行流浪，去尋找有感覺的地方，在寫作中，他得到方向與安慰。

從有形疆域的漂泊與體驗轉向在思想的海洋暢遊，但是他不再任意飄蕩，他萃煉自己生命經驗的情感與自己思考的精華，鑄造成文字作品。

長出聲音與力量

一九五八年，艾瑞克森出版了《青年路德》，他藉由研究宗教領袖馬丁・路德，探討像路德這樣面臨認定混淆與掙扎的問題的人如何能走過心理困境，並找到力量，甚至影響了大歷史的發展——這當然也是艾瑞克森自己殷切想解答的問題。路德如同艾瑞克森一樣都在尋找有力量、有智慧的父親形象，路德的父親希望他學法律，之後進入政界一展雄心獲取成就。一開始為了不違背父親，路德順從了，所以十七歲進大學，二十一歲以最高榮譽獲得文學碩士。但同一年他卻在暴風雨中發願進入修道院，因為他內心有另一股拉扯的力量，對宗教懷有極端關懷。艾瑞克森認為從路德二十一歲進入修道院到二十八歲聽到塔中的「啟示」為止，中間經歷了自我認定危機，其中最重要證據是他二十三歲時在唱詩班的發狂昏厥。艾瑞克森認為，那是路德正經歷混亂與掙扎的狀態，並力圖從中尋找意義，就好像正站在十字路口般。在過程中，他反叛了父親、反叛了教皇與德皇。最後他終於完全信任與認定全知全能的上帝，並且不帶羞怯地直接與祂溝通。他找到自己的力量，順從自己的使命，自信地說上帝不需要仲介者，並挑戰官僚制度與儀式，最後造成了宗教革命，開啟了新教倫理與西方個人主義傳統的精神。

艾瑞克森驚訝於路德強烈而自我肯定的聲音，透過發現自己的聲音，也化解了自我認定危機。透過對路德的探索，艾瑞克森也得到答案，他找到自己的聲音與力量。之後艾瑞克森受邀在海德堡大學的佛洛伊德百年誕辰紀念會中演講，他與其他幾位世界重量級的精神分析家同台，在自己的出生地，在德國總統面前，他突然聽見自己在麥克風前的聲音，感受到內在的力量。隨著《青年路德》的完成，他與傳統精神分析的不同之處更清楚地彰顯，他脫離了佛洛伊德，走上自己的路。

一九六〇年，艾瑞克森至哈佛大學任教，他對一般大學生授課，很重視與大學部學生的關係。所以他的課經常有一五〇至二五〇人選修，而且幾乎有四分之一的大四生修過他的課。許多學生覺得他優雅迷人，更多的學生視他為精神導師，因為和他接觸與談話，能得到心靈滿足與特別經驗。對他們來說，他像是一個理想的父親，也是一個智慧的長者。艾瑞克森和學生強烈的聯結，來自學生們對他的認定，也因為他協助他們尋找自我認定與方向。

從尋找父親到成為自己的父親，從尋覓飄蕩到走出自己的方向，他開始重尋自己的聲音、發出自己的聲音，也終於長出自己的力量。此時，他的自信及對年輕生命的關懷油然而生。此時，他已經成為許多年輕人的「父親」，他把自己通過困惑掙扎所生成的力量與精神傳遞給下一代，而且，他幫助他們找到自己。

追尋自己的真理

艾瑞克森重拾自己的力量後，開始把注意力從個體較內在的自我轉到外界的政治、社會與世界局勢，並表現關懷與批判。艾瑞克森從一九六四至一九六九年花了五年時間研究，出版了另一本重要的書《甘地的真理》（*Gandhi's Truth: On the Origin of Militant Nonviolence*），此時艾瑞克森已步入老年，從他的理論來看，他自己的生命建構只剩最後一階段，即統整自己的生命與價值，所以這本著作可以反應出艾瑞克森更深層的自我統整。

整本書從甘地生命發展的鋪陳，敘說他出身貴族，青年時到倫敦學習當律師，原本一心想成為有知識、有修養的英國人，後來即便成為律師，仍發生被羞辱與歧視的事件，而終於明白自己不可能成為英國人，並因此被激發而投入種族運動。艾瑞克森想要討論的重點在當時中年甘地帶領紡織廠工人進行抗爭的過程，他要探索甘地所追求的「沙特亞加哈」（Satyagraha），沙特亞加哈是印度文，意思指不斷地去追尋與實踐真理，也就是說，艾瑞克森要探討甘地如何在帶領抗爭行動中，實踐自己的真理。

有趣的是，在寫作過程中，艾瑞克森一度寫不下去，因為他在資料中看到他從小崇敬的偶像居然有瑕疵。他看到甘地對週遭親人的莫不關心與霸道行徑，讓他震驚。後來他寫了一封長達二十五頁的「給甘地的信」，透過與聖人的對話，討論了人類根本的問題與價值，並表達了他對其作為的感覺。他在大學課堂上讀出這封信，並將之放入這本書內。這樣的轉折是有意義的，因為他從探尋甘地的真理，進而說出艾瑞克森自己的真理。這樣的統整讓他後來能在總統邀宴、著名的傑佛遜演講以及其他可能的場合，表達他對人類與社會之關懷，並且對當代世界於科技、官僚與戰爭極端發展，但卻在道德上空虛，作出批判。經過長久的探尋，他形成且說出了自己的真理，並把真理的力量使出來，成為有影響力的公眾人物與預言家。

從探尋心中楷模的真理，到說出自己的真理，當他清楚找到自己真理時，實踐的力量就愈來愈強大，自然地影響社會及更多大眾。

艾瑞克森於一九九四年辭世，九十幾歲的生命幾乎和世界一起走過二十世紀。也許艾瑞克森的生命並非最完美，就像他日常生活能力缺乏、也未見重視兩性平權等等，但是他還是相當讓人敬佩與認同。他的重要貢獻在於能夠把「我是誰」、「我來自何處」、「我要往哪兒走？」等深沉而個人的生命問題與心理困惑，整理為一套心理學理論，而這也是看似多元自由但卻空虛的現代人共同的集體問題。一方面，專業上他用自己的生命與智慧萃取理論，解答了許多人的困惑，也反映了時代需求；另外在個人生命方面，他也用自己生命去試驗與實踐自己的理論，走完自己的生命週期，更重要的是他認真面對自己的生命，並用一生來追尋及整合自我。

艾瑞克森著作的理論核心

艾瑞克森理論的核心，包括心理社會發展理論以及自我認定概念。艾瑞克森（1968/2015）曾主張人的「心理—社會」發展歷程之核心在自我，並清楚區分三個面向的發展，一是生物學歷程，「有機體憑藉這種過程成為度過其生命週期的一種有層次、有組織的器官系統」。第二是社會歷程，「有機體依靠這種過程在地理上、歷史上、文化上各自限定的集體中組織起來」。第三則是自我歷程，「個人依賴著它，在自我體驗和自我對他人的現實性兩方面，保持著自己作為一個具有一致性和連續性的一貫人格」。艾瑞克森（1968/2015）認為自我的任務便在上述三者之社會、生物、心理的持續相互影響的歷程，維持某種一致性與連續性。因此自我認定才會變成貫穿整體生命週期的核心，因為沒有先確認一個穩定的自我感，個體很難再進入後續的親密關係、傳承下一代以及終極的整合等（Erikson，1968/2015）。

艾瑞克森（1958/1989）於本書借用威廉．詹姆斯（William James）的說法來區分這二種人，他稱「只出生一次」（once born）的人是「很容易就融入時代意識型態之中的人，他們在這個意識型態塑造下的過去或未來與現在科技下的日常工作之間並沒有什麼不協調的地方」；另一群人是詹姆斯所謂的「患病的靈魂」或「分裂的自我」，他們面對一個「成長的危機」（growth-crisis）或一個「關口」（a critical period）必須尋求一種「再生」（second birth）。對照相關理論來看，馬夏亞（James Marcia，1980）延伸艾瑞克森的「認定與角色混淆」的青少年階段，進一步其是否呈現「通過或出現危機」及「承諾」的關係，將青少年的自我認定狀態細分成四種，包括迷失型認定、早閉型認定、未定型認定、定向型認定（江南發，1991）。換言之，「只出生一次的人」即早閉型，而「再生者」即定向型認定——如果能順利走過自我認定危機的話。回觀艾瑞克森的生命故事，可發現他本身就是受認定危機困擾的「再生者」。

因此，艾瑞克森的著作及研究，就是要發現及闡明這些經歷困惑的青年如何走過再生歷程，得到自我認定，本書即主要的案例及論證。艾瑞克森一直關心一個關鍵焦點：如何能由一個人面對自身困擾，卻能轉而協助、甚至改革集體或社會歷史的問題。就如同艾瑞克森（1958/1989）分析路德的例子，認為他「似乎一度是一個飽經困厄的年輕人，他經驗到的衝突與困擾是一個複雜的病症，一個我們剛開始了解、分析的病症。在奧古斯丁修會明智的上司適時的幫助下，他找到了一個精神解決法。這個解決填補了歷史在西方基督教世界許多人身上所造成的政治與心理上的真空。這個巧合，如果再加上路德個人特殊稟賦的施展，就造成了歷史性的『偉大』」。

透過心理傳記研究，包括《青年路德》、《甘地的真理》等書，艾瑞克森想要透過路德及甘地探尋他們取得內在力量的方法，了解他們如何透過內在力量獲得、發出自己聲音，進行某種實踐，進而影響了一個時代或整個世界。艾瑞克森並且將研究路德和甘地的途徑與方法不斷與佛洛伊德的精神分析做比較。

例如艾瑞克森（1958/1989）提到「路德向自己禱詞的基礎挑戰時，並不知道自己會發現一個新神學的基本原理。佛洛伊德大膽冒險地向一種新的內省分析挑戰時，也不知道自己會發現一個新心理學的基本原則。……這兩人都企圖將內省的方法運用在人類衝突的重心，以增加人類內心自由的幅度……」。可以說佛洛伊德、路德都找到一種方式來傾聽內在，並且發出自己的聲音，不論是精神分析或祈禱的方式，而這些方法，某種程度又協助了那個時代的人們從主流權威的壓抑中解放。

另一方面，中年甘地為了實踐自己生命的真理，從印度傳統文化中萃煉了一個概念：「Satyagraha」（Satya 意指「真理」，agraha 則是「行動實踐或力量」），意思是「真理的力量」（施康強譯，1995）。甘地吸取了印度文化的「禁慾」、「不殺生」及母性文化的精神來源，鍛造出「非暴力與不合作運動」，一個完美的行動策略或器具，一種強過所有武器力量（Erikson, 1970/ 2010）。

研究過程中，艾瑞克森（1970/2010）發現精神分析有可能在治療自我的過程同時協助治療歷史進程某些既有的問題或缺陷。他認為精神分析可以說是「這樣的歷史化顯示出一個過程，人們經由這個過程概括過去，為的是交付給、或者是屈服於對將來的判斷：一種調適的過程」。還說精神分析也相當於「在我們極為重要的良心和我們的怒氣二者之間進行非暴力調停的一種方法，並以此推動我們的道德本質和我們的『動物』本質進入相互尊重的和解」。總而言之，「非暴力抵抗」必須透過某種內在治療才能得到強大的力量，「精神分析」也可以視為協助內在道德權威和原始本我之間的非暴力調解，二者如同一體之兩面。而佛洛伊德、甘地則同樣建立自身的「真理」和實踐真理的工具，並且努力用其工具調解內在或外在權威的力量衝突。可以進一步歸結說，對艾瑞克森而言，佛洛伊德、路德、甘地相似之處，都在他們致力面對自身的危機或議題，並找到轉化之道。

總結而言，艾瑞克森所挖掘並帶給世人的知識寶藏，包括如何傾聽內在聲音、如何清晰發出自己聲音、找到自己真理與朝向真理的工具等等，都有助於療癒與轉化個人危機。而且，當這些個人問題與解決之道透過關係與團體的媒介擴及其他人，並產生影響力時，不但能治療一群歷史社會處境相似的人，甚至能進一步促使歷史社會之變革。於是艾瑞克森（1958/1989）在本書最後清楚提出「**世代間的新陳代謝**」（metabolism）觀點：

「每個人的生命都是在某一進化時期及某一傳統層次中開始，這時代與傳統帶來他生長環境模式與能力上的資源，同時成長於社會過程中，也對這個社會過程有所貢獻。傳統為人準備並綜合了生活方式，但由於傳統的本質，每一生活方式也不斷在解組中。我們可以說，**傳統「塑造」個人，為他的驅力找「出路」，但社會過程並不是為了馴服個人才來塑造他，它塑造世代是為了世代能回過頭來塑造並創新社會過程**。因此，社會不能僅僅壓抑或昇華驅力，也必須支持每個人的自我最主要的功能，就是自我把本能的能量轉換成行動的模式、個性與風格——也就是說，自我會形成具有一個整合核心（a core of integrity）的認定感，它來自傳統，但對傳統也有貢獻。個人嚮往的是自我綜合的最高點；而社會與文化奮鬥的是社會新陳代謝的最高點。」（Erikson, 1958／1989; pp302-303）

如果「父親」象徵傳統文化、體制及權威，那父與子的衝突、情結也恰巧變成這段描述的個體微觀發展歷程，於是個體發展開始與社會歷史的進化相互扣連與共振。因此，當個體面對自身的議題與危機，嘗試進行轉化與穿越，的確有可能帶來整個社會或時代的變革。透過「弒父 vs. 認定」的辯證與超越，帶來生產或創造性，於是我們致力於在傳統的接續中革新；在進化求變中傳承。歷史斷裂的失落與傷痕因而得以療癒，個體與社會也得以發展前進。

如同艾瑞克森（1970/2010）曾透過進入、理解與學習路德以及甘地的生命，進行了某種歷史傳承與進化的工作。如他書中所說：「當我開始寫這本書的時候，我不曾預想要從真理、自我受難、非暴力的角度重新發現精神分析。但現在我已經這麼做了，……而且是因為我感覺甘地的真理和現代心理學的洞見之間有契合。那種真理和這些洞見，是這個世紀前半葉留給後來者的遺產。……但是，當我們更有意識地進行歷史化時，我們也擔負起了某些傳統的重擔」（Erikson, 1970/2010）。換言之，當艾瑞克森透過研究進入路德與甘地的生命，萃取他們的真理與智慧，再轉化為艾瑞克森個人的真理與智慧時，一方面，他面對了個人自我發展的課題，另一方面，他也為集體的歷史也做了「世代間的新陳代謝」的工作。

而讀者閱讀本書，也將細細進入路德與艾瑞克森生命故事的長流中。除了學習他們的真理與智慧，也許還能進一步轉化、建構自己，如此一來不但可能協助建立自身的自我認定，也與他人一同加入「世代間新陳代謝」的工作，於是社會歷史的革新與進步，終究可能成形。

*本文以〈自我追尋的實踐家—艾瑞克森〉（洪瑞斌，2002）一文以及〈向大海進軍：以李安的生命敘說反思成年男性的轉化之道〉（洪瑞斌，2012）之部分重新編修而成。

參考文獻：

江南發（1991）：《青少年自我統合與教育》。高雄：復文。

洪瑞斌（2002）。艾瑞克森—自我追尋的實踐家。張老師月刊，294，102-109。

洪瑞斌（2012）。向大海進軍：以李安的生命敘說反思成年男性的轉化之道。載於李文玫、鄭劍虹、丁興祥（編），**生命敘說與心理傳記學**（103-133）。桃園：龍華科大通教中心。

廣梅芳譯（2001）：《艾瑞克森—自我認同的建構者》。台北：張老師。

劉焜輝與藍三印（1979）：《當代心理學家生平與學說》。台北：天馬出版社。

Erikson, E. H. 著（1958），康綠島（譯）（1989）：《青年路德》。台北：遠流。

Erikson, E. H. 著（1968），孫名之（譯）（2015）：《同一性：青少年與危機》。北京：中央編譯出版社。

Erikson, E. H. 著（1970），呂文江、田嵩燕（譯）（2010）：《甘地的真理：好戰的非暴力起源》。北京：中央編譯出版社。

Marcia, J. E. (1980). *Identity in adolescence*. In J. Adelson (Ed.), Handbook of adolescent psychology (pp.159-187). New York: Wiley.

【導讀2】

品嘗心理與宗教間的辯證性關係

曾慶豹／輔仁大學哲學系教授

一

佛洛伊德精神分析論無疑是本世紀最具影響力的學術範域之一。馬克思主義者，從馬庫色（Herbert Marcuse）到哈伯瑪斯（Jurgen Habermas），無不發揮了佛洛伊德對無意識的論述，並應用到社會集體無意識的意識形態批判上去；詮釋學大師呂格爾（Paul Ricoeur）早期透過對佛洛伊德的研究，進一步發揮了現象學的傳統，提出了詮釋學中有關文本、語言、象徵等研究；在史學界中，心理史學（Psychohistory）也成為史學研究的理論與方法，其中尤其令人讚賞的，即是一九五八年出版的這本《青年路德：一個精神分析與歷史的研究》，為現代心理史學立下楷模。

作為一位精神分析學家，艾瑞克·艾瑞克森嘗試了對歷史人物的傳記研究，為史學研究帶來了極大的震撼。無疑的，艾瑞克森的思想泉源來自佛洛伊德，並發揮了他自己在《童年與社會》一書中的自我心理學[1]理論，充分應用在他對路德青少年時期的研究上。爾後，艾瑞克森又發表了《甘地的真理》，更吸引了許多後學投入個人傳記與心理史學的研究。當然，學界也不乏對艾瑞克森的批評，因為以精神分析做為史學研究的方法，仍難免有傾於心理主義（Psychologism）和化約主義之嫌。

二

在介紹本書內容之前，我們必須先了解作者在方法上的應用及其研究架構。

艾瑞克森認為，研究人性最好的情況，是所謂的「在衝突狀態」時；而他所謂的「衝突狀態」，也就是自我心理學中「認同危機」[2]的出現，而本書即「一本討論認同感與意識型態的書」，宗教即是「那些尋求認同感的人的一個意識型態泉源」。這裡我們清楚了解到，艾瑞克森所嘗試研究的是一個心理上產生認同危機的人物，及其與背後的意識型態（宗教）所產生的辯證關係。

艾瑞克森的精神分析學說認為自我人格的發展可由一個八個階段的模型來展現，而與佛洛伊德相同的是，艾瑞克森也認為幼年經驗對人格的塑造是最具影響力的。在這個理由下，艾瑞克森也就得將對路德的研究限定在他的青少年時期。他稱青少年的危機為認同危機，因為在這一個階段裡，危機的產生是由於青少年必須在童年的殘留與對成年的憧憬中，製造出自己的重心感與方向，與一個行得通的統一感。因此我們不難理解為何艾瑞克森視青少年時期為發展關鍵，因為青少年時期正好是構成童年與成年之間張力（tension）之場域。

綜觀艾瑞克森提出的八個人格發展階段，每個階段都有雙重危機：一種是縱的危機，這個危機的度過將帶來發展任務的解決；另一種是橫的危機，即自我發展和社會要求之間張力的解決。與佛洛伊德不同的是，艾瑞克森的理論除了從佛洛伊德的五個階段擴展到八個階段外，更重要的是將自我視為一個與社會構成的有機體，用他自己的話來形容，危機即是一個「關口」（critical period），一種「再生」（second birth）。

讀者在閱讀該書時，必須留意作者對馬丁・路德的不同稱呼，「在說明路德三十歲以前的活動時，我將稱他為『馬丁』（Martin），而在談到他成為路德教派首領，並以神話般自述自己傳記時，我將稱他為『路德』（Luther）。」艾瑞克森在用語上的區分，正好突顯了他身為一個精神病理學家與面對一個臨床病人之區別。

1 編註：主要內容即人生發展週期（八階段）理論。

2 編註：依第一章註2之審訂說明，本書將「identity」譯為「認定」，然依本文作者曾慶豹教授之見，譯為「認同」在各學術領域皆無大誤，且中文世界行之有年，故本文仍採譯「認同」。

三

艾瑞克森認為路德生命的處境介乎心理疾病與宗教性的創造之間，尤其突顯的是三個片段，分別是：首先，那暴風雨給他的新方向，叫他做一個默默無聞、安靜而服從的人；然後是在唱詩班中的發狂，路德經歷到一種癲癇性突發的自我迷失；最後，再到塔中啟示，路德看到了精神救贖的新光。

作者從一五〇七年路德在唱詩班中的發狂為個案研究起點，並以之檢討了過去有關路德傳記的幾類型的作者，如神學教授謝爾、天主教教士丹尼佛、精神病學家利特等。馬丁在唱詩班中突然爆發的衝突，可以說是一種傳統宗教人格的憂鬱病。作者懷疑路德發狂時所喊出的話「我不是」，強烈表現出一個嚴重的認同危機，其間的張力即構成外在壓迫與內心信仰、父親否定與堅持修道之間的衝突。這正構成了艾瑞克森處理馬丁問題的起點。

第三章標題是〈對誰服從？〉，意指路德與其父漢斯．路德和信仰間認同之衝突問題。一五〇五年七月，路德經歷雷雨擊倒而發願進入修道院，他的決定完全違背了父親的期望。按艾瑞克森的分析，路德在心理上是反對他這位權威父親的，因而演繹出一個理論：童年被壓抑的東西，到了成年會爆發出來。馬丁對父親的壓力的反應，是路德對個人良心注意的開始，因而他從這一個「認同危機」進入一個新的認同，就是宗教意識型態。我們可以這麼說，馬丁的這種心理模式，深深影響到他如何處理對教會、神學的認同等問題。在馬丁心中，有一個上帝與漢斯競爭，這樣他就可以不服從漢斯，而把這些不服從與否認轉移到一個外在而又更高經驗與意識層次上去。

作者也指出，馬丁加入最傳統的修會，正與他父親俗世的願望相抵觸，這是一種理想型自我概念的負面認同（negative identity），相形之下，認同的轉移無疑是種背叛。這樣彌漫著父權禁命的家庭，也可能是戀母情結的最理想的培育場所，但艾瑞克森似乎沒有在這方面做詳細解說。

四

馬丁進入了奧古斯丁修會，開始過僧侶生活，遵守戒律、工作、默想、祈禱。一段時間過去後，終於有了第一台彌撒的機會，這是做神父最為榮譽的事，然而，當日發生的事實卻有著關鍵的影響。一是馬丁在彌撒時焦慮發作，另一則是有關彌撒典禮後餐會上，父親漢斯憤怒的激烈言詞。

路德在彌撒領聖體的儀式中幾近無法說出話來，他覺得忽然之間無法在沒有中間人的情況下直接向上帝說話。艾瑞克森解釋，那是對聖體不確定的恩寵，被一種在沒有調停者之下面對上帝的感覺擊倒；顯然，這裡可以看出路德爾後倡導「因信稱義」神學的端倪。作者企圖尋找馬丁在彌撒台前焦慮的心理學解釋，也就是馬丁父親壓迫性的存在——漢斯也參加了那次的典禮，這給了馬丁一種難以化解的張力。但也許，我們也可以認為這之間沒有必然的關係，因為路德曾說他在修院的第一年，魔鬼很安靜，且主動邀請父親參加聖禮，可想而知，在歷經很長時間的修道後，父親的壓迫性在某個層度上可說相對削弱了。所以，我願意相信他焦慮的表現來自另一個危機，即信仰的危機，也就是面對上帝的問題。

聖禮畢後，馬丁和父親會面，父親卻說了一句咒詛的話：「上帝才知道那事不是鬼在作怪」。「那事」，當然是指那場在路上的雷雨，也就是決定進入修會的事。作者似乎認為這件事使馬丁與漢斯之間認同問題的決裂更加深化，而我則認為它同時也深化了前述有關信仰危機的問題，因為，父親的質疑不但關係到馬丁入修會理由的真實性，更是關係到馬丁面對上帝真實性的問題。作者形容馬丁這時是孤獨的，因為連上帝也棄絕了他。馬丁那時處在生命最大的分歧處，就像每個年輕人一樣：在這個時期，奔向未來的與流往過去的溪流一刀兩斷。此事以後，馬丁反叛的形式是一種曖昧的過度服從，因為他要感受上帝的赦免，感受取悅上帝的可能性，作者藉此斷言「他把身為兒子地位的絕望轉移成人類對上帝的狀況」，企圖「強迫自己走向信仰的新路」。

在接下來的章節，作者也討論到有關「力必多」（libido）的問題，並對他的教師施道比次的「父親情感傳移」（father transference）[3]也做了論述。

路德思想成熟的雛形表現在他對《聖經・詩篇》中有關「上帝正義」的領悟。對路德來說，正義、救贖、審判是極其相關的，因為那是基督信仰的核心。艾瑞克森指出，路德對《詩篇》的解讀，發展出被動性神學，即是人的救贖唯有在面對上帝的主動方為可能；人觀察自己的罪惡，以此審判自己，這些服從性即是對上帝的服從，是完全在被動的情況下發生的。因此，路德思想的核心可以說是：強調人「內在」的衝突與經由內省達成的救贖。

路德面對中世紀後期教會對信仰真義的偏離，重新端正了善功在信仰上的意義。他說，沒有人因做善事而變成正義的人，只有正義的人才會有善功。人即是完全的罪人，所做的並無以成就善功，善功與正義是沒有必然關係的，人只能因上帝的正義獲得救贖。

在路德與教宗的相持對執中，對教會的改革要求也就愈顯強烈。一五二七年一月是路德一段焦慮與絕望時期的開始，因為路德身處的是他個人所帶來的混亂與失序局面。作者形容這是路德「創造力的危機」，發生在人開始檢視他創造出來的東西，並評斷它們是好或不好的時候，也發生在人身在所處時代所從事的生產工作，讓他覺得自己像天使一般或覺得自己

3 編註：見第四章註26之審訂說明。

很呆滯的時候。面對這個危機，路德常用「便泄」來形容自己，作者指出，那是他試圖為此一壓力尋找出口的無意識語言，並指稱是一種狂鬱精神病者的特殊需要。

路德曾這樣說：「我的神學不是一蹴而成的，我曾隨著誘惑不斷地更深一層地尋找它。神學家誕生在生活、死亡與懲罰之中，而不是誕生在思想、讀書與猜測之中」。這段話為路德在信仰（神學）與心理之間的關係做了最佳註腳，由此我們也為著艾瑞克森嘗試從精神分析出發所做的精彩論斷而讚嘆。畢竟，心理作為信仰的原素而存在是事實，然而，由於信仰而構成對心理的轉變和超越，又是不容質疑的。艾瑞克森的分析給了我們基本的理解，宗教本質上與心理之間的關係是極為密切的，但同時，心理與宗教之間構成的辯證性關係，卻也使得宗教存在著諸多我們不法解釋又不容否定的價值，這或許正是《青年路德》一書最為精彩之處。

關於馬丁・路德

十五、十六世紀的歐洲，人文主義興起，文藝復興運動方興未艾，中產階級崛起，社會型態劇變，一股嶄新氛圍即將顛覆千年來的中世紀局勢。掌控歐洲政經大局與人民信仰生活的羅馬教廷，除了本身有腐敗問題，其主張之神學思想亦不再能有效回應蠢蠢欲動的人心。各方神學主張風起雲湧，各立宗派，歐洲掀起了宗教改革風潮，在此波改革興起的教派通稱基督新教，以別於原先的羅馬教會體系（天主教）。

以威登堡（Wittenberg）為據點的馬丁・路德（1483-1546），無疑是這波宗教改革運動中的最具代表性的人物。他在一五〇五年進入位於耳弗特（Erfurt）的奧古斯丁修道院，爾後的日子精進於神學，成為神父，並擔任威登堡大學神學教授。一五一七年十月三十一日，馬丁・路德在威登堡城堡教堂大門釘上《九十五條論綱》，闡述他的神學見解，內容因著當時剛蓬勃發展的印刷術迅速傳播到歐洲各地，掀起了巨大的波濤。一五一七年，被標註為宗教改革開始的一年。

《九十五條論綱》的主要內容是反對教廷販賣贖罪券，這表明了路德的神學主張與羅馬教廷之間的歧異。路德主張「因信稱義」，意思是憑藉著對上帝的信仰（因信），人人皆可得到救贖（稱義）。在路德的想法裡，救贖是上帝本具的恩典，人人皆可透過「直接」面對上帝領受救恩，《聖經》是上帝啟示唯一的來源。相對來說，羅馬教廷則認為救恩除了來自信仰，還須有善功、善行，而神職人員則握有為人赦罪的權柄。在當時，贖罪券是教廷認可的一種善功方式。

路德的神學見解挑戰了羅馬教廷權威。一五一八到一五二〇年間，他多次與教廷人士辯論過招，還發表多項著作批評宗教體制與禮儀，終於在一五二一年初，教皇發布詔書革除路德教籍。

同年，神聖羅馬帝國皇帝查理五世召開沃木斯會議（Diet of Worms），傳訊審判路德。路德在沃木斯會議中當著所有王公貴族和城市代表的面，被要求反悔。路德拒絕了，一個月後被確認為異端，展開逃亡。接下來十個月，路德藏身在瓦特堡（Wartburg Castle），這段期間路德將《新約聖經》由希臘文直接譯成德文。這項翻譯工作除了讓德語區的人在宗教上有了自己的聲音，不再只有教廷拉丁文版的詮釋，對德文的規範化與德語宗教音樂也產生巨大影響。

在威登堡，宗教改革措施之推行因路德的逃亡陷入混亂。路德在一五二二年三月回到威登堡重新主持大局，並積極講道，讓威登堡成為宗教改革的堡壘。他也在一五二五年與凱蒂·波拉（Katharina von Bora, 1499-1552）結婚，實踐牧者也有婚姻自由的理念。一五三〇年，查理五世爭取路德回歸教廷，路德以《奧斯堡信條》明志。

馬丁·路德在威登堡度過大半餘生，陸續發表多項宗教著作（由後人集結成《協同書》），並將《舊約聖經》翻譯成德文。因路德而起的教派稱「路德教派」或「信義宗」，奉行「因信稱義」與「五個唯獨」（唯獨恩典、唯獨信心、唯獨聖經、唯獨基督、唯獨榮耀上帝）教義，現今全球約有八千萬到一億的信徒。

【以下圖片來源】

路德與波拉、路德的父親與母親、施道比次、墨蘭頓、伊拉斯姆、腓德力三世／公版畫像

耳弗特奧古斯丁修道院、瓦特堡、威登堡城堡教堂／王桂花攝

路德與波拉

因為與馬丁·路德結婚，凱蒂·波拉成為第一位信義宗的師母，她堅貞於婚姻，豐富了路德的下半生，也為教會的女性角色提供新典範。路德並不贊成修道人禁慾、不婚，甚至在遺囑交代將自己的產業交由妻子繼承，這些舉措當時驚天動地，影響深遠。

路德的父親與母親

史料對馬丁·路德的母親的描述較少，但父親漢斯·路德（Hans Luder）則是本書重要的人物，可說是馬丁內心糾結的最大來源。漢斯·路德是農人之子，但未能繼承農地，因而投入礦業，一心想在社會上翻身，也對馬丁投注資源，將希望寄託於他。馬丁原本照著父親意願修習法學，且成績優秀，但後來卻投入修道，造成父子關係緊張。

施道比次

（John Staupitz, 1460-1525）

神學博士，曾任奧古斯丁修道院院長，並被選為修會的改革派領導人，亦受選侯腓德力之託創建威登堡大學，擔任首任神學系主任。施道比次是馬丁路德的屬靈導師，其神學思想啟發路德甚大，兩人亦師亦友。路德與教廷決裂後，施道比次留在天主教陣營，但路德從不諱言施道比次對自己的影響，將一切成就歸功於施道比次。

墨蘭頓

（Philip Melanchthon, 1497-1560）

一位神學奇才，二十四歲即出版《教義學》（*Loci Communes*），信義宗最重要的信仰告白文件《奧斯堡信條》、《奧斯堡信條辯護文》等，均出自他筆下。墨蘭頓是馬丁．路德的親密戰友，兩人理念相投，一生友好，並肩推動宗教改革。他多次代表路德參加重要的神學辯論，對早期信義宗神學體系的建立與闡述貢獻很大。

伊拉斯姆

（Desiderius Erasmus, 1466- 1536）

中世紀著名的人文主義思想家和神學家，為北方文藝復興的代表人物，終生都是天主教徒，但尖銳地批評當時的羅馬教會。他對路德的思想影響巨大，對於路德與教廷斷絕關係則感到不以為然，兩人交惡，於一九二五年左右激烈筆戰。伊斯拉姆編輯了希臘文版《新約聖經》，路德將之譯為德文，成為基督新教世界的第一本《聖經》。

腓德力三世

（Friedrich III der Weise, 1463-1525）

撒克森選侯（1486-1525 在位），是宗教改革時期重要的政治人物，也是馬丁·路德政治上的支持者。他堅持路德應得到聽證才能判定是否有罪，因而有了沃木斯會議之參與，並為路德爭取人身安全保證。路德仍因拒絕反悔而逃亡，腓德力為路德安排瓦特堡藏身。

耳弗特奧古斯丁修道院

一五〇五年，二十一歲的馬丁·路德在一次暴風雨中差點遭閃電擊中，發願修道，之後便進了耳弗特的奧古斯丁修道院開始修道生活。

瓦特堡

一五二一年沃木斯會議後，路德展開逃亡，在瓦特堡藏匿了十個月，期間將《新約聖經》譯為德文。

威登堡城堡教堂

一五一七年，三十三歲的馬丁·路德在這個門上釘上《九十五條論鋼》，開啟宗教改革運動。

威登堡城堡教堂

馬丁·路德的出生和過世都在埃勒斯本（Eisleben），但威登堡是他一生居住最久處，也是宗教改革的發起地與根據地。路德過世後，長眠於威登堡城堡教堂內。

序

這部路德研究，原來只是一部研究青少年晚期與成年早期情緒危機著作中的一章。但是我後來發現，僅僅一章不可能處理像路德這樣重量級的人物。青年路德成長的過程，是人類有史以來變遷最激烈的時期之一。一切他所屬於的，以及一切他所擁有的，都將被毀滅或重生。因此，那醫學臨床研究的一章就變成了這部歷史著作。但臨床工作既是本書原來的目的，我想應該在序言中簡短談一下我的同事與病人，以及我們共同關心的話題。

五年來，在費爾德基金會（Field Foundation）的支持之下，我的研究工作一直將重點放在十幾、二十來歲青少年情緒困擾的問題。這些臨床工作大部分是在美國麻薩諸塞州斯托克布里奇（Stockbridge）的奧思丁瑞格中心（Austen Riggs Center）進行的，偶爾我也去拜訪匹茲堡大學醫學院的西方精神病學研究所（Western Psychiatric Institute）。奧思丁瑞格中心是一個小規模、開放的（沒有閉鎖病房的設備）、研究取向的私人醫院，位居新英格蘭的住宅區；而西方精神病學研究所是一棟摩天大廈，內有閉鎖病房，位居世界鋼鐵中心匹茲堡市內全世界擴展最快的醫學院中。在匹茲堡布羅新（Henry W. Brosin）與溫尼格（Frederik

Weniger）兩位博士的指導之下，我得以從與奧思丁瑞格中心背景迥異的病人身上檢驗我的假說，而在奧思丁瑞格中心奈特（Robert P. Knight）博士的遠見下，我們又得以在精心設計的小規模容許範圍內，有系統而全面地觀察各種治療方法在病患生活中的效果。於是，在兩家醫院周全的診療設備與臨床實務中，我得以研究一些青年病患共同出現的一個主題，可稱之為生命危機。這種危機在某些正常的青年身上也可能發生，但在病患身上特別嚴重。我發現了某些急切的生命任務在青年身上造成了極端的緊張狀態，當中某些青年甚至因此成了病患。我研究了這些病患初步的症狀及精神病症狀的形成。我也探索了這些病患童年經驗可能的相似性。同時也企圖去了解哪一種父母以及哪一種背景最容易使這種病症發展到無法治療的地步，到那時，除非這個病患得到特別的幫助或特別好運，因而能在特別有利的情況之下施展他特殊的才能，否則要克服這樣的生命危機幾乎是不可能的。瓊・艾瑞克森[1]在奧思丁瑞格中心把所謂的職業治療（occupational therapy）變成一項有意義的「行動計畫」（activities program），也幫助我認識到工作具有治療與創造兩種角色。在下面，我們將會談到工作在青年路德生命中重要的地位，以及他對工作與「善功」（works）的看法。

每一個新的臨床經驗都有助於理論的發展，而理論的發展也對新的臨床經驗有所助益。因此，這本書將特別討論了新近對自我適應（ego's adaptive）與其防禦（defensive）功能的研究。我認為，佛洛伊德偉大的原著是這方面研究進步的基礎。安娜・佛洛伊德（Anna

Freud）對自我的研究，為理論打開了一個新的研究領域[2]，而阿齊洪（August Aichhorn）也在青少年心理治療上開拓新的沃土[3]。從這些著作，以及哈特曼（Heinz Hartmann）[4]與拉帕

---

1 編註：瓊・艾瑞克森（Joan Erikson, 1903-1997），出生於加拿大，鑽研現代舞蹈，是一位藝術家，也是位手工藝師。她是艾瑞克・艾瑞克森的妻子，與艾瑞克共同致力於生命週期理論的研發展，是丈夫生活與工作上的重要協力。

本書重要參考書縮寫：

Dok. = Otto Scheel, *Dokumente zu Luthers Entwicklung* (Tuebingen, J-C.B.Mohr, 1929).

Enders = E. L. Enders, *Martin Luthers Briefwechsel* (Frankfurt, 1884-1907).

L.W.W.A = Martin Luther, *Werke* (Weimarer Ausgabe, 1883).

Reiter = Paul J. Reiter, *Martin Luthers Umwelt, Charakter und Psychose* (Kopenhagen, Leven & Munksgaard, 1937).

Scheel = Otto Scheel, *Martin Luther: Vom Katholizismus zur Reformation* (Tuebingen, J.C.B. Mohr, 1917).

TR = Luther's *Tischreden* (Weimarer Ausgaben).

2 原註1：Anna Freud, *The Ego and the Mechanisms of Defence, Cecil Baines*英譯本（New York, International Universities Press, 1946）.

3 原註2：August Aichhorn, *Wayward youth*, Sigmund Freud曾為本書作序 (New York, Viking Press, 1935).

4 原註3：Heinz Hartmann, *Ego Psychology and the Problem of Adaptation*, David Rapaport英譯本（New York, International Universities Press, 1958）。另見 "Notes on the Reality Principle," The Psychoanalytic Study of the Child XI (New York, International Universities Press, 1958) 31-53.

波特（David Rapaport）[5]的著作與合作之中，我也學到了許多東西。這些研究成果，加上我自己一點新的看法，曾在一篇文章中初步發表過[6]。現在我把它們寫成這本書，將來我還要再寫一本臨床工作的小冊子。這裡，我只想指出，把青年路德與其他病患相比較，並不只是為了精神症診斷或病理分析，更是要指出青年病患就像其他任何青年人一樣，有些生命時刻具有無論專家或普通人都難以想像的機智與頓見。下面我也會集中焦點談到青年人的自我所具有的復元能力。

此外，我還想提提另一種專業經驗，來說明為什麼我會注意到這位思想史上最引起爭論的人物。一九五六年，我在耶魯大學[7]與法蘭克福大學[8]佛洛伊德百年誕辰紀念會上演說時，從各種面向說明了佛洛伊德對孤獨的發現，佐證了他是開創者，也是十年之內首位而且唯一的精神分析學家。我也比較了佛洛伊德與達爾文。他們兩人最重要的貢獻都不是出自目的明確的工作計畫。兩個人都經驗過長期的思想「懸宕期」（moratorium）[9]。兩個人創造力的突破也都伴隨著神經病痛。以佛洛伊德為題的演講，把我以他的方法治療青少年困擾的臨床研究，與和他類似的早期成年人得到創造能力所歷經的掙扎奮鬥銜接起來。我更覺得路德特殊的創造能力，是佛洛伊德對父親情結（father complex）抗爭在中世紀後期的先兆（precursor）。甚至路德自中世紀教條中的解放，也可以說是現代哲學與心理學不可或缺的先兆。

本書對路德與佛洛伊德的比較，並不是來自他們兩個人之間有任何相似之處的印象；

5 原註4：David Rapaport, Some Metapsychological Considerations Concerning Activity and Passivity" 未出版之論文，1953；又見 "The Theory of Ego Autonomy: A Generalization" *Bulletin of the Menninger Clinic* 22 (1958), 13-35.

6 原註5：E.H. Erikson, The Problem of Ego Identity" *Journal of the American Psychoanalytic Association* (1956), 56-121。我曾用「自我認定」這個觀念來研究羣體；見Carl J. Friedrich ed., *Totalitarianism* (Cambridge, Harvard University Press, 1954), 156-171; *New Perspectives for Research on Juvenile Delinquency* (Washington, D. C., Children's Bureau, U.S Department of Health, Education and Welfare, 1956), 1-23; *Discussions on Child Development*，世界衛生組織兒童研究部第三次會議紀錄，（London, Tavistock Publications, Ltd., 1956）。

7 原註6：E.H. Erikson, "The First Psychoanalyst" *Yale Review* XLVI (1956).

8 原註7：E.H. Erikson, "Freuds Psychoanalytische Krise" *Freud in der Gegenwart* (Frankfurt, Europaeische Verlagsanstalt, 1957).

9 審訂註：「moratorium」有暫停、寬限之意，艾瑞克森以本字表達青少年需要一段摸索的時間，這段時間雖沒有積極、全力投入人生目標，但並不是真的停擺、休息，而是不時嘗試性地探索，心情上有種「懸而未決」的忐忑。本字曾被以不同方式翻譯，本書原譯為「空檔期」；林克明教授在《受傷的醫者》書中譯為「寬貸期」；輔大心理所翁開誠副教授則稱此時期為「懸宕期」。經反覆推敲，採譯「懸宕期」，最接近艾瑞克森想表達的意思。

他倆恰恰相反。但他們兩人的確表現了某種天才在成長過程中的某些規律性。他們兩人至少有一個共同性，那就是他們倔強地自願做各自時代中的苦活，在物質與科學無限擴張的時代中，保持著對人類良心的關懷。路德形容自己早期是「在泥淖中工作」，同時抱怨他獨自這樣做了十年；佛洛伊德同樣孤獨了十年，他形容自己好似在**幽深礦坑**之中的勞工，盼望著善心人士給他一個「安全的吊升」。

我原想在序言中簡短地談談寫這部書的理由，然而我懷疑有什麼寫作動力是可以充分解釋明白的，除了寫教科書以外。我所選的題材迫使我處理兩個謎一樣的問題：信仰與日耳曼。如果我選擇其他的青年偉人，這些麻煩就可以避免了。但是看來我並不很想避開它們。

在法蘭克福與海德堡跟學生們討論佛洛伊德時，我忽然想起早年的一件事。這件往事在記憶中本來早淹沒在化為瓦礫的城市以及猶太族人的白骨之下。我年輕時，曾一度是個流浪藝人。某個夜晚，我住在萊茵河上游一位友人家中。他的父親是位新教牧師。早上大家坐下吃早餐時，這位老人用路德的德文念誦主的禱詞。我從來沒有如此「用心」聽這樣簡單的幾個字，而它們卻像詩一般充滿了美與道德。這種全面性的經驗真是空前絕後。我相信任何人忽然之間「聽到」蓋茨堡演說（Gettysburg Address）[10]的演講詞，就會懂我在說什麼。

有時我們應該承認，除了造成創傷之外，感情債也有它的價值。也許，這部書是我對歐洲史懷哲故鄉那春天清晨的獻禮。我只想抓住近代的開端——宗教改革時期——

某一個最重要的東西。這個東西不可能洗刷乾淨，也不可能完全忘掉。這就是精神分析（Psychoanalysis）[11]的素材。

這部書曾獲得精神病學研究基金會的資助，使我得到一年的假期，完全脫離臨床與教書的責任，以便專心寫作。

本書稿曾受到拉帕波特、伯克南（Scott Buckanan）、哈德禮（John Headley）、奈特（Robert P. Knight）、米德（Margaret Mead）、墨菲夫婦（Gardner and Lois Murphy）、尼伯爾（Reinhold Niebuhr）與雷斯曼夫婦（David and Evelyn Riesman）等人的評論。他們的建議，無論獲得接受與否，都應該得到我衷心的感激。

哈特瑪斯（Larry Hartmus）曾在墨西哥的阿吉吉科（Ajijic）幫助我閱讀中古世紀的拉丁文。哥本哈根的阿伯拉罕森（Edith Abrahamsen）則助我翻譯齊克果[12]的丹麥文。

---

10 編註：蓋茨堡演說（Gettysburg Address）為美國第十六任總統林肯（Abraham Lincoln）最知名的偉大演說，也是美國史上被引用最多的政治性演說，發表於一八六三年十一月十九日，訴諸獨立宣言「人皆生而平等」原則重新定義美國內戰，說明戰爭不只是為了聯邦存續，亦是「自由之新生」，將真正的平等帶給全體公民，並稱「民有、民治、民享之政必永續於世」，宣示政治權力的來源是公民。

11 審訂註：「Psychoanalysis」一般譯為「精神分析」。

12 編註：齊克果（Søren Aabye Kierkegaard, 1813-1855），丹麥神學家、哲學家及作家，一般視他為存在主義之何恩（Dorothy F. Hoehn）助我將雜亂的篇章組成一本書。

我的賢內助瓊，在我研究寫作期間照顧我起居生活，同時也助我編輯原稿。

艾瑞克．漢堡格．艾瑞克森

麻州，斯托克布里奇

父。齊克果是虔誠的基督徒，其哲學的中心思想基本上可說是「如何去做一個基督徒」的探詢。他認為人並不能透過客觀性獲得真理，真理只能透過主觀性呈現，所以他反對傳統哲學將真理當成客觀知識追求，也反對教條主義（包括基督教的教條主義），故不願將自己的思想寫成哲學理論，而是以文學形式表達。齊克果將人的存在描述成三種不同層次：感性、理性和宗教性（或稱審美、倫理、宗教），把存在主義哲學和對敬虔派與奮興運動的神學批判相結合，並以此為基礎提出一種新的神學。他的批判主義與馬克思、尼采的批判主義並列。

【第一章】

個案與事件

路德似乎一度是一個飽經困厄的年輕人，他經驗到的衝突與困擾是一個複雜的病症，一個我們剛開始了解、分析的病症。在奧古斯丁修會明智的上司適時的幫助下，他找到了一個精神解決法。這個解決填補了歷史在西方基督教世界許多人身上所造成的政治與心理上的真空。

一

在汗牛充棟的路德作品與路德研究當中，有關他童年及青少年可信的資料卻十分貧乏。他在歷史上的角色，尤其是他的人格，一直是十分曖昧不清的。有人稱他為聖人，也有人稱他為惡棍。許多有為有守的學者花了極大的功夫來研究關於路德的原始資料，但是一旦想把他套進一個公式，他們製造出來的路德，要不是超人，就是一個機器人，好似路德從來不曾像正常人一般呼吸、走路和講話似的。我不禁想，在本書裡，我是否企圖做得更好？

齊克果，一位與路德同為**宗教人格**（homo religious）而能將心比心去客觀判斷的人，曾經說過一句話，很可以用來總結我想處理的問題。他在日記裡寫道：「路德是基督教世界中一個意義重大的病人。」[1]我斷章取義地引用這句話，並不是想說齊克果認為路德是一個臨床醫學上的病人，而是想說明齊克果在路德身上看到一種最正宗、最具影響力的宗教態度（病症）。以這句話為本書提綱挈領，就是要說明本書並不只限於臨床醫學的探討。我將把臨床醫學的角度擴大到包涵病人的生活方式，也就是一種強加的受難，一種對於治癒的強烈渴求以及「一種想表達及描述自己痛苦的激情」（如齊克果所說）。

齊克果的意思是說，路德過分地強調了自己主觀的、「病態」的一面，一直到老年還是無法得到「醫生權威性的解釋」。這後半句話，我們目前暫且不論。

至於「病人」這個主題，則是我想用我個人處理天賦極高但情緒不穩定的年輕人的經驗來討論的大問題。我並不想把路德看成一個病例來診斷（在某種限度之內，這種方式頗具說服力）。我想做的，是以我處理其他現代年輕人的方式，來描述他生命中的一個危機。這個危機常使他們無論是否自覺、是否受過治療，都成為病人，一直到他們找到治療的藥方為止。而這個治療的藥方，常常是一個使命（cause）。

我稱這個青少年的危機為**自我認定危機**（identity crisis）[2]。在生命週期的那一段時

---

1 原註1：Soeren Kierkegaards *efterladte Papirer*, P. A. Heiberg主編（Cophenhagen,1926）IX, 75. 另參見Eduard Geismar「Wie urteilte Kierkegard ueber Luther? Luther」Lurher-Jahrbuch X (1928), 18.

2 審訂註：「identity」是個動態且複雜的概念，其含蓋的範圍甚廣。艾瑞克森本人的用法或說法也並不完全一致，可從不同的角度探討。

中文一般將「identity」翻譯為「認同」或「同一性」，但這種譯法並不完全貼切。譯成「認同」，只強調了「identity」的「同」、「同一」，而「identity」字義既有強調「本人、本身、同一」之義，也強調「識別」（與眾不同的獨特性）。而且譯成「認同」，會與佛洛伊德的概念「identification」（一般也譯為「認同」）相混淆。佛洛伊德的「identification」是指「兒童時期」一種無意識的欲望，想要「成為」或「像」某個外在對象／他人（通常是指父親）。但在這裡，艾瑞克森是指「青少年時期」（或成年早期）——從「兒童期」轉渡到「成人期」之間——在努力地追尋、解答「我是誰」、「我要如何適應（融入）成人的世界」的問

期，認定危機的產生，是由於每一個青少年都必須在童年的殘留與對成年的憧憬中，製造出一個自己的重心感（central perspective）及方向（direction），與一個行得通的統一感。他必須在自己對自己的看法與別人對自己的判斷和期望之間，找到一個有意義的相似點。這個題目聽來真像常識一般，但就像健康對正常人一樣，擁有的時候覺得理所當然，一旦失去，才知道復元是多麼複雜的成就。只有生病時，人才會感覺到身體的複雜性，也只有在個人或歷史的危機之中，人才會發現人格是多種互相作用的因素的敏感組合。這個組合是由遙遠的過去培養出來的能力與現在的機遇混合而成，也是由個人成長過程無意識的先決條件與社會條件混合而成，而這社會條件是各世代之間不穩定的交互作用所製造與再製造出來的。在某些時代、某些階層中的某些年輕人身上，這個危機幾乎不存在，而在某些民族、階層、時代裡，這個危機卻形成了一個關口（a critical period），一種「再生」（second birth），很容易因普遍的神經疾病或意識形態的不穩定而惡化。有些年輕人陷入這種危機之中而產生神經性、精神性或犯罪的行為；其他年輕人可能加入宗教、政治、自然或藝術上的意識形態運動，來解決這個危機。另外一些則經過長期的痛苦與偏差，最終卻發展出一個未來的生活方式。他們感到的危險迫使他們動員所有的能力，以新的方式來觀察、發言、夢想、設計與建設。

從這個角度來看，路德似乎一度是一個飽經困厄的年輕人，他經驗到的衝突與困擾是一個複雜的病症，一個我們剛開始了解、分析的病症。在奧古斯丁修會（Augustinian order）明智的上司適時的幫助下，他找到了一個精神解決法。這個解決填補了歷史在西方基督教世界許多人身上所造成的政治與心理上的真空。這個巧合，如果再加上路德個人特殊稟賦的施展，就造成了歷史性的「偉大」。以下我們會依序談到路德青年時期的危機、他的天賦異稟的展開，以及他思想原始創造力第一次的表現，也就是他首次以《詩篇》（*Psalms*）演講時（一五一三年）所浮現的革命性新神學，那時連他自己或他的聽眾也都還看不出。至於他已取得歷史的認定感之後發生的事，一章也說不完，因為路德的半生對一本書來說已經是過分複雜了。同時青年與成年路德的區別實在非常明顯。對大部分讀者來說，第二個路德，那位堅強不屈的雄辯家，是唯一的路德。因此，我在說明路德三十歲以前的活動時，將稱他為「馬丁」（Martin），而在談到他成為路德教派首領，並神話般自述自己傳記時，則稱他為

題。這時期的困境（危機）是自我之「確定」或「不確定」，在過渡期為「自我」抉擇出一個重心及方向，並在自己與社會期望間找到相似連結點。因此，這時期的青少年在確認一個「方向」，抉擇一個自身在未來的目標，整合成對自我一種一致的、合適的圖像。

基於上述，在此將「identity」改譯為「認定」或「確定」。艾瑞克森自己也同時使用「ego identity」、「self-identity」及「identity crisis」，則可以譯為「自我認定」及「認定危機」。在許多不同的領域，「identity」是指「身分」，也可譯為「身分認定」。

「路德」（Luther）。

齊克果那句話的另一半是：「在基督教世界中意義極大的……」。這半句話提醒我們調查的這個「個案」如何變成一個歷史「事件」，也就是說，我們需要了解路德時代北方基督教世界精神上與政治上的認定危機。老實說，如果我堅守原來的研究路線，也就是專做個案研究，這些方法學上的不確定性與雜亂就不會發生了。我盡可以把歷史事件的問題讓給那些把個案當成歷史事件附屬品的人。然而近年來，我們這些臨床工作者已經發現個案是不可能脫離歷史的，雖然我們也懷疑歷史學家們在嚴格區分歷史事件的邏輯（logic）與不斷影響歷史事件的偉人生命史的邏輯時，很可能忽視了一些很重要的歷史問題。因此我們不得不冒著險來嚐試做一點心理史學（psycho-historical）的分析。這種科際整合的研究，就如同其他科際研究一般，最可能幫助我們發現新的研究領域，並為未來建構出新的研究方法。

研究人性最好是在衝突狀態下，而人性的衝突只有在特殊的情況之下才會受到學者的注意。其中一種特殊的情況是臨床工作。那時病人為了求得病體的復元，不得不留下完整的個案紀錄。另一種特殊情況，是歷史。那些偉人，在他們以自我為中心的策略指導以及人們對英雄熱切的渴望之下，也留下了自傳或傳記。因此，在這兩種紀錄之中，史學家與臨床工作者都有許多可以學習的地方。而路德，以他特有的啟發性，更為這兩個領域的學者帶來了特別的訊息。隨著年齡的增長，路德對自己的描述又是那麼鮮明動人，使臨床工作者感到他面對的是一個活生生的病人。但這個醫生若過分相信這種感覺，不久他又會發現這位病人好像是在治療醫生，因為路德是帶著一種演戲的眼光來寫他的自傳。他利用自己的神經性痛苦，不斷地注意著熱誠的觀眾給他的線索，然後把它們與自己選擇過的記憶聯結起來，以創造他自己認定的自我確定感。

二

在這一節裡，我想正式地討論一下本書的副書名：「一個精神分析與歷史的研究」。這個副書名的意思說的是，我想用精神分析做為歷史研究的工具，來研究一個歷史片斷（亦即一位偉大的宗教改革者的青少年時期）。當然，這種研究也會為精神分析做為歷史研究法帶來一些新的見解。因此，我想暫時離開本題，來討論一下這個副題中的方法問題。

精神分析，像其他所有的學派一樣，有它自己內在歷史的發展。就觀察方法而言，它必須用到歷史；而就思想而言；它更創造了歷史。

在前言中我曾經指出，一個精神分析學家若是想研究一群病人，不論是同年齡、同背景或同症狀的一群，他就不得不修正自己的治療方法，也不得不為這種方法的修正尋找一個理論的基礎。而在醫療方法不斷的修正之中，一個完美的心理理論就會出現。這就是精神分析學賴以為生的歷史思想。

青少年病人的醫療，因為對象既不是兒童少年，又不是成人，時常會有一個特徵，那就是可能會把各種療法的趨勢誇大。青少年病患（特別是那些天賦特殊的）常會對自己或環境有全面性的要求。他們需要每天證實自己，證實自己的過去是無知愚蠢的，而未來是意味深長的，證實自己具有某種絕對的美德或某種極端的罪惡，證實自己特殊性的成長或無底的失落。患有嚴重心理病的青少年，特別不喜歡心理醫生的躺椅。他們要面對著你，也要你面對著他們。他們不要你扮演父母的替身或是戴上專家的面具，而是要你做一個完整的個人，一個讓他現在可以依賴，將來可以斷絕依賴希望的人。而一個精神分析學家忽然碰到這樣的青少年，他馬上就會了解面對一張臉和面對一個問題之間有什麼不同。我敢說，路德的導師，施道比次博士，必會了解我想說的是什麼。

此外，治療青少年，也必須注意他們的工作生活與工作以外的嗜好。精神分析學的理論與實務中，最不重視的就是工作的問題。就如同馬克思主義把人類的經濟地位當成他們行為與思想的支點而完全忽略了他們內心的生活一般，精神分析學幾十年來一直把個人或群體的職業生活當成最不重要的部分，有關這方面的材料就是造假也沒有關係。但是，關於住院青少年病人的工作生活的治療性實驗指出，病人若在自助的、有計畫的以及與群體交流的工作環境之中，適應的能力就會特別大。我們的理論與信念沒有發現這種適應能力，實在是因為我們的理論及信念早已判定這種適應力是不存在的。

這個問題其實只是近來精神病學與社會學文獻中討論最多的一個大問題中的一小部分。我們的精神病學是否傾向於把病人關進自我定義、自我限制的角色監獄，在裡面，由於沒有系統性的刺激與機會，使病人原來發育不全的能力完全無法發展，好似我們公開宣稱反對這種發展一樣。

這些發現清楚地指出，臨床方法技巧的修正與理論的闡明，只能發展到某一點。過了這一點，無論是方法與理論都會受到意識形態的影響。現在世界各國各地發展出各種不同的心理治療思想，其中更指出，在歷史利用心理治療科學（a clinical science of the mind）時，雖然心理治療學會影響意識形態與文學的風氣，但心理治療學實際上常被意識型態的趨勢影響，甚至受到它的蒙蔽。將來，心理治療學很可能要求醫師與學者有歷史性的自我認識，就如同史學家柯靈烏[3]所說的：「歷史就是精神的生命（the life of mind）。精神不是真正的精神，除非它生活在歷史的過程之中，同時自知自己是如此活著。」[4]

3 編註：柯靈烏（R.G.Collingwood, 1889-1943），英國哲學家、歷史學家，長期任教於牛津大學，在人文學科諸多領域都有深入研究，尤其以歷史哲學方面的思想著稱。主要著作有《精神鏡像》、《哲學方法論》、《藝術原理》等書，以及後人整理出版的《歷史的觀念》、《自然的觀念》、《政治哲學論集》等。

4 原註2：R.G. Collingwood, *The Idea of History* (New York Oxford University Press,1956), 226-27.

在有歷史自覺的精神分析作品之中，有一種思想的習慣是本書認為最重要的。那就是，精神分析學家在極力避免目的論假設時（teleological assumption），卻不知不覺地走到另一個極端，即發展出一種**起源論**（**originolology**）——這個名詞實在很拙劣，但我只想用它來表達一個思想，並不想把它變成一個普及的字彙。這個名詞的意思，是指精神分析習慣把每一種人類情況化約成更早期的類似情況，這種思考習慣最普遍的傾向，就是把幾乎所有的情況都化約成最早、最簡單的嬰兒情況，並把這種嬰兒先兆當成未來情況發展的「起源」。

精神分析學家喜歡把生命後期的發展歸屬在童年時期之下。就這個意義而言，精神分析學也是一個宇宙觀。它指出人在成年之後，仍保有永不會退色的孩子氣（childishness）。未來的遠景永遠反映著失去的過去。表面的進步（progression）涵帶著部分的退化（regressions），而穩固的成功之中，更隱藏著孩子氣的滿足。由於特別注意人類生活中重複、退化與固執的現象，我們在成人身上發現了許多前所未知的嬰兒現象。因此，我們替人類生活中的倫理問題重新下了一個定義。這個新定義主要指出，人類保存有這種早期的精力，因此當他們為較高的價值獻身時，常常傾向於壓抑、開拓或浪費這些早期的精力。當我們治療病人時，我們的意向也為這種新的倫理定義所控制。然而，就歷史的角度而言，我們必須了解精神病理學家在治療一個種族的情緒、焦慮或憤怒的問題時，是在知識不足的情況下去製造一個具有某種說服力的哲學。而精神病患與恐慌的人們，在極度渴望信仰之下，也往往會瘋狂地到處宣揚這個基礎並不可靠的信仰。

由於對這個事實沒有覺察，所以當我們因為對性的象徵表示興趣，卻被人喚做泛性論者（pansexualist）時，我們會覺得十分驚訝。當病患們在社會生活中四處展現相互裸裎內心的態度，以表示他們對自我防禦的把戲十分了解注意時，我們會覺得他們好似在諷刺自己一般，因而感到十分沮喪。我們難過的是，我們開啟心智的目的常被誤解成命定論（fatalism）。這種命定論告訴人們，人什麼都不是，只是他父母錯誤的相乘與他早期自我的相加。所以，我們雖不情願卻必須承認，當我們努力為少數人以科學方法治病時，卻不由自主地在多數人中宣揚了一個病態的倫理。

安娜・佛洛伊德在她的《自我及其防禦機制》（*The Ego and the Mechanisms of Defence*）一書中，曾系統地說明青少年時期自我防禦退化機制的存在與多樣性[5]。她為內在防禦機制做了最廣泛的定義，但並沒有因此而限制青少年精神分析研究的發展。她說：「青少年人喜歡抽象討論與揣測。但這些討論與揣測並不表示他們真正想解決現實帶來的問題。他們的心智活動只是表現他們已注意到本能過程及如何把感覺到的事情轉化成抽象思想的過程。」[6]她說的是少年思考現象中防禦性的一面。另一面是這個現象的適應功能[7]。在本書

5　原註3：見序言原註1所引書。

中，我們還想在這個理論上加一個歷史現象，也就是說，在青少年發育期與成年期之間，傳統的資源與個人內心的資源會混合而製造出一個新的人，由這個人，而創造了一個新生代，由這個新生代，又創造出一個新的世紀。至於成年以後的思想如何指引人、新生代或是世紀，以及他們的遭遇，我會在結論那一章中討論到。因為本書基本上只想證明精神病理學家的知識必須成為心理生態學（an ecology of the mind）的一部分，然後我們才能為我們的知識帶來的意識形態衝擊，負起全部的責任。

如果我們想了解生命週期，就要學著去解釋這樣的歷程：一個人必須經過一個一個階段才能長大成人進入社會，而這個社會不論是好是壞，也是一步一步地供給這個人由傳統與制度構成的外在現實。這些傳統制度利用、發展人的才能，吸引、調解人的驅力（drives），限制人的恐懼與幻想，或對這些恐懼與幻想做出反應，並且給這個人一個適合他心理社會能力的立足點。而為了了解一個人，我們也必須一步一步研究他個人生命週期的每一個階段中，社會與傳統如何決定他看待自己過往童年與未來成年的態度。這樣說來，在治療過程中，我們學到的東西只是根據醫生與病人之間正式的契約規定，這些東西在應用到一般人類情況以前，必須經過謹慎的改編。這就是為什麼報章雜誌上那許多個案的判斷與分析，看起來好似白晝迷失的蝙蝠一般。[8]

但就另一個角度來看，我們也不能把歷史完全留給專業史學家與完全沒有臨床經驗的人。因為史家專業的要求使他們不得不放棄歷史過程中的假象，或合理化與理想化的現象。然而，只有當我們了解歷史對人類心理基本功能的力量與心理分期之間的關係以後，我們才有辦法對這個社會做一個合理的精神分析，而不墜入神祕或道德化的哲學幻境之中。

佛洛伊德最反對眾人把他的研究當成一個意識形態（ideology）或是一個世界觀（*Weltanschauung*）[9]，然而就如同路德的生活與工作一般，一個新思想的創始人沒有權力把這個思想限制在他最早的意向之中。同時，佛洛伊德也沒有克制自己不去解釋其他全面性處理人類問題的方法，例如，他曾經解釋宗教，認為那是人類未能擺脫童年束縛的結果，因此宗教可以說是群體的神經病（collective neuroses）[10]。而以心理史學的方法來研究一個偉

6 原註4：見前註，177.

7 原註5：Heinz Hartmann, *Ego Psychology and the Problem of Adaptation.*

8 原註6：E.H. Erikson, "On the Nature of Clinical Evidence," *Evidence and Inference, The First Hayden Colloquium* (Cambridge, The Technology Press of M.I.T.,1958); "Daedalus," *Journal of the American Academy of Art and Sciences Proceedings*, 87 (Fall,1958).

9 原註7：Sigmund Freud, *New Introductory Lectures on Psychoanalysis*, W. T. H. Sprott 英譯（New York, W.W. Norton & Co., 1933）.

10 原註8：Sigmund Freud, *The Future of an Illusion*, W. D. Robson-Scott 英譯（New York, Liveright Publishing Corp., 1949）.

人的宗教危機，正是一個以自我心理學與心理社會發展理論來研究佛洛伊德宗教理論的好機會。

三

就精神分析與宗教這兩個題目，我研究的方法並不是一肩各挑一個。心理學的目的是在確認什麼是真正的人類行為（也包括人類感覺真實的行為）。所以，凡是就我臨床經驗與精神分析知識來看，確然是人類心理現象的，我就用心理學來解釋。就一個臨床工作者與教授的身分來說，我的工作就是這些。當然，如同我在上面指出的，我的職責包括留意到以精神分析來研究史學時，常在真實與**看來**是真實的現象之間徘徊。每一個精神分析研究的新發展，都無可避免地引出一個新的價值系統，而使我們也不斷問自己，我們說的話是不是我們真正想說的。這個新的價值系統也要求我們精神分析學者與精神分析學的批判者去區分什麼是精神分析學，什麼是精神分析主義（psychoanalysism），去了解精神分析並不只是一項專業，更是一個思想體系，隨時隨地可以受到輿論塑造者的操縱。我們的成功正暗示著我們的黨派意見至少是公平的。

另一方面來說，宗教想說明的，正是人們感覺到真實卻無法證明的東西。它可以用文字、形象與暗語來說明圍繞著人類存在周圍的黑暗，以及那一線穿越黑暗又超越賞罰與理智所能了解的光明。然而，由於這本書是一本歷史研究，宗教對我來說只是指那些尋求認定感的人的一個意識形態的泉源。因此，在描述一個**青年**偉人追求自我確定的奮鬥時，我關心的事不是他教條或哲學的正確性，而是這些主義——在這本書的情況之中，這些主義**碰巧**是宗教——如何在他熱狂的追求之中，提供了一個精神和思想上的環境。

因此，我的重點實際上是「意識形態」方面的問題。在近代史中，意識形態這個字帶有一個特別的政治意義，也就是指那些以自欺、偽造或宣傳來扭曲歷史事實的專制思想體系。曼海姆[11]曾經用社會學的眼光來分析這個字及其代表的歷史過程[12]。在本書中，**意識形態**（ideology）這個字指的是，在宗教、科學與政治思想（thought）下面一個無意識層面的趨向，這個趨向在某段時間裡，會用思想（ideas）來修正事實，又會用事實來修正思想，其終極目的是在造出一個世界的形象，足以說服自己，可以支持自己與團體的身分認定感。這

11 編註：卡爾・曼海姆（Karl Mannheim, 1893-1947），猶太裔社會學家，影響了二十世紀上半葉的社會學領域，是經典社會學和知識社會學（sociology of knowledge）的創始人之一。發表過一些論述社會學和知識社會學的著述，包括《知識社會學問題》、《保守主義思想》、《競爭在精神領域之中的意義》、《意識形態與烏托邦》等。

12 原註9：Karl Mannheim, *Utopia and Ideology* (New York, Harcourt Brace, 1949).

種全面性的透視不是由意識武斷地控制的（雖然與其他無意識一般，它是可能被利用的），但我們確實可以在歷史表面邏輯上看到這種由意識形態的簡化創造出來之全面透視的力量。而它在個人自我確定感的形成（以及「自我力量」的形成）上，也有很大的影響力。就這個意義而言，這也是一本討論認定感與意識形態的書。

在人類歷史某些時期之中，或在人類生命週期某些階段裡，人們急切而固執地需要（need，在找到更好的字眼之前，我只好用這個字）一個新的意識形態取向，就如同需要空氣與食物一般。所以，當我分析那些可以分析的材料時，我對這位勇敢地面對人類**存在**（existence）問題的年輕人表現出同情與體會，並不使我覺得不好意思。同時，我想指出，我所謂的**存在**（existential）是指這個字最簡明的意思，我想無論哪一種學說都不能宣稱這個字是他們專有的。

【第二章】

唱詩班中的發狂

當我透過研究這許多種不同的事實與解釋，以從中為自己對路德認定危機的研究尋找方向時，我似乎聽見路德在憤怒與嘲笑中怒吼著：「我不是！」

一

三位路德同時代的人（三位之中，沒有一位是路德的信徒）曾經提起，路德二十歲至二十五歲之間在耳弗特（Erfurt）修院的唱詩班中，有時會突然好似為惡魔擒獲一般，跌倒在地，野牛般地狂吼：「我不是！我不是！」（*Ich bin's nit! Ich bin's nit!*）[1]或是「不是我！不是我！」（*Non sum! Non Sum!*）[2]。前者是德文，後者是拉丁文。

對學者來說，路德當時用的是德文還是拉丁文，是個很趣的問題，但這三個人都沒有指出他用的到底是德文還是拉丁文，只對於路德發狂之時的情況有一致的說法。那時正在讀經，讀到耶穌治癒了一位惡魔附身的病人[3]。我們可以從《馬可福音》第九章第十七節中找到這段經文：「眾人中間有一個人回答說：夫子，我帶了我的兒子到你這裡來，他被啞巴鬼附著。」[4]這幾位記錄者相信路德當時也是惡魔附身——在中世紀，一般認為這是一種宗教與精神病之間的邊緣病症——而他大聲地否認，正是他病徵的表現。「我不是」這句話，可以看成一個孩子被人辱罵時的反應；此處的辱罵，是指罵人是傻瓜、啞吧或惡魔附身。

下面，我想討論這個傳說在路德生命中的地位，以及在他傳記中的角色。

馬丁修士是二十一歲進入座落於耳弗特的奧古斯丁修會黑色修道院（the Black Monastery of the Augustinians）的。在一次瘋狂的暴風雨中，他承受著極端的痛苦而發了修道的願。在這之前，他獲得了耳弗特大學文學碩士學位的最高榮譽，但卻未經父親允許突然進了修道院。父親懷抱著雄心壯志，犧牲自己栽培馬丁，讓他接受最嚴格的學校教育。他的父親想要他念法律，因為法律是進入政界的跳板。然而隨之而來的長久歲月裡，馬丁一直生活在極大的內心衝突之中，他對宗教有著病態式的顧忌。這些經驗最後使他放棄了修道生活，而成為背叛中世紀教皇權威浪潮中的精神偶像。因此，在唱詩班中的發狂，正是他父親為他事業安排的康莊大道告終的時候，也正是他修道生活在「天賜良機」的開端之後陷入困境的時候，而此際他的未來也還猶如胚胎階段置身於黑暗之中。在他看來，這個未來只有在最嚴格（或最曖昧）的情況之下才可能是神聖的，也就是說，他只知道自己有某種精神上的使命感。

由於路德後來是那麼地偉大與成功，我們很難想像他在年輕時竟以永久的沉淪為賭注來

1 原註1：Scheel, II, 116.

2 原註2：Dok., No.533.

3 原註3：Dok., No.533.

4 編註：本書所有《聖經》之譯句，皆採中文和合本。

測驗及塑造他未來的偉大。因此，我必須將一些日期列舉出來，以便讀者參考：

馬丁少年時期的重要經歷

一四八三年　馬丁出生。

一五〇一年　十七歲，進入耳弗特大學。

一五〇五年　二十一歲，取得碩士學位，在暴風雨中發願進入修道院。

一五〇七年後　二十三歲，晉鐸，首次主持彌撒，但不久陷入極端的懷疑與顧忌之中，從而可能引發唱詩班中的發狂事件。

一五一二年後　二十八歲，取得神學博士學位，在威登堡大學發表《詩篇》演講，並經驗了「塔中的啟示」。

一五一七年　三十二歲，唱詩班發狂後十年，在威登堡城堡教堂門口釘上他的《九十五條論綱》。

許多學者肯定唱詩班中發狂這件事的真實性，也有很多學者懷疑。但即使是那些懷疑的學者也不知不覺為這件事所吸引。譬如，謝爾（Otto Scheel），一位德國神學家與路德早年史料的編纂家，乾脆否定了這件事。他相信這個傳說是起自一本最令人厭惡的路德傳記，就是哥勞斯（Johannes Cochlaüs, 1549）寫的那本傳記[5]。但謝爾自己卻很難忽略這個故事。對他來說，這個故事的意味是那樣深長，使他在輕視中也不得不承認它的宗教意義。他說：「尼古拉斯・托勒提尼斯（Nicolaus Tolentinus）跪在聖壇前祈禱時，也曾為黑暗之王所襲擊。但就在這個清楚可見且有意義的（sinnfaellig）鬥爭之中，尼古拉斯證明了他是上主所選的鎧甲……路德被詛這件事是不是也證明了他與惡魔鬥爭具有相同的意義？」[6]他向那些反對路德的天主教人士說：「為什麼我們不用同樣的標準來衡量這件事？」在註釋中，他又問：「難道保羅神奇的皈依也是病態的？」我順便要指出，在謝爾編纂路德早年發展史料時，他犯了一個少有的錯誤。他說引起馬丁發狂的故事是來自《馬可福音》第一章第二十三節，「在會堂裡，有一個人被污鬼附著。他喊叫說」為耶穌責備**而不再作聲**[7]。但是，有關**啞吧**（surdus）或**啞吧魔**（mutus daemonius）的故事，無論怎麼說也不是指這一章。

謝爾是一位新教的神學家，他主要的任務是以神召來解釋那些無意識的攻擊與焦慮造成的瘋狂，以及那些幻覺時刻，還有那些偶爾困擾青少年路德、但不斷困擾其成年後

5 原註4：Johannes Cochlaeus, *Commentaria de actis et scriptis Martini Lutheri* (Mainz, 1549).

6 原註5：Scheel, II, 117.

7 原註6：Dok., No.533.

人生的失望狀態。這些狀態，對謝爾來說，是**精神上的**（geistlich），而不是**心理上的**（geistig）。我在研究德國的路德文獻時，常常被他們的名詞所困擾。譬如他們常說**靈魂的受難**（Seelenleiden）或**精神的病態**（Geisteskrankheit），使我們弄不清受折磨的是靈魂還是心理（psyche），是精神（spirit）還是思想（mind）。最使人不解的，是一些醫師宣稱這位宗教改革者的靈魂苦難是來自**生理**的原因。然而，這位**教授**——我們將稱謝爾為教授，以表示他是路德傳記研究中一位特別的神學學院派——卻在他那本最清醒、最詳盡的傳記中，堅持路德**奇異的苦難是直接來自天上**。

但最著名的（或許應該說是最聲名狼藉的）路德反對者，丹尼佛（Heinrich Denifle）神父，卻不以為然。他是位天主教多明尼各修會的修士，也是教皇聖座檔案保管人。他說這些事都是來自路德的內心，不是什麼高貴的衝突或是真正的病痛，而是十分愚昧的個性失調。他認為路德是個十足的精神病患（psychopath），因此不可能有什麼心理或精神上的受難。路德口中只會說魔鬼的話。丹尼佛思想的前提是，無論是唱詩班中的發狂也好，或是引導路德走向宗教改革的啟示也好，都與神召無關。在談到暴風雨中發願這件事時，丹尼佛說道：「誰能證明這件傳說中受聖神啟發的事是真的來自天上，而不是來自意識或無意識中的自我幻覺？」[8]他害怕（也希望顯示）路德教派試圖把一個最可能犯錯的心靈創造出來的幻覺當成最高貴的教誨。

丹尼佛不但懷疑路德整個事業是來自魔鬼，他還指責路德精神與心理上的痛處，那就是，路德在修院中一直懷疑他自己首次主持彌撒時的暴風雨是**魔鬼**（Gespenst）的怒吼。路德的父親在彌撒中就那麼說過。因此，路德的誓言是介乎病態與魔鬼信仰（demonology）之間的。路德對父親的懷疑十分在意，不斷與自己、與父親爭論這一點。甚至當父親承認他是歐洲宗教強人與精神領袖之後，路德的懷疑還是沒有消除。而二十來歲的馬丁，還只是個極端痛苦的年輕人，完全無法說明到底什麼東西在刺激或困擾他。他最大的現世負擔就是他父親在不斷地咒罵以後，才非常勉強地同意他選擇宗教為業（父親的同意在當時法律上並不是必要的）。

了解這一點之後，讓我們再回到《馬可福音》第九章，十七到二十四節，一位父親對耶穌說：「夫子，我帶了我的兒子到你這裡來，他被啞巴鬼附著……。」耶穌問他的父親說：「他得這病有多少日子呢？」他回答：「從小的時候……耶穌說：「你若能信，在信的人，凡事都能。」……孩子的父親立刻大聲喊著：「我信！但我信不足，求主幫助。」在這段經文中，耶穌治癒了兩個人：一個被啞魔附身的孩子，一個信心薄弱的父親。這故事在馬丁心

8 原註7：P. Heinrich Denifle, *Luther in Rationalistischer und Christlicher Beleuchtung* (Mainz, Kirchheim & Co., 1904), p.31.

理上引起的反應非常值得我們細心研究，但我們的研究標準與丹尼佛神父不同。將來我們再引用他來代表教士經院哲學派對路德的解釋時，我將稱他為**傳教士**（priest）。

下面，我要討論的是另一派專家。丹麥精神病學者利特（Paul J. Reiter）博士，一位誠懇的路德學者。他認為唱詩班發狂這件事是一件嚴重的心理疾病。他頂多願意承認這是良性歇斯底里病（benign hysterical episode），但仍把它看成一個持續的、無情的與「內在的」（endogenous）過程，而這終於在路德四十五歲左右時爆發成一種精神病。所謂**內在的**，是指生理方面的。利特認為路德的發狂無論怎麼說都「與過去心理的發展」沒有任何關聯[9]。因此，任何人想在其中找到神召或心理的「訊息」，都不可能有結果的，因為這件事只是他神經系統失調而造成的。利特更認為我最感興趣的那幾年，也就是從二十二歲到三十歲那幾年，路德是處在一個長期的**神經病狀態**（Krankheitsphase）之下。這個狀態一直延續到他三十六歲。隨後，路德有一段「躁症的」創造時期，接著在四十歲以後，又是一段崩潰時期。事實上，利特認為路德一生只有少數幾年真能表現一位宗教改革家的「正常健康狀態」，也就是說，路德從來很少真正像他自己。利特把路德二十來歲期間看成是神經病（neurotic）的時期，而非精神病（psychotic）。他認為只有在這段時間裡，路德思想的發展與他內心的衝突能互相聯繫，他的創造力與內在的破壞過程能齊頭並進，而他也達到了某種「有限度的思想平衡」。

下面我將稱利特為**精神病學家**（psychiatrist），以代表路德研究中的醫學生物學派。我們也將大量使用他的理論。這一派學者把路德的人格與神學上超乎尋常的舉動，看成一種病態。這種病態不論是來自大腦、神經系統還是腎臟，都使路德成為一個生理上有缺陷的病人。至於對唱詩班發狂這件事，利特也犯了一個很奇怪的錯誤。他說，路德當時不可能知道他自己在做什麼，因為他竟然全心全意大喊：「就是我！」（*Ich bin's*）[10]——也就是說，他就是福音中那個惡魔附身的人。如果這句話是肯定句，我們對這件事的解釋就幾乎沒有任何意義了。好在，在三百頁以前，利特也使用了傳統對這件事的描述而稱路德當時大叫的是：「不是我！」[11]

那麼，精神分析學家又怎麼說呢？教授與精神病學家時常高傲地談到一位「現代佛洛伊德學派」的史密斯（Preserved Smith）教授。史密斯教授當時在阿姆霍斯特大學（Amherst College）教書。他不但寫過一本路德傳記[12]，編過路德的書信[13]，還在一九一五年寫過一篇

9 原註8：Reiter, II, 99.

10 原註9：Reiter, II, 556.

11 原註10：Reiter, II, 240.

12 原註11：Preserved Smith, *The Life and Letters of Martin Luther* (New York, Houghton Mifflin & Co., 1911).

13 原註12：Preserved Smith, *Luther's Correspondence* (Philadelphia, The Lutheran Publication Society, 1913).

傑出的論文〈精神分析理論下看路德早期的發展〉[14]。我用「不但」（beside）這詞，是因為這篇文章與其他的路德研究不十分協調。我甚至可以說史密斯是在他右手毫不知情的狀況之下，用左手寫出這篇文章的。在這篇文章中，史密斯宣稱：「路德是一個嬰兒時期性情結引起的擬似歇斯底里神經病最典型的病例。因此，佛洛伊德用路德來解釋他的後半部學說是最恰當不過的。」[15]史密斯蒐集了許多材料（這些材料下面我也會用到）來證明，由於路德的父親過於嚴厲，他的童年非常不愉快。他一直認為上主是一個復仇者，魔鬼是看得見的，而他自己則不斷為淫穢的形象與字眼所困擾。史密斯毫不遲疑地宣稱「早期基督教的基礎……就是建立在路德對自己主觀世界的解釋之上。」其中最病態的主觀，就是他對「色慾」（concupiscence）的注意。史密斯又罔顧證據地指稱，這種症狀是一種對性的「飢渴」。他承認路德從來不曾接近過任何女人，但他把路德對好色的注意當成他早期無法控制手淫的結果。

佛洛伊德的理論如何影響學者，特別是清教徒學者，是一個值得研究的題目。但無論怎麼說，這些理論在史密斯的思想中仍是極端不協調的。譬如，為了支持他對手淫的假說，他犯了一個大錯。他說，在修道院時，路德陷入極度疑慮之中，曾向一位修道院的長者懺悔道：「我的問題不是女人，而是一個**真正的硬結**（die rechten Knotten）。」[16]在農村俚語，「真正的硬結」這個詞的意思是指樹幹上最難切的硬塊。史密斯認為路德指的是手淫，但這個字眼完全沒有這個意思。而且，路德至少有一次說過，他所謂的硬結是指未能遵守十誡中的第一誡「全心全意地愛上主」[17]。這句話的意思是，部分由於路德與他父親之間病態的關係，使他對上主的態度日漸曖昧而不敬（這一點史密斯的看法很正確，也受到精神病學家的支持），也使他對性關係十分顧忌。我順便想指出，史密斯教授把路德在唱詩班中的狂喊譯為「It is not I!」，這恐怕是連新英格蘭人抽筋時也不可能說出的英語。

因此，雖然教授、傳教士與精神病學家都稱史密斯為「精神分析學家」，我卻無法這樣稱呼他。在我看來，他那才華橫溢但過時的作品，只是一個沒有系統地受過精神分析理論或實務訓練的人的偶發之作。

---

14 原註13：Preserved Smith, *"Luther's Early Development in the Light of* Psychoanalysis," *American Journal of* Psychology XXIV, (1913).

15 原註14：見前註，362.

16 原註15：Dok., No.199.

17 原註16：L. W. W. A., XXXIII, 507.

二

既然唱詩班中發狂這件事有這麼多大小不同的解釋，為什麼我還要用它來做為本書的楔子呢？

當我透過研究這許多種不同的事實與解釋，以從中為自己對路德認定危機的研究尋找方向時，我似乎聽見路德在憤怒與嘲笑中怒吼著：「我不是！」同樣一件事實（當然如同我在上一節中指出，在有關心理解釋的重要細節上有許多不同），對教授、傳教士或精神病學家可以構成完全不同的路德。這大概是他們為什麼都異口同聲地聲明，路德史料最好不要與動力心理學（dynamic psychology）扯上關係的原因。是不是這樣他們才能毫不羞愧地宣稱，自己的說法就能完全解釋這位偉人的魅力（charisma）？

對我們所謂的教授來說，在細審材料的每一個細節以建立自己的解釋時，他就好像在和人決鬥一般地好戰（就佛洛伊德的經驗來說，這在本世紀早期德國科學界是一個很普遍的現象），責備別人像高中生一般地無知、像少年人一般地不成熟。我們可以不理會這些浪費紙張與墨水的決鬥。但我得指出，在這種方式下成功塑造出的路德，也不得不帶著戰鬥的性質。譬如在教授著作第一部的結論中，當悲傷的青年路德面對修道院的大門向他關閉時，他似乎認為只有戰士的形象才能表達他對路德的希望。他說：「在初學者路德的身上，有一個勇士即將要誕生。這是個敵人用暴力或狡詐都無法傷害的勇士。他的靈魂在服完兵役後將會直接上天接受天使長米迦勒[18]的審判。」[19]「兵役」這個詞，他用的是金屬鏗鏘作響的德文Kriegsdienst。他又稱上主為「哲博斯」（El Zebaoth），也就是天使軍團的首領。他甚至用神聖羅馬帝國凱撒大帝的頭銜「督軍」（Kriegsherr）來稱呼上主。因此，任何在路德身上發生的特別的事，都是來自**天上的命令**（befohlen），不需要預先通知或解釋，更在路德本身動機與意志之外。因此，任何心理學對路德動機的猜測都在**絕對禁止之列**（uerboten）。難怪在他的書裡，路德的「人格」像是一連串傳統形象的湊合，怎麼也不像一個活生生的人。路德的父母和他一樣，也是用糨糊黏起來的。他們的特性就像任何一個德國小鄉鎮的人民一般，簡單、勤勞、熱誠、直率而忠誠（bieder, tuechtig, gehorsam, wacker）。他想要製造的神話自然是：上主只會選擇這樣的人來表現祂突然而「災難性」（catastrophic）的決定。

18　編註：天使長米迦勒（Michael）是上帝所指定的伊甸園守護者，也是唯一具有大天使（總領天神）頭銜的靈體。《聖經》裡的米迦勒奮力維護上帝的統治權，跟邪惡的天使爭鬥，跟撒旦爭論，或率領天使大軍與巨龍爭戰。

19　原註17：Scheel, I ,261.

波墨（Boehmer）[20]也是屬於同樣一派的人。他的知識也很豐富，但比較溫和，看法也比較深入。儘管如此，對他來說，路德的父親仍是個嚴酷但不失善意、堅強與健康的人。在他兒子進修道院的那天，他確實突然「像瘋了一般」，但照波墨的說法，這種孩子氣的行為只不過是一個日耳曼父親的特權，不必做什麼心理上的推測。

謝爾的著作，是第一次世界大戰之後路德教派史學研究兩種趨勢的結晶。其一是蘭克（von Ranke）創始的普世的世界史趨勢[21]。蘭克是位「教士般的史家」，他主要的任務是要在歷史各種互相衝突的勢力中找出「上主神聖的象徵」（the holy hieroglyph of God）。另一個趨勢，則是由年長的哈拿克（Harnack）所創的神學哲學（在這個趨勢中，哲學與宗教有時混淆不清，有時又分得很清楚）[22]。下面我們討論路德神學的肇始時，會再回到這一點來。

多明尼各修士丹尼佛卻創出了另一個完全不同的路德。他也是中古後期學術的權威（他在即將獲頒劍橋大學的榮譽博士學位前數天過世）。他把路德隨口引用的《聖經》或神學經典一一尋到出處。他認為，路德是一個**造反者**（Umsturzmensch），一個還沒有自己的新世界藍圖就想把舊世界整個推翻的人。在他的眼中，路德的抗議把一種危險的革命精神帶進歷史當中。他不否認路德具有特殊的天賦，但這些天賦才能只不過是煽動家與虛假的預言家所具有的才能而已。他的虛假不僅在於創造了一個錯誤的神學，更在於他出自低級動機的蓄意偽造。這些結論都是來自這位傳教士的理論，也就是，除非有奇蹟或神聖的跡象可循，否則教授所謂路德自上主接受的戰鬥命令，都不可能是真的。因此路德向上主祈求不要給他奇蹟，以免他因驕傲或撒旦的誘惑而逃避上主的命令時，他只不過是拋棄了掛得像天堂一般高的葡萄。因為上主唯一的人間報信者——耶穌已經證明：任何教外人想要得到奇蹟，都是不可能的。

丹尼佛是天主教會對路德傳記態度最極端的代表。別的天主教徒雖反對丹尼佛的方法，但他們基本上也認為路德這個人人格上有很大的道德缺失。譬如，耶穌會士格里撒（Grisar）研究的態度雖然比較冷靜而詳盡，但他也形容路德有一種「唯我的自我幻覺」（egomanic self-delusion）[23]。他又認為這種自我中心的傾向，與路德身心的病態有某些關聯。因此格里撒對路德的解釋，是介於傳教士與精神病學家之間。

在路德傳記學者之中，無論是友好的或是敵意的，我覺得丹尼佛最像路德本人。他像路

20 原註18：Heinrich Boehmer, Road to Reformation (Philadelphia, Muhlenberg Press, 1946).

21 原註19：Leopold von Ranke, History of the Reformation in Germany (London, 1905).

22 原註20：Theodosius Harnack, *Luthers Theologie* I (1862); II (1886).

23 原註21：Hartmann Grisar, *Luther* (Freiburg, Herder Verlag, 1911).

德一般誠實，也如他一般易於陷入極端而憤怒。一位法國傳記學者曾說他有「提洛爾人的直率」（Tyrolean candor）[24]。他最受人敬仰的是他對路德神學學術的批判，而他最令人喜愛的地方是他對路德粗俗的憤怒。他不相信一個真正的上主信徒會說：「我像波希米亞人一樣**愛吃**，像日耳曼人一般**愛喝**。讚美上主。阿們。」[25]但是他忘記了，路德這封幽默的信是寫給正擔心他胃口不好的太太。丹尼佛接著又嚴肅地指稱，牝豬（the sow）就是路德的救贖模式。下面我得把他的根據詳盡地譯出來。因為這個形象與謝爾的武士形象完全不同。這也說明了同樣嚴肅的學術研究，對路德人格的解釋可以完全相左。

路德四十五歲時寫了一本令人厭惡的小冊子，但在這小冊子中，路德以他傳教時偶而會使用的鄉土口語，來形容一個尚未信教的心靈。他說：「這隻牝豬躺在陰溝或糞便堆肥之中，好似躺在羽毛床上一般。她安靜地睡著，輕微地呼吸，睡得十分香甜。她不怕國王，也不怕主人，不怕死亡，也不怕地獄，不怕魔鬼，更不怕上帝的憤怒。她沒有憂愁，更不去煩惱奢華的生活是什麼樣子。假如土耳其皇帝威嚴而憤怒地降臨到她身邊，她也不想為他的尊威而移動一根汗毛……。假如這個屠夫朝她殺來，她也想這只不過是一塊木塊或石頭在刺她……。蘋果在樂園教會我們這些可憐的人類知曉好與壞的分別，但這牝豬從來沒吃過蘋果。」[26]我想詮譯很可能抹殺了這些話溫柔的說服力，但這位傳教士很明顯地忽略了這些話出現的場合。路德是想用它來說明，猶太人的救世主無法使人活得好過牝豬境遇的十分之一，而耶穌的降臨卻使人的生命提升了一整個層次。當然，我也得承認路德豐富的人格面貌之中，有一個這牝豬所留下的弱點。丹尼佛正確判斷出這個弱點的性質，正是我想探討的路德自我認定感中的一個因素。有時這個因素變得十分重要，而使得路德顯得十分粗俗。譬如傳教士與精神病學家都曾因此戲弄地引用下面這段話：「假如你還沒聽過有關老牝豬的屁聲，你就不該寫什麼書。而你聽了之後，你就該張大嘴說：『謝謝你，漂亮的夜鶯，這話是對我說的？』」[27]但任何一位作家對自己心生厭惡時，不都是這樣？只是他們沒找到適當的錯字來描繪這些感覺。

而我們提過的丹麥精神病學家，則在他兩冊的巨著中，描述了路德的「環境、性格與精神疾病」。他研究的範圍，大至對路德時代的巨觀，小至對他家庭與出生地的微觀。他也描述了路德的身材、相貌以及他一生身體與情緒上的病徵。但這位精神病學家缺乏一個完整

---

24 原註22：Lucien Febvre, *Martin Luther, A Destiny* (London, J.M. Dent & Sons, Ltd., 1930), 18.

25 原註23：Denifle，註7所引書，77.

26 原註24：P.Heinrich Denifle, Luther und Luthertum in der ersten Entwicklung (Mainz, Kirchheim & Co., 1906), I, 774-75.

27 原註25：見前註。

的理論，來涵蓋他的材料。他排斥精神分析學，認為它過於武斷。他借用了史密斯的部分解釋，但並沒打算承認這些解釋背後的理論。他坦白地說，他的方法是一個精神病學家的方法。他發現了一個嚴重的心理疾病（診斷：克拉波林式（Kraepelin）的狂鬱症），忠實地記下當時的狀況（亦即路德四十來歲時的精神病），並且重建了病人過去的歷史。在他的題外話裡有許多灼見，但他嚴守著一個臨床醫師的中心思想，那就是：路德是一個「最典型的嚴重憂鬱症（melancholia）病人」，他的病症「在任何精神病學的教科書中都可以找到」。當然，路德成年以後的病狀與教科書的描述有許多類似之處，但對於他個人與魔鬼打交道只是一種幻想，以及他對自己心靈痛苦的揭露只是一般的病人主述的說法，我感到懷疑。

進一步來說，當這位精神病學家說，青年路德**憂傷的誘惑**（tentationes tristitiae）——憂傷是**宗教人格**最傳統的誘惑——是「憂鬱（depression）最典型的特徵之一，特別是內在的憂鬱」[28]，此時我就更加懷疑了。因為這本精神病學教科書版的路德研究著作，並沒有把路德與其他具有類似宗教人格與天賦的人相比較，而只與某種**內在平衡**（Ausgeglichenheit）的模範相比較：即一般提到正常人時所說的單純地享受生命、端莊得體與擁有一定的生活目標。這位精神病學家一再注意到路德的天賦，但他對路德內心平衡的期望狀態，就我來看，實在是具有強烈創造力與歷史使命感的人不可能有的。無論如何，他指出路德到了晚年也「不能保持心理的平衡」，他內心的狀態只達到某種「相對的和諧」。在正常性的標準下，這位精神病學家不能理解路德為什麼不能接受父親要他念法律的合理計畫，為什麼他不能像其他年輕修士一樣在晉鐸（ordination）時輕鬆愉快，為什麼他不能把奧古斯丁修院那樣合理而高貴的地方當成歸宿，為什麼他後來不能鎮定地坐下來享受自己革命的果實。當然，教授也無法解釋這些問題，但他把這些問題的發生歸諸於上主的刺激，致使路德的態度不自然而不合理。精神病學家卻認定這些刺激是來自內在的心理病態。

在我的臨床經驗中，我從來不曉得有這種所謂正常的心理、身體和靈魂的平衡。就算這種平衡確實存在，我絕不認為它會在敏感、衝動而野心勃勃的青年路德身上出現。路德，和其他與他類似但不及他偉大的人，有很好的內在理由拒絕過早委身於某些束縛之下。有些青年成功之後反而感到十分痛苦，因為這些成功在他們主觀的想法裡，只是一些虛假錯誤的東西。有些人甚至一再逃避他們將來寄託終身的角色。因此，教授與精神病學家所謂正常的說法，對這位未來的改革家似乎是完全不相稱的，而精神病學家（以及傳教士）不但因此而否認上主在這件事中的影響力，還忽略了**宗教人格**的存在不見得是由奇蹟來證明的，而是由他內在生活的邏輯、他工作才能的邏輯，以及他對社會的影響力造成的。就我而言，如果想要了解路德這樣的人的整體存在，研究與說明這些邏輯是刻不容緩的工作。

28 原註26：Reiter, II, 121.

我想再引另一本路德的傳記，來總結對路德研究成見最深的幾個例子。這本傳記是社會學的著作。社會學當然是路德研究裡不可忽視的一門學問，而我也不得不提到巴斯卡（R. Pascal）寫的那本《德國宗教改革的社會基礎》（*The Social Basis of the German Reformation*），雖然這位社會學家暨歷史唯物論者也像其他路德傳記學者一樣，直率地聲明他可以完全不需要我的精神分析學。他說：「（路德矛盾）背後的大原則不是邏輯的，也不是心理的。在這些矛盾下有一個一致性，那就是階級利益的一致性。」[29]

在所有以路德人格及其對新教與資本主義齊頭並進的影響力為題的政治經濟學著作中，這句話恐怕是最具馬克思色彩的〔這方面著作最完備的首推托洛爾區（Ernst Troeltsch）[30]；最出名的，至少在美國，應為韋伯（Weber）[31]與陶尼（Tawney）[32]〕。我並不是嘲笑這本書，就像我沒有嘲笑神學教授、多明尼克傳教士或「構造（體質的）」（constitutional）精神病學家一樣。因為他們都引用了正確的材料，他們彼此之間也有相輔相成之處。但我們必須注意（就算是對我們自己的警告），偉人的傳記學者所謂的「客觀研究」與「歷史正確性」，也多少可以用來支持傳記者本身人格與天職所需求的完全形象。我們也必須指出，那些反對有系統的心理解釋的傳記學者，卻常常縱容自己大量地使用心理解釋——他們認為這些解釋只不過是常識而已，因為他們從來不承認有所謂清楚的心理學觀點。然而，在這種明顯的反心理學派之下總是暗藏著心理學。

布克哈特（Jacob Burckhardt）是毀謗路德的專家。他告訴尼采，路德只不過是一個吵鬧的日耳曼農夫，半途攔截住了文藝復興的前進。他說：「我們到底是什麼人，可以要求路德……去完成**我們**的目標？具體的路德存在著。我們應該還給他本來的面目。」[33]

但應該怎麼做才能還給一個**偉人**「本來的面目」？「偉大」這個字實際上就表現了他的巨大、莊嚴、耀眼，也因而無法全盤理解。那些想全盤了解他的人，只有三條路。他們一則不斷地後退，直到看到這個偉人的全身，但那時他們卻遠得無法看得清楚。一則不斷地前進直到鉅細靡遺看清這偉人的某些部分，但那時又難免把這部分看成如同全部一樣，或把他的全部等同這一小部分。還有一個方法，那就是論戰。他們可以把偉人據為己有，並排擠其他膽敢如法炮製的人。這時，偉人的歷史形象常由某一段暫時把其他事掩蓋住的軼事來決定。然而，就捕捉一件歷史事件的情境而言，這三條路可能都是不可或缺的。

---

29 原註27：R. Pascal, *The Social Basic of the Germen Reformation* (London, Watts & Co., 1933), 227.

30 原註28：Ernst Troeltsch, *The Social Teaching of the Christian Churches* (London, 1931).

31 原註29：Max Weber, *The Protestant Ethic and the Spirit of Capitalism* (London, 1948).

32 原註30：R.H. Tawney, *Religion and the Rise of Capitalism* (New York, Harcourt, Brace and Co., 1952).

33 原註31：引自 Heinrich Bornkamm, *Luther im Spiegel der deutschen Geistesgeschichte* (Heidelberg, Quelle und Meyer, 1995), 191.

三

由於知識與篇幅的限制，我無法描繪出一個新的路德，也不能把那舊有的路德翻新。我能做的，是在路德生命週期其中一個階段的現有材料上，帶來一些新的看法。就如同第一章所說的，我對他擔任修士那一段時間最感興趣，因為那正是一個年輕人轉變成一個偉人的過程。

讀者必然已經知道唱詩班發狂的故事吸引我的原因，因為我懷疑「我不是」這句話表現出來的是一個非常嚴重的認定危機——在這個危機當中，這位青年修士抗議他不是惡魔附身、生病或是罪惡的，或許想因此而突破到他未來的角色。現在我想進一步解釋我的懷疑，以及我自己對這個故事的理論。

路德一生中經過一連串極端的心理狀態，使他痛苦、盜汗或昏厥，因此，在唱詩班發狂這件事很可能是真的。而就它發生的情況與時間來看，它也很可能是真的。即使當中帶有傳說性質，也無關緊要，因為傳說的塑造與歷史事實一般，也是歷史學家重寫歷史的一部分。因此，我們不得不接受混雜著傳說的事實也算是某種歷史，只要這個傳說不與其他公認的歷史相牴觸，只要它帶著一點真實，只要它能產生與心理學理論一致的意義。

路德本人晚年常談到自己肉體與心靈上的病痛，但卻從來沒提過這件事。看來他好像只記得那些他奮鬥過來而找到一些新見解的情況，但不記得那些他完全被打倒的狀況。譬如，他記得他三十五歲參加聖體遊行跟在手持肖像的施道比次博士後面時，忽然感到一陣恐慌，汗流夾背，覺得快要暈倒（這位博士是路德一生所遇最具父親性格的人。他也在自己的學生路德身上發現了宗教人格，並以高度的智慧給予紓解）。但施道比次博士沒有讓路德認定是耶穌基督驚嚇了他。他斬釘截鐵告訴路德：「**基督不可能嚇你，因為基督是來安慰人們的。**」[34]這句話對路德來說，不僅具有心理治療作用，也是一種神學上的啟示。因此，路德把它牢牢地記在心裡。但對唱詩班中發狂那件事，他卻像得了健忘症一般忘得一乾二淨。

如果我們假設這件事真正發生過，它很可能是一種沒有感覺的突發病症（pathological explosion），或許是精神病學個案上的一個症狀，也或許是一個與宗教有關的經驗。當然，確如謝爾所說，它有**某些**「宗教性的發作」（religious attack）的特徵，好似聖保羅（St. Paul）、聖奧古斯丁（St. Augustine）以及其他比較不重要的聖人經驗到的一般。然而，完全的啟示（total revelation）總要包括一種勢不可擋的啟迪作用以及一種突然而發的新認識，但唱詩班發狂事件卻只有完全啟示中病態與防禦性的那一面——失去知覺、運動神經失調，

34 原註32：Dok., No.209.

以及毫不自覺而無法控制地大喊大叫。

如果是真正的宗教經驗，這種無法控制的大叫聽起來會像是上主的啟示，其中充滿啟發性與光輝。有這種宗教經驗的人也會把自己大叫的內容記得一清二楚。但是在路德的發狂中，他所說的話卻表示他是因內心的迫使而否認別人對他的指責。在一個完全的啟示之中，良心對信仰的肯定會控制並決定他們要說的話，但在路德的經驗裡，控制的力量是否認與反叛：「我不是我父親所說的我，我也不是我的良心在我行為不檢時確認的我！」這個怒吼暗示著一種被壓抑的憤怒。而這位青年雖然後來是個舉世風聞的聲音，在當時確實生活在靜默與冥想的修院之中。他屈服著，悲痛著，強迫審查著自己，即使他嚴厲的長上也認為他做得太過火了。但是就另一方面來說，這件事是發生在聖壇上，並且是因為福音裡的一段故事所引起的。因此，它至少是介乎精神病學與宗教之間的狀況。

就精神病學的觀點來看，我覺得這件事（以及其他許多馬丁當時的病態與焦慮），像其他所有的神經病症一樣，有一種內在的矛盾與兩面性（inner two-facedness）。這個疾病的發作可以說是在口頭上否認（「我不是」）馬丁父親的指控——他的兒子只是魔鬼附身，並不是神聖的。但它同時也證明了他父親的看法，因為那句話是在目睹過他父親憤怒與懷疑的同樣一批觀眾面前說的。這次發狂因此一方面是對他父親無意識的服從，一方面也是對修道院的反叛。這些話一方面反對他父親的指控，一方面又確認了馬丁二十二歲在暴風雨中與焦慮的侵襲之下的誓言：「我要做一個修士」[35]。我們發現，這位青年修士是站在十字路口當中，一條路通向服從他父親的固執與迂迴，一條路通向他對自己修道誓言幾近荒謬地堅持服從。

我們也可以將路德當時的處境視為站在心理疾病與宗教性創造的十字路口上。我們猜測，其他人經驗到的完全啟示，在路德身上可能分成三個（或更多的）片斷。一次完全的啟示應具備下面幾個因素：肉體上突然的不適，失去知覺，無法控制地說話；生活與渴望全面的轉變，一種精神上的啟發，以及一種突然好似重生一般重大而普遍的覺悟。在路德的生命中，這三個片斷分別是：第一，那暴風雨給他的新方向，叫他做一個默默無聞、安靜而服從的人；然後，在唱詩班中的發狂，路德經歷到一種癲癇性突發的自我迷失；最後，在後續章節會討論的塔中啟示，路德看到了精神救贖的新光照。

雖然傳統堅稱傑出宗教家的皈依只是一件吸引大眾信仰的完全事件（total event），但路德宗教啟蒙上不同的幾個階段，使我們清楚地看到宗教皈依的心理規則。我認為，最能表現路德是一個屬於未來的人（a man of the future）的現象——我們心理上的現在就是未來——就是他忠實地描述了那些最後造成他**宗教人格**認定感的幾個步驟。我強調這一點，並

35　原註33：Dok., No.248.

不是因為他是比較好的材料（當然我不否認這也是個原因），而是因為他的整個經驗是一個超乎教派的歷史事件，是我們人類認知與責任感前進的一大步。而了解這一大步中在心理層面上的種種，是本書最大的目標。

馬丁當修士以前，他情緒上最大的特徵就是極度**憂傷**。這種憂傷在他唱詩班發狂之中，又再度出現。在暴風雨事件發生以前，他好像為一種憂鬱症所麻痺，他無法上學，父親鼓勵他結婚，他也辦不到。在暴風雨中，他感到的是巨大無邊的焦慮，一種被夾困起來或被勒絞般的焦慮。馬丁用**圍困**（circumvallatus）這個字來形容他在暴風雨中好似生活空間突然被限制住的感覺，他只看到一種出路，那就是拋棄過去的生活與世間的未來，把自己奉獻給一個新生命。而這新生命就是用那圍困他的東西所造成的。就建築上、儀式上或他對世間的感覺而言，那是指世間的生活好似一個自我加諸而自覺的監獄。這監獄只有一個出口，那就是永生。接受這樣的新生命，使馬丁一度感到平靜而「神聖」。但在唱詩班中的發狂裡，他又再度陷入憂鬱之中。

至於這個憂傷的面具，掩蓋了馬丁在唱詩班中突然爆發出來的衝突，而它本身的形式可以說是源於馬丁的憂鬱症傾向。他不時感到情緒沮喪，說這就是臨床上所謂的憂鬱症，也不會讓人懷疑。但是路德自己卻時常努力去區分什麼衝突是來自上主而有價值的，以及什麼是來自失敗。他稱失敗為魔鬼，只是順便套用了一個醫學診斷。他有一次對墨蘭頓說，墨蘭頓在眾人之前辯論的能力輸他，但他自己在私下的鬥爭上卻輸給墨蘭頓──「假如我可以將我與撒旦之間發生的狀況的稱為私下的鬥爭的話」[36]。我們也可以說（教授就這麼說過），馬丁的悲傷是傳統宗教人格的憂鬱症。就這個觀點來看，這是一個很自然的情緒，一個對人類情況最實在的適應。但我們只能有限度地接受這種看法。在這限度之外，馬丁畢竟沒有像傳統憂鬱症的人那樣接納修道生活；他根本不相信自己憂鬱；他後來也完全放棄了憂鬱的情緒，而徘徊在沮喪與興奮這兩種極端的情緒，以及指責自己或指責他人的兩種極端情況之中。因此，悲傷──一種在他的時代裡很傳統的態度──實在只是馬丁青年時期主要的病徵。

四

對那些「只出生一次」（once born）的人來說，青年時期是最豐富、最粗心、最自信而創造力最強的時候。「只出生一次」這個語詞是紐曼大主教[37]發明的，後來為威廉．詹姆斯

36 原註34：引自Bornkamm，原註31所引書，330。

37 編註：約翰．亨利．紐曼（John Henry Newman, 1801-1890），原為英國聖公會的牧師，後皈依羅馬天主教，

[38]所採用。它指的是那些很容易就融入時代的意識形態之中的人。他們對於這個意識形態塑造下的過去或未來與現在科技昌明的日常工作之間，並沒有發現有什麼不協調的地方。

詹姆斯認為只出生一次的人，和那些「患病的靈魂」（sick souls）或「分裂的自我」（divided selves）的人，有很大的不同[39]；那些人追求的是再生（second birth）與一個「成長的危機」（growth-crisis），以使他們自「個人能量慣性的重心」（habitual center of personal energy）中**轉換**過來。他贊同史達伯克（Starbuck）所說的，「信仰的皈依是一個正常的青年現象」，而「神學會強化這些正常的趨勢，但就它帶來的危機而言，神學也縮短了青年時期」。但詹姆斯（他自己年輕時也有過十分嚴重的精神病危機）在他對患病的靈魂、分裂的自我以及信仰之皈依的討論之中，並沒有清楚地指出這種「個人能量慣性重心」自發性的皈依，只會在十幾二十來歲的青少年身上發生。但在這個年齡，人特別痛苦地感到下決定的迫切性，他們被逼著去選擇一個新的信念，去放棄舊的信念，他們也最容易受到意識形態宣傳的影響。這個意識形態給他們一個新的世界觀，但也殘忍而全面地扼殺了他們舊的世界觀。

這些十幾二十來歲的青年在宗教或其他教條中尋找的東西，我將稱之為**意識形態**。意識形態充其量可以是一個好戰的組織，有著穿制服的會員與統一的目標，但它也可能只是一套「生活方式」，或是德國人所謂的**世界觀**[40]。這個世界觀與現有的理論與知識以及一般的常識相符，但除了這些，世界觀還提供了其他許多重要的東西，如一個烏托邦式的展望、一個宇宙的情懷與一個教條的邏輯，它們既然為人所共有，也就根本不需要證明。被當成「舊」的而加以捨棄的，可能是個人過去的生活，這通常是指父母親生活方式的觀點，因此他們也可能不遵守傳統的孝道而捨棄自己的父母親。這個「舊」也可能是個人的一部分，在私人生活上，它指的是嚴格的自我棄絕，但也可能指在戰鬥性組織中的會員資格。「舊」當然也可能是某種階層或階級、種族或民族的世界觀。在這個情形之下，這些人不但是可以犧牲的，而且是最正義的滅絕行動所針對的犧牲者。

因此，對信仰奉獻的需求是認定危機的一個面向，而我們心理學家認為認定危機造成

並被擢升為樞機主教。他帶領被新教同化了的英國國教會重拾大公教會的核心價值，重整失落的禮儀、體制、神學和聖樂。他的思想對羅馬天主教影響相當大。著名讚美詩歌〈慈光歌〉之歌詞即出自紐曼主教。

38 編註：威廉．詹姆斯（William James，1842-1910），被譽為美國心理學之父，亦是知名實用主義哲學家，並在心靈與宗教領域都有深入造詣，其著作《心理學原理》、《宗教經驗之種種》、《實用主義》等均為相關領域指標性著作。

39 原註35：William James, *Varieties of Religious Experience* (Longmans, Green and Co., 1935), 199.

40 編註：「世界觀」是德國知識論所使用的語言，指的是「廣泛世界的觀念」，一種人類知覺的基礎架構。透過它，個體可以理解這個世界並且與之互動。

了這些趨向與易感性。排斥（repudiation）的需求是這個危機的另一面。十幾二十歲的青少年，就算是沒有明確地表現他們的信仰或興趣，也會對個人領袖、對團體或艱苦的活動或技巧獻出熱愛。同時，他們又會對某些人（有時也包括他們自己）極端的排斥。這種排斥常是勢利的、陣發性的、惡劣的，而且完全不用頭腦的。

這些建設性與破壞性的能量往往肇造了傳統，或在舊傳統中再造了許多新的領域。青年是站在過去與未來之間、個人與社會之間，以及不同的生活方式之間的。就如同我在〈自我認定問題〉（The Problem of Ego-Identity）[41]一文中指出的，在青年認定衝突之中，他們有許多迫切的問題與曖昧的心理狀態，而意識形態供給他們了一些簡化的答案。它集中了青年的熱誠與對禁慾生活的渴望，也集中了他們對興奮的追求與對憤怒的渴望，而使他們走向保守主義與激進主義鬥爭的最前線。在那前線，狂熱的意識形態家（ideologists）忙碌地工作著，而病態的領袖也忙碌著他們的苦活，那裡也是真正的領袖創造團結向心力的地方。

無論是追求自由與紀律的結合，或是冒險與傳統的結合，青少年可能利用各種不同的信仰（或為不同的信仰所利用）。為了使自己受到艱苦紀律的鍛鍊，他們可能前往社會認可的地方，例如追隨流浪藝人，響應前線的號召，充當新民族建國的前鋒，參與（任何人的）聖戰，或試驗各種機器動力的極限。同樣的，他們也可能實際去參與各式各樣嘈雜的叛變、暴動或私刑（lynching）的活動，而根本不清楚或不關心真正問題在哪裡。他們也可能熱切地追求某些團體鍛鍊與思想活動的紀律，例如古籍研究、修道院的冥思或對某些新的東西的追求——譬如，加入現代思想改革運動的集體真誠之中。甚至在那些沒有什麼理由從事破壞或排斥活動的人之中，例如青少年犯罪集團、墮落或慣犯集團，或一羣欺下犯上的小人，他們亦總是有些必須服從的紀律，某種程度的團體感，以及對一些不甚明確的價值的堅持。

而社會，由於認識到青年在最熱誠的獻身之中可能有很激烈的改變，也常會提供一個懸宕的時期（moratorium）[42]，也就是，在他們不再是兒童，而又還沒有在行為與道德上形成未來的認定感之時，給他們一段時間。就某些人來說，修道生活就是這樣一個社會心理上的空檔。在這段時間裡，他們不必馬上決定自己到底是什麼人，或將來自己想要做怎樣的人。當然，修道誓言中表現的那種確定而永久的獻身，實在不應該是個懸宕或拖延時間的方法。但是，在路德的時代，退出修院並不是不可能的事。一個人只要靜悄悄地照章行事，譬如像伊拉斯姆那樣，雖然離開了修院，晚年還可以當大主教，或是像逃僧拉伯雷（Rabelais）那樣讓大主教嘲笑他們自己，脫離修院不必然會留下一個污點。當然，我也不是指那些選擇修

41 原註36：E. H. Erikson,「The Problem of Ego Identity」Journal of the American Psychoanalytic Association 4, (1956), 56-121.

42 審訂註：同序文註9。

道的人在二十來歲後半走到十字路口以前，要比那些在其他歷史情況下選擇其他方式懸宕的人（例如佛洛伊德獻身於實驗生理學，聖奧古斯丁獻身於摩尼教），更明白他們只是在拖延時間。反而，他們很慶幸自己向暫時的信仰獻身。而危機的發生，往往就是在他們半知半解到自己很可能過分地獻身給自己並不十分喜歡的角色之時。

我想用一個老人的話來為這種過分獻身的苦境做見證。在他的回憶中，他說他並不是因危難或失敗而改變職業，而是因為那種事事順利但卻毫無意義的感覺。他的事業順遂，但他覺得自己不像是活著，而像是在被事情拖著走。在這種苦境的人，很可能選擇一個孤獨而倔強的懸宕來掩蓋自己的創造潛力。蕭伯納[43]就這樣描述自己危機：[44]

> 儘管不喜歡，我卻幹得挺不錯。我驚慌地發現，商業並沒有使我變成一個毫無價值的騙子。它緊緊地抓著我，完全不放鬆。我二十歲那年，抓著我的東西，是我的商業訓練帶給我的職業。我痛恨這個職業，就像所有正常人痛恨他逃不掉的東西一樣。在一八七六年三月，我終於掙脫了。

在這個情況之下，掙脫指的是離開家人與朋友、在愛爾蘭的事業，以及那缺乏認定感的事業成功，那「與我無意識野心完全不相稱」的成功。這樣一來，他讓自己在青年與成年之間有一段很長的懸宕期。他寫道：「……當我離開我生長的城市的時候，我同時也把那段時期拋在腦後。我不再與同年齡的人交往。八年的孤獨之後，我才投入八十年代英國人的社會主義復興運動之中。我們**非常嚴肅地**面對著**全世界最真實**、**最基本的罪惡**，而且感到**義憤填膺**。」（粗黑的那幾個字眼，正是馬丁生活史上最重要的幾個問題）同時，蕭伯納也明顯地逃避任何機會。他「相信它們不會帶來任何我想要的東西。而且，在這個信念之中，我還有著一種不可言喻的恐懼。我害怕它們會帶來一些我根本不想要的東西」。因此，我想我們應該承認，有些青年的確有一種矛盾的恐懼。他們害怕那負面的成功（negative success）。他們認為這種成功會把他們帶到一個自己不能與成功「同時成長」的方向。

向蕭伯納這樣具有創造潛力的人，都是在一個自我賦予的懸宕中奠下他們成就的基礎。在那段時間裡，他們時常在社交或性生活上壓抑自己，甚至強迫自己挨餓，以使那日益茁壯的野草慢慢死掉，並讓他們內心的花園長大。當然，有時，野草死了，花園也死了。但在這個決定性的時刻，有些人也會得到他們特殊稟賦的滋養。就蕭伯納來說，這個稟賦自然是文

43 編註：蕭伯納（George Bernard Shaw, 1856-1950），英國與愛爾蘭劇作家，諾貝爾文學獎得主，亦是倫敦政治經濟學院的聯合創始人。一生寫過超過六十部戲劇，擅長以黑色幽默揭露社會問題。著名音樂劇與好萊塢電影《窈窕淑女》即改編自蕭伯納喜劇《賣花女》。

44 原註37：G.B. Shaw, *Selected Prose*，序言（New York, Dodd, Mead and Co., 1952）。

學。他曾說，他對某些職業有些夢想，「但對文學，我根本沒有夢想，就像鴨子對游泳不會有夢想一樣。」

他對文學沒有夢想，但他卻以一種臨床醫學上所謂的「強迫性的補償」（obsessive compensation），把文學當成一種儀式來研習。「強迫性補償」指的是以一種瘋狂的注意力，來維持自己過去的工作習慣，以平衡內在方向感暫時的消失。「我用六便士買了許多十六乘以二十一吋大小的白紙，把它們摺成四份，宣判自己的勞役：無論晴雨，無論有趣無趣，一天必須寫五頁。好像學童或小職員一般，如果寫了五頁，就算最後一句還沒有寫完，我也會等到第二天才完成它。如果有一天沒寫，第二天我就寫兩份。在這個計畫之下，五年之內，我寫了五部小說。這就是我的職業訓練……。」這五部小說一直到五十年以後才出版。出版時，蕭伯納還特地寫了一篇簡介，告訴讀者把它們當成自傳的材料，而不要真正去讀。因此，蕭伯納很了解這些書真正的功能與意義，因為這些早年的工作習慣雖帶有病態強迫性癖癮的性質，但維持它們也具有自我治療（autotherapeutic）的功效：「好像被某種吸力吸住一般，我已太習於勤奮而完全無法停止工作（我工作就好像我父親喝酒一般）。」這一小段話，表現的是一個充滿憤怒、衝突與勝利的世界。如果要成功，蕭伯納必須在自己心中先打敗那現實世界中已經失敗的父親，而這個父親卻有某些特點（例如，奇特的幽默感），對兒子未來的成功有很大的貢獻。當然，這些特點對兒子成長之中的失敗也有貢獻。

而他對自己的描述，也使我們完全不懷疑，蕭伯納在舞台上透過奧爾良女僕的嘴所表現出來的，使他成為歷史上偉大的諷刺專家（cynic）（「在這方面我怕是太成功了」），但在他學到用諷刺來掩飾敏感以前，這位極端害羞的宗教人格面臨的是一個真實的深淵。

在序言裡，我談到佛洛伊德與達爾文也是在轉變生命方向之後，才開始他們對人類最偉大的貢獻。達爾文習醫失敗之後，在一個很偶然的機會中上了那條名叫**獵犬**的船。上船以前，他還得了某種可能是心身症（psychosomatic）的疾病，使他幾乎上不了船。而上船之後，他不但精力充沛，對自然界前所未知的細微小節觀察敏銳，還以他那特殊的辨識力形成了一個革命性的觀點：物競天擇的法則開始在他心頭縈繞。他回到家時二十七歲，但不久就輾轉病床，成為一個病因不明的長期病患，一直到許多年之後，他才有辦法把蒐集到的材料組織起來以支持他的新觀點。佛洛伊德也是三十歲時，才好像在環境迫使之下，變成了一位臨床神經病學家，而把精神病學當成他的實驗室。他十七歲時就立志要做一個醫學科學家，而不是一個醫生，所以他拿到醫學學位時很高興。他的空檔是那一段學習生理學（體質方面的）的時期。在這段時間裡，他接受了相當的方法訓練，但也延遲了他特殊稟賦與革命性創造能力的發展。等到他準備開始那驚人的工作時，他又因神經病發作而無法工作。但是，一個有創造力的人是沒有選擇的。他很可能在偶然的情況下開始他終身的事業，但一等到問題連在一起，我們就發現他的工作與他個人的衝突、超人的感覺與頑固的單向意志力牢不可分。他願意因此而生病、失敗或瘋狂，來測驗究竟是既存的世界會毀滅他，還是他會毀滅這世界過時的部分基礎，以容納一個新的基礎。[45]

達爾文研究的題目是人的物種來源。他的成就，或者說，他的罪過，主要是提出人是自然之一部分的理論。只有這項工作可以使他忘掉自己的神經病。而佛洛伊德卻把「自己的神經病當成決鬥的天使，直到這天使答應祝福他的觀眾為止」。所謂佛洛伊德與天使的決鬥，是指他自己與父親情結的鬥爭。父親情結曾使他研究孩童神經病起源時誤入歧途，可是一等到他了解了自己與父親的關係，他立刻就建立了人類父親形象的普遍基本原則，同時也發現了母親形象，而終究形成了戀母情結（Oedipus complex）的理論。這個理論使他成為思想史上爭論最多的人物。於是，在《夢的解析》（*The Interpretation of Dreams*）[46]一書中，他指出精神分析學的方向是研究個人與社會中成長或病態的無意識動機，同時他在自我分析時，也發揮了他的創造力，把嚴謹的觀察與受過訓練的直覺和文學的筆法結合起來。

我討論這些神經病與創造力之間的關鍵性質，是想要介紹馬丁在唱詩班中為瘋狂所吞沒的心理狀況。這件事雖然可能部分是假的，但製造這些虛假成份的人，也就是馬丁在修道院中的弟兄們，對馬丁的內心狀況必然有某種無意識的了解，而這種了解也就反映在這故事的虛假成份之中。下一章我們將討論路德幼年有限的材料，但再後一章我們就會討論他後來的個性轉變（personality change），以解釋這位年輕人在唱詩班中為什麼會為一種否定的力量所擊倒。這個力量在十二年之後也使他在沃沐斯會議[47]中否定德皇與教皇的特權，而以新的方式肯定人類的完整性：「我的良心只受上帝的話語約束。我不能也不會向任何事退縮。因為違背自己的良心行事，是不安全也不真實的。」[48]

上帝的話語：他那時已經成了上帝的「代言人」、傳教士、教師、演說家與宣傳小冊撰寫者。這些身分是路德自我認定感的一部分。而路德在語言上的解放也是他最富創造力的地方。前面提到的教授、傳教士、精神病學家與社會學家，也都同意路德在語言上有極大的天賦。他對文字接納的能力，對重要詞句的記憶力與他口語表達能力（無論是抒情、傳道，或是諷刺、俗語），在英語界只有莎士比亞能和他相較量。

45 原註38：E. H. Erikson, "The First Psychoanalyst," *Yale Review*, XLVI (1956), 43.

46 原註39：Sigmund Freud, *The Interpretation of Dreams, Complete Psychological Works of Sigmund Freud*, Vol. IV and V (London, Hogarth Press, 1953).

47 編註：沃木斯會議（Diet of Worms）於一五二一年舉行，由神聖羅馬帝國皇帝查理五世主持，雖然在會議議題眾多，但最重大的事是召見改革興濤的馬丁·路德。此前一年，教皇利奧十世發出了訓令要求馬丁·路德收回《九十五條論綱》等批評教會的言論，但在沃沐斯會議時，路德在御前仍拒絕接受教皇與大公會的權威，而後在人身安全保證期一過展開逃亡。

48 原註40：L, W. W. A., VII, 838.

這個天賦也暗藏在耳弗特唱詩班的狂喊中。在基督之前，不是「啞」魔騷擾了那位病患嗎？這位修士不是「像一頭牛」般地狂喊否認自己是啞巴嗎？聲音與語言這個主題，因此也與路德的認定感及其對當代意識形態的影響有牢不可分的關係。

我們將特別專注聚焦來研究這個過程：年輕的馬丁如何在憂鬱而艱困的童年結束之時突然發生了認定危機，為了治療或延遲這個危機的來臨，馬丁進了靜默的修道院；這位安靜的修士又如何突然「中了魔」；在中魔之時，他又如何逐漸學到一種新的語言，也就是**他自己**的語言；他又如何在發展出新語言之後，勸服自己離開了修道院，又勸服大部分日耳曼人脫離羅馬教會，並且為他自己與整個人類在倫理與心理問題上帶來了新的見解；最後，他這種見解又如何因魔鬼復返而夭折。

【第三章】

對誰服從？

青年天才有一個隱藏的生命計畫要完成；如果時機尚未成熟就死了，他只不過是個病態而破碎的人。

一

在路德反叛的最高潮，他主要的問題是人對神、對教皇、對皇帝（或那許多新興的皇帝）的服從義務有何差別，而在他事業的開始，盤據在他心頭的基本二分法問題，是應該服從那見解冷酷明確的地上父親，還是服從那給他一個戲劇性但意義曖昧之召喚的天上父親。

這早期的二分法問題，在路德成年時期的神學鬥爭裡，還一直跟隨著他。例如，在三十八歲那年，他早已否認了德皇與教皇，也早已成為上帝話語的代言人，但他竟然還在一本書的前言裡為自己放棄修道誓願向他父親求情：「你難道不願意失去成百的兒子來換取這份光榮嗎？……因為誰會懷疑我來是為了上帝的話語服務的？」[1]等他找到了一個新的反叛對象——教皇，他又公開告訴父親他終於還是聽了他的話。但我們不能不注意他那不計一切證明自己正確性的曖昧欲望，因為他接著又說：「你是不是還想把我（從修道院中）拉走？……為了使你不再虛榮，上帝趕過你親手把我拉走……」[2]因此路德向全世界聲稱（他的作品在當時是暢銷書），他父親反對他修道，而他這個兒子，為著上帝而非他父親的榮耀，高興地把這個反對變成他自己的反對。我們覺得奇怪，為什麼路德天真地向世界宣稱這種與他偉大身分極不相稱的平凡鬥爭？然而，這些鬥爭真的是那麼平凡嗎？也許，只有像他那樣偉大的人，才會敏銳地感覺到這種個人衝突對他神學抉擇的貢獻，才會誠實地討論它們。路德描述這些個人衝突時，他是一個背叛的神學家，而不是一個搖椅上的心理學家，所以他使用了許多驚人的、誇大的而不可信的字眼，但我們不得不認為，路德公開供認的事情，正是三百年以後佛洛伊德研究夢境時面對的事情（啟蒙精神已向心理學進軍而不會再回頭了）。佛洛伊德那時向自己思想發展中的神經質成份挑戰，並馴服它們，最後終於形成了他對個人衝突的新概念。

但是現在是我該處理歷史證據的時候了。我們對路德的當年只知道少數幾件事。他的父親是一個棄農從礦的礦工；他的父親勤奮、節儉、迷信，而且時常打他；他的學校單調又殘酷。因著家庭與學校雙重的嚴格管教以及他認為教會獨占了對最後審判，馬丁形成了一種對現世充滿罪惡感與哀愁的情緒。這種情緒後來「驅使著他進入了修院」。

除去一些可疑的誇大與一些路德傳記學家（特別是謝爾）對他背景的研究之外，這些就是我們知道的事實了。要想從這一點資料引出什麼真知灼見，實在是不可能的事。但就一個臨床醫師的訓練來說，他可以，甚至不得不，在缺乏事實證據之下，找出病症的基本

1　原註1：L. W. W. A., VIII, 574-75.

2　原註2：L. W. W. A., VIII, 575.

態勢；在臨床治療過程中任何階段，他都可以，也必須，對將來可能發生的事做一些有意義的推測；他也必須在可疑的資料中篩出一個符合邏輯的預測性假說，這種方法的有效性（validity）可以在精神分析經常性的工作中找到許多證明，就如同一件事、一個生命時期，甚至一個人整個生命的趨勢，就是在導向關鍵性的進步或退化的診療危機之中，逐漸清楚起來。這些危機中的進步或退化也暗示了未來的診療策略。因此，在傳記研究上，任何主題的有效性在於它是否在個人發展的關鍵時刻中不斷出現，也在於它在這個人一生成功與失敗的清單上的重要性。所以，當我討論證據不足的路德早年生活時，我想要求讀者成為一個討論會的參與者或旁聽者。在這個討論會上，我將介紹這些資料，也將根據我的經驗列舉出哪些是我們未來尋找證據時最重要的東西。在這本書裡，我們只能在結論中簡短地討論一下路德成年以後的生活，但是既然成年路德是很多人都知道的，根據我的主題來研究成年路德實在不用靠我來做了。

當然，我們要明白，在這種研究之中，只有對歷史資料做某種程度的適應時，儉省原則（law of parsimony）才能當成我們的指導原則。佛洛伊德的「多元決定論」（overdetermination）觀念就是這樣的一種適應。我們要知道，任何歷史或個人特殊事件，都是由許多互相作用的力量與趨勢所決定，絕不是一個貧乏的解釋就能涵蓋的。有時，在尋找所有可能的重要因素時抱持某種程度的奢求是唯一的途徑，讓我們可以勉強掌握到一些決定某些因素互相影響並排除其他因素的法則。

「真正的農夫」（rechte Bauern）——路德這樣稱呼他的父親和祖父。一般人也很習慣稱呼路德為農夫或農夫之子，某些相當現代的作品甚至常討論路德一生中對農村生活的眷念，例如他曾說他很喜歡他的童年。但是在路德的記憶之中，他的父親從來沒做過農夫；馬丁小時候也從來不知道日耳曼農民當時的生活狀態。相反的，他只是一個轉業農民的第二代。我們在美國的人必當知道所謂移民的第二代是怎麼樣的人。馬丁的父親二十歲出頭就離開了他祖父在色林吉亞（Thuringia）的農場。當時的法律，規定年長的兒子應當把父親的農場留給最小的兒子，他們自己則可以成為最小的弟兄的佃農，娶另一個農場的女兒為妻，或離鄉另找工作。他父親帶著身懷馬丁的妻子移居埃斯勒本（Eisleben）。半年後，馬丁出生，他們又遷居到曼斯菲德（Mansfeld），一個繁榮的銅礦與銀礦中心。

無論這種強制性的遷徙對他的長子有什麼意義，我想，在馬丁的身上，我們很容易找到移民第二代身上經常出現的分裂現象。有時候，「農夫」對馬丁來說，指的是一種**堅忍的單純性**（rusticus et durus），一種他引以為榮的特性。有時候，他更對鄉村的泥土樂園感到十分眷念，這在他宣道時講到的那個牝豬的例子中可以看出來。然而，後來路德卻經常且熱切地想把自己與農民的傳統分開，他指責農人粗俗、殘忍、如禽獸一般。在那次農民戰爭[3]之中，他甚至利用他的宣傳工具建議殘暴地殲滅所有背叛的農民，那些一開始就一直受他領導的農民。然而，在他死前不久，他又指控自己頭上——未曾因農事而流過一滴汗的額頭——帶有這些農民的血（路德可能說得過分了一點；但是假如這些農民對路德沒有信心，也沒有因路德而對人之所以為人的新看法抱持信心，他們不可能會那樣激烈地向他們的主人挑戰，將來我們還要談到這點）。我主要想說的一點，就是這位轉業農民的第二代路德，對他祖先的態度十分曖昧。

那位社會學家可能認為路德對農民的背叛反映了一場殘酷的階級戰爭，就他的理論與歷史好奇心來說，他很可能是對的。然而，這種解釋忽視了兩代之間正面與負面的價值轉變之際，童年與青年時期所扮演的關鍵角色。路德的童年顯示了一個事實，那就是：對某一種職業或「階層」（estate）的忠誠，不能構成個人內心的持續感，除非那個人實際經驗到那個階層共有的艱辛、希望與仇恨。這個事實使意識形態變得非常重要。路德的父親不僅放棄了農人的身分，而且還反對它。他在很短的時間內就發展出一套追求新目標的道德規範，並且強制要求他的子女也這樣做。這個新目標負向的那一面，是避免如同其他轉業農民一般陷入無產階級處境；正向的那一面，則是爬上礦工的管理階層。同時，馬丁的母親是個城裡人。我們不知道她何以嫁給那位沒有繼承權的農人，但這的確是個她支持丈夫往上爬的絕佳原因。因此，在馬丁成長的過程之中，農人的影子很可能就是我們所謂的負面認定感的一部分。這是一種家庭成員企圖抑制的身分認定感——雖然有時他們多少對它會有點感情——他們也努力使它不再出現在孩子們身上。事實上，關於路德的著作也充滿了類似的曖昧；有時候提及他的農民本質來強調他的堅強；有時又用它來解釋他的粗俗與愚蠢。例如，尼采就曾稱他為**礦工之子**（Bergmannssohn，字面的意思是指山裡人的兒子），以表示對他的尊敬。

當時，礦工的生活很辛苦，但很受尊敬，又很有規律。那時羅馬法律還沒觸及到這個領域。礦工不但不是奴工，而且有相當的自律尊嚴，對於最高工時、衛生與最低工資有一定規範。漢斯・路德（Hans Luder）[4]在當時的成功，不但使他逃避了佃農與粗工陷入無產階級處境的命運，還使他成為礦場股東與工廠房東之一。因此，與其說他是工人，不如說他是「主人」。他與他的同伴更經過組織，建立了自己的公會，其中學徒的收取與晉級都有一定的規則。因此，說漢斯・路德是農人，實在是多愁善感或輕視他了。他是一個早期的小工

3 編註：指一五二四到一五二六年間的一次大規模農民起義，範圍擴及德語南部地區（拜恩、普法爾茨、威登堡、奧地利和瑞士等地）。在那個時代，農民起義不時發生，但這次的起義提出《十二條款》，是農民首次統一地提出了明確的書面要求。這次起義的另一個重要意義在於，它不只是政治經濟與社會階級的鬥爭，也牽涉神學觀念的詮釋與改革。起義的農民寄望宗教改革領袖馬丁・路德的支持，但路德的態度曖昧，令農民失望。

4 編註：即馬丁・路德的父親，路德（Luther）原本的姓氏是「Luder」，後來才改為「Luther」。在本書中，稱呼馬丁・路德的父親時必稱「漢斯・路德」或「漢斯」，若單稱「路德」，指的是馬丁・路德。

業家或資本家。起先，他努力工作以儲蓄投資，然後，他又以頗具威嚴的兇猛看守著他的投資。他死的時候，留下一棟房子和一千二百五十塊**荷蘭金盾**（Goldgulden）。

為了達到這樣的目標，漢斯與他的妻子無疑十分努力工作並且省吃儉用。這種為達到某種目標的自我壓抑（self-denial），就是晚年路德在豐盛的餐桌前向那些小孩、學生、寄膳者或朋友宣講**飯前道理**時，最喜歡提起的事。他一面談及貧困的童年是多麼迷人，一面又譴責他的老師像禽獸一樣野蠻，而修道院又十分腐化。因此路德貧困而不愉快的童年形象，可在他自己晚年描述中找到證據。

但我必須一再強調，路德這位公眾人物，並沒有忠實地報導他自己所知道的馬丁——那依然年幼的孩子，或那掙扎中的青少年。任何自傳對某個人童年的解釋，常需要掌握到那把在無意識中壓抑或選擇某些因素的鑰匙。精神分析學很早就注意到人的記憶必須經過許多層的紗幕，由於這些紗幕，幼年總是隱藏在那形狀扭曲而色澤變調的薄霧裡。語言能力的發展是第一層紗。上學〔即後性器期（the post-oedipal period）〕是第二層紗。青少年期自我確定感的發展與完成是第三層紗。這時，個人會對其人格中某些成份盡量誇耀，對其他成份則盡量貶抑。像路德這樣的人（一般人不會像他那樣強烈），很可能還有第四層紗，那就是在他公眾偉人的認定感形成的時刻。那時，他的生命在突然之間變成了一部偉人的傳記，當全世界熱切地抓住他的《九十五條論綱》，把他逼成一個叛逆份子時，在許多方面，路德已經開始一個新生命。為了使他的背叛合理化，只有那些有助他合理化的幼年事件才有記憶的價值。也許，這也是大部分人歷史化過去的動機。

我並不反對路德父母親是單純、簡單之人的說法，他們努力、節儉而且迷信。但我認為漢斯．路德最重要的特質在他的野心。這位務農的人在放棄父親的農場與遺產後，常叫他的妻子去森林撿燒火的木材。許多路德傳記學家對這一點都非常感動。但是任何去過日耳曼森林的人都知道，路德母親在封建地主的森林裡撿木材，是一項特權，而不是任何貧民的表徵。路德的父親還送兒子上拉丁學校與大學，希望他將來當一個法律學家，甚至一個**中產階級主人**（Buergermeister）。為達到這個目的，任何代價都可以付出。何況，他還有不少財產。在這樣的家庭結構裡——那必須抑制的家庭背景，加上那下定決心無論如何要塑造成功的未來——我們將進一步分析有關路德成長的幾件有限的資料。這些資料有時只能當做趨勢的指標，而不是真正的史實。

在歷史研究之中，我們很難確認哪一些社會或經濟的變革對某一個地區某一個人，在意識層面的期望和煩惱以及無意識層面的抱負和適應上最為重要。在漢斯．路德的時代，就如同今日一樣，羅馬帝國與教皇受到技術與政治發展的挑戰。這些挑戰是：第一，**地理空間的控制**；那時，環球航行發現了新大陸；現在，航空與太空船征服了空間的限制。第二，**傳**

播；那時，印刷術正在發展之中；現在，我們有了電視，不得不面對廉價地散播影像與聲音所造成的問題。第三，**聖戰**；那時的問題是如何限制及毀滅伊斯蘭在世界的擴張，保障中古思想，免除阿拉伯哲學與科學思想的侵襲；今日的問題則是經濟思想大戰，但我們對科學思想與社會價值的解釋和從前差不多。第四，**技術**；那時的問題是如何自封建土地制度轉化到跨國銀行與商業階級囤積錢財的制度；現在的問題則是工業文明的出現，以及核武競賽中政府角色的問題。第五，**軍備**；那時考慮的是如何抑制武士的火拼；現在的軍備問題裡，太空戰爭的技術早已使軍人服從成為過去的名詞。以上只是一份我們所知道的中古世紀特徵的清單。在路德一生之中，每一項特徵的發展也有它的枝節。在他的飯前講話之中，我們也知道他對這些發展並沒有什麼了解。

在世界性的變革直接影響到市場、大街與個人家庭之前，一個人對那軼事化與廣告化的世界新聞，總有點不夠真實的感覺。一個普通人很容易把他的信仰，放在那些他狹隘的心靈能了解而日常工作能做到的事情上。他尋找那些微小甚至反動的事物，因為那些事物能使他的世界保持完整，使他的價值觀合理，使他的舉止行為達到預期的效果。陶尼[5]這樣描述漢斯．路德所處的中古世紀：

這個社會最重要的單位是鄉村。鄉村是由一群農業股東組成的社團，習慣更加強了這團體的力量。這個社團一致抵制任何會要脅到傳統規律的不軌行為，亦即那稱為「變革」的惡魔。在鄉村之上，還有一個更大、等級更高的鄉村，名叫自治市鎮（borough），而自治市鎮與公會這對兄弟也用一副鐵石面孔來面對那外來的惡魔。在兩者之上，則有那逐漸覺醒的民族國家。民族主義在民族性成為一件政治事實以前，早已就是一個經濟勢力，它也是掠奪其他競爭者（無論他們是佛羅倫斯人或是皇帝的人）最好的理由。這個特權的殖民地和它的獨裁者、漢撒同盟（Hanseatic League）的鐵工廠、南日耳曼人的德德斯科（Fondaco Tedesco）以及英國商業冒險家的工廠，只不過是經濟獨占這座圍牆上的小裂罅。貿易，就像在近代中國與土耳其一樣，是在投降之下完成的。

這種狹窄的結構在過去像一個家，但在十五世紀，它卻讓人覺得像監牢一般。擴張的能力緊緊地壓迫著圍牆，填不滿的胃口只要發現有一點可以侵蝕的裂縫就啃蝕，就磨損。[6]

礦業就是這座牆上的裂縫之一。在十五世紀，它的繁榮正表示它製造的財富像金錢一樣可儲存，又像家庭用具一樣持久。礦業雖然興盛，但它也反映著極端不均的財富分配，礦工

5　編註：陶尼（R. H. Tawney, 1880-1962），英國經濟史學家、社會評論家。

6　原註3：R. H. Tawney, *Religion and the Rise of Capitalism*, 68.

就像其他階層的人（也包括大部分的傳教士）一樣，受到無產階級化的威脅。為了應付時代的變遷，社會單位比以前更緊密。疆域的君王重申他們的邊界，自由城市重申它們的城牆與貿易途徑的交叉點，公會更重申它們經濟活動的壟斷權。我們可以說他們追求的是疆界區域的認定（territorial identity），一種逐漸由法律明文規定的自主權，而那些沒有明文規定的普遍的（universal）身分認定（羅馬）已經崩潰了。

漢斯．路德是不是明白這些，我們不知道，但是我想我們可以假設他成功利用他個人的特質，來應付這世界形勢所帶來的壓倒性煩憂與希望。他想叫他的兒子做律師，也就是那些通曉取代羅馬教規的世俗法而且能夠用它來謀利的人。他想叫他的兒子去為君王、城市、商人與公會服務，而不是為傳教士、主教或教皇的財政服務。這種經濟方面的態度，在當時並不妨礙對基督教的虔誠。他最希望的，也是成千上萬轉業農民與礦工最希望的，就是看到他的兒子將心智運用在高等的事物上，而不是在礦工的迷信中漸趨遲鈍；去享受那些別人挖出來的財富，而不必親手去礦坑裡挖。這就是那些歷史著作所說的「農人」父親與「農人」兒子。

一個臨床醫師，可以也應該把世界大事與曼斯菲德小鎮紀錄連結起來。漢斯．路德有一個弟弟，名叫小漢斯（Little Hans）。這一對兄弟在受洗時分別被命名為大、小漢斯，這樣配對的命名對馬丁來說，一定具有某種意義。無論如何，小漢斯跟著大漢斯到了曼斯菲德，而另外兩個兄弟則留在色林吉亞，一個娶了擁有土地的女人為妻，另一個則繼承了父親的農場。小漢斯是個醉鬼，喝醉時又特別暴力。有的資料說，馬丁五歲到十歲之間時，他的叔叔上法院的紀錄最糟糕，而那時正是男孩良心最敏感而最理想化的時候。其他的資料卻說，馬丁上寄宿學校以後，他的叔叔才來到曼斯菲德。不管怎麼說，他的惡名必定比他先到。而有這種惡行（可能是謀殺犯）的弟弟，必定也使大漢斯特別害怕因此而失去他辛苦掙得的地位，尤其他自己脾氣也很暴烈，甚至也有人說他在到曼斯菲德以前，曾殺死過一個牧羊人。這個殺人案在公民自行執法的時代並不是什麼了不起的事，但是它也告訴我們，漢斯・路德這位家長很想剋制自己的情緒。也就是說，他必須把某些天生的暴烈脾氣從他潛在的敵人身上轉移到自己家裡來。

就馬丁後來多次暴怒來看，我們知道他也繼承了他父親的脾氣，而且還**青出於藍**。奇怪的是，在他幼年與青少年時期，我們完全看不出他這種壞脾氣。這是不是被他父親打罵或驚嚇出來的？很多證據都證明這種說法。無論如何，我們還得注意小漢斯這位「差勁農夫」（dirty peasant）叔叔所加諸的負面認定感：這位壞叔叔（就他的名字來看，他是那位正義的父親的翻版）不斷地提醒大家，他們都遺傳了某種禍因（curse），一旦不小心放鬆警覺或陷於自溺而不拔，這種禍因就會導致自己淪入無產階級之流。每一位臨床醫師都見到過許多這樣的例子，父母親害怕小孩會變成某個叔叔或阿姨一樣，卻很可能因此把孩子逼成那個樣子，特別是當這位父母親自己也不是什麼好榜樣時。路德的父親是個模範公民，但在家裡，他卻不得不陷入兩面人的狀況。他用大發脾氣的方式，來企圖控制孩子們的脾氣。我相信，這就是為何馬丁一直懷疑父親懲罰他不是出自愛與正義，而是出於專橫與怨恨的原因，這個早期的懷疑後來就投射到天上的父親身上，使他修道院的老師不得不告訴他：「上帝並不恨你，是你在恨他。」從這裡，我們也可以清楚地看出，拚命為自己尋求辯護的馬丁，也在尋找一個能證明上帝是個審判官的永恆正義法則。

他們不是農人，但礦工基本上還是離不開泥土、灰塵與大地。事實上，他們對地球的攻擊還要更猛烈而直接。他們強取豪奪它寶貴的成份，而農人則以細心、工作與祈禱培養與土地的合作。礦工這種掠奪性的行為，再加上礦坑崩塌掩埋工人的危險，使他們比農人更加迷信，因為他們無時無刻不處在個人好運或壞運的支配之下。許多報告都曾指出色林吉亞的礦工比農人還迷信，而那裡的農人到現在還是日耳曼人裡面最迷信的。這就是漢斯·路德二十歲出頭時被逼著走進的世界。這種工作的意識形態與宇宙觀也支配了馬丁早年的生活。「不是所有發光的東西都是金子」這句話，對他們有決定性的意義。礦工的工作就是去尋找那發光的東西，但尋找的時候必須小心謹慎，不要讓那錯誤的指標欺騙而大失所望，就算失望了，也要迅速恢復正常。那時，礦工若是過分貪心而陷於失敗，就會把這種貪心歸諸於魔鬼。「在礦坑裡，魔鬼常來騷擾愚弄人。他們在人的眼前造出幽靈來，讓他們在什麼也沒有的情況下看見大塊的金礦或銀礦。」[7]這種認為發亮的東西很可能只是一堆土的感覺，很可能就是父親對兒子的懷疑之中最基本而持續的迷信，因為他後來仍不斷警告那晉鐸的兒子，即使在最燦爛奪目的神靈顯現之時，依然要不時小心「魔鬼」。而馬丁，幾乎也就在他吃母親的奶時，就吸入了這樣的迷信（這位母親據說比父親還迷信，雖然她比較重視帶來好運的巫術）。所以，當他父親引用那於地下工作的礦工不祥的智慧之語時，馬丁根本就不可能不相信他。就在死前幾天，路德還在他窗戶外面的水管上看見魔鬼坐在那裡，把屁股對著他。這種「現實」伴隨著亞里斯多德、聖奧古斯丁、聖保羅與《聖經》，一生都跟隨路德。

路德讚揚激烈的懷疑（radical suspiciousness），因為他認為那是人「工作、感覺與理性」的保證。思想的扭曲裡充滿了深不可測的危機。這些，再加上成長過程中礦工對災難的恐懼，使路德的工作有一種對突然死亡的關注。這也使他不斷注意到他若是突然死亡會遭到什麼樣的審判。齊克果有一次說，路德的言行舉止，總像是他下一分鐘就會遭電擊一般。他指的是路德決定要成為修士時那場具有啟示作用的暴風雨。然而，那種對災難過分地期待、隨時準備接受審判的饑渴，實在早已是暴風雨前馬丁世界裡的一部分，甚至它們很可能是使

7 原註4：Martin Luther, *Werke* (Erlanger Ausgabe), LIX, 324.

後來的暴風雨變得那麼重要的原因。

路德晚年時，很可以說：「許多地方都有魔鬼；普魯士則到處都是魔鬼。」——這很可能是他對普魯士人民性格研究少數的貢獻之一。而我們必須認清的事實是，路德和其他同時代的小孩一樣，都曾被深深地灌輸了一個觀念，那就是，全世界到處都充滿著具體的鬼神。而路德成長中接觸的社會邊疆，更是鬼神的混戰：這個邊疆從農人對土壤與生產力的關懷，移轉到礦工對岩石、泥土與拖車裡的機運的關懷；不只是這些，還要加上積聚金屬與金錢的商業目標，光彩奪目，但是很「骯髒」。這種新的、充滿冒險而又毫無止境的貪婪，是羅馬教會全力想毀滅的，然而在此同時，教會自己也企圖壟斷這些財富。

路德小時候，凡是風或水造成的奇怪聲音，或是微光與黑暗中看到的奇怪景象，都被人解釋成是巫師、巫婆傳送出魔鬼的證據。這些巫師、巫婆只在有人監視時，才會安靜。所謂監視，就是指人得隨時小心注意，處處懷疑。這種對魔鬼的信仰，允許一個人把自己無意識中的思想以及貪婪與怨恨的前意識（preconscious）本能外化（externalization），也把他懷疑鄰人心中抱持的念頭外化。把鄰人的念頭外化，常會把主體與客體混為一談。如果一個鄰人眾所周知的人格或行為（當然不是他心中的想法）似乎帶有害人的意圖，大家就認為，在魔鬼的助長之下，這個人一定會做出那些我這個好人暗中**想要**但實際做不出來的壞事。在所有的鬼神思想裡，不可知（the unknown）與無意識有一個共同的疆界，那就是，無論是謀殺、姦淫或貪婪的念頭，或是突如其來的悲傷與歡樂之感，都是那惡意的鄰人強加在我身上的。因此，性的幻想自然也不在我自己管轄之下。甚至性的事件，例如栩栩如生的夢境，或是躺在自己床上的鄰人，都該怪那愛躺在睡覺的男人下面或睡覺的女人上面的魔鬼：以路德的話語來說，是上面或下面（Unter oder oblegen），但就神學的用語來說，應是女妖或壓魔（succubus et incubus）。

假如你的良心與理智很原始或很狡獪，這些問題都很好處理。但是，如果你的良心、理智太充分發展，那麼騷擾路德的顧忌就出現了。那就是說，當你沒有覺察到，或覺察不太敏銳時，你怎麼知道（一旦你魯莽地非知道不可）那些困擾不是你自己欲求或煽動下的產品？而且，就另一方面來說，就算是你很清醒、警覺、良心清明，你怎麼知道這種過分的完美，不是魔鬼製造出來的幻影（Trugbild）？

我們很容易把這些迷信當成原始的強迫性觀念（obsession）來處理，而去可憐那些沒有知識、自認為被鬼神騷擾的人。但我們不可以忽視一個事實，那就是，在理智範疇之內，也就是當迷信沒有為群眾恐慌（mass panic）和神經質焦慮（neurotic anxiety）利用時，迷信只是一個社會掌握未知事件的一種形式。在充滿危險的世界裡，迷信更是安全感的來源，因為它們使不熟悉的事變成熟悉，使人可以面對他的恐懼與衝突而大叫：「我看到你了！我認得你！」他甚至可以告訴別人他看到了什麼，而不必擔心那些與他有相似想法的人會毀謗他，說他是在極端失意與沮喪之下發生幻覺，或是只有他這種人鬼才會來找他。今天，對待我們的情結、桂冠（coronary）或是共產主義者，我們不是也做同樣的事嗎？

當然，這世界也不全是由魔鬼所控制的。相對於那些介於人與地獄之間的魔鬼代言人之外，有一群日益增加的人與天堂之間的媒介：天使、聖人、天堂裡的叔叔阿姨等。他們比那儡人的三位一體神更像人類，更容易接近，也更容易了解。每個人都有他自己的天使，每一種疾病與災難也有它的聖人。這個治病聖人竟然也是造成病痛的原因，也許這樣他才有辦法在競爭日烈的市場中存在吧。我這樣說，是因為這些聖人各有自己的聖壇，付了錢以後，你就可以向他祈求某項服務。礦工們也有一個主聖人和幾個副聖人。聖安娜，上主母親的母親，是漢斯與馬丁的偶像（Abgott）。偶像這字眼，代表著天主教社會一直企圖把聖人造成華麗的偶像做為崇拜的對象，也做為教會的堅實意象，而剩下的宗教方面的事，就由專業人員來負責。聖安娜照顧礦工的健康，保護他們不遭受意外災難。她又特別仁慈，「因為她從來不會空手而來。她來的時候，總帶了許多貨物與財寶」。下面談到馬丁啟示性的決定時，我們還會談到聖安娜。

根據精神分析學發展出來的人格特徵學，多疑、過度的謹慎、道德上的虐待狂（sadism）以及過分對骯髒思想與本質的注意，都是不可分開的，而這些特徵路德都有。有關馬丁學生時代最早的資料，就是很經典的一句關於強迫性觀念的話：「你愈清洗自己，你就變得愈髒。」[8]另一方面，前面我們已提過路德那個有關糞土中牝豬的笑話。我想用另一個研究強迫性病症及尚無文字史前（preliterate）社會的假說，來解釋路德人格中這部分特徵。所謂只要你有辦法向魔鬼的鼻孔放個屁，魔鬼便馬上銷聲匿跡，這種方法是我們所謂的順勢治療法（homeopathic），也是路德畢生都在提倡的方法之一。這個方法無疑是來自他家鄉的魔鬼信仰。這個方法的基本形式，就是用魔鬼的武器來打擊魔鬼。我們現在沒辦法證實這個假說的正確性，但其中所謂的魔鬼及魔鬼的家、魔鬼的糞便與休息之處，都在共同的地底下連成一氣，具有魔法的危險性。這個共有的地下世界，一方面是指地球的內部，那塵土變成礦藏的地方（煉金術士一直想在地上的實驗室裡複製出這神祕的過程），另一方面也是指最裡面的自我（inner-most self），那隱藏中的「靈魂田地」（Seelengrund），在那裡，卑下的情緒的神祕變化可能會受到影響。

在處理這一層面的原始思想以及那些成長於原始思想下所創造的民俗文化中的人民時，我們必須重新評估塵土在礦物或蔬菜形式之下的意思。我們不太需要（雖然有所幫助）去研究所謂的原始民族，或去研究我們之中那些共同受到無意識影響而把塵土等同於珍貴物品

8　原註5：Julius Koestlin, *Martin Luther, Sein Leben und seine Schriften* (Berlin, Alexander Duncker, 1903). I, 48.

的人，這種狀況會表現在許多神經質的病徵中，或例如「寸土寸金」（paydirt）這類的口語裡。例如，任何在礦場工作過的人，或去過匹茲堡那樣專注在煤與鋼的社區的人，必定會了解「煙霧」（smog）在那裡的雙重意義。我所說的，是指工業密集區進行生產所形成的黑色煙霧，而不指汽車排氣管放出的黑煙。老一輩的匹茲堡人多半原是東歐與南歐的農人。在他們的老家，泥土變成土地，土地變成泥土，這個過程保證了豐收。而在匹茲堡，煙霧，或至少是煙，就是生產力。它不僅代表了工作，更代表了全國鋼鐵製造的過程。只有停工或罷工時，天才是藍的，河水才是清的。潔淨只能讓人想到死寂的真空與生產力的終止。現在這些提倡讓匹茲堡變乾淨的在地人會得到一些陌生人的贊同，因為在外人眼中，匹茲堡是美國可憐的灰姑娘，但他們不可能得到老移民家庭的支持，因為對這些移民來說，煙霧與塵垢老早就成為家園的一部分。

對於路德嬰兒時期的生長環境，精神病學家有一個觀察很具啟發性。根據他對路德背景的研究，他說，「路德的家庭住在一座狹小而黑暗的屋子中，裡面有幾間小而低矮的房間，光線不足，空氣也不流通。在那小屋裡，父母親與子女擠在一堆。很可能，所有或大部分的家庭成員，不論男女，都赤裸地睡在一處凹室。」[9]利特認為馬丁由於體罰（下面我們還會談到這點）而經常失眠，因此有許多機會感受到身體接觸的刺激、觀察到性交的動作，以及其他生、老、病、死的情況。那些向來不願意承認嬰兒時期創傷對路德人格的影響的人，在此處一定會反駁說，根據統計，這種情形在當時是非常普遍，因此並不特殊。然而我們必須明白，路德小時候是個觀察敏銳而想像力豐富的人，他常愛思考事情的本質，更愛追究上帝為什麼這樣安排世事，因此，對別人平淡無奇的事，很可能在他的神經上或感覺上造成痛苦。無論如何，在這孩子夢中或半夢半醒當中發生的事，以及在他沉睡或半睡半醒時感覺或聽到事，都與魔鬼本身或不祥的危險勾當串聯在一起。這些夜間的觀察，也很可能把那父親白天的道學武裝看做一種奇異的狂虐。

有些路德傳記學者毫不遲疑地說，路德的父親打得他變得害怕權威，變得那樣頑固而叛逆，這種頑固而叛逆的性情使路德在童年時病弱而焦慮，在少年時「哀傷」，在修道院時謹小慎微，到了晚年又疑心重重而沮喪頹唐。這種性情也逼著他追問上帝的正義在哪裡，而終究引發了宗教革命。但教授完全不相信這一套。他認為智慧的四大支柱是「祈禱、工作、紀律與敬畏上帝」；路德的父親可能脾氣壞了一點，也可能有點不擇手段，但他的動機也不外是《聖經．箴言》（*Proverbs*）十三章二十四節[10]說的那樣，他的目的也無非是為著

9 原註6：Reiter, I, 362.

10 編註：此節內容為：「不忍用杖打兒子的，是恨惡他；疼愛兒子的，隨時管教。」

孩子道德上的福利、思想上的完美以及世間的上進。教授用的字眼是**正當的鞭笞**（Wacker Gestrichen）。他說別的孩子也像路德一樣被打過。這一點當然沒錯。路德自己也提過，在家庭或學校裡，這種鞭笞是非常普遍的。

這位教授提出數字上的統計來證明這件事過於普遍，因此不能解釋為特殊行為，然而這在醫學上或在傳記學上都是不能成立的。我們必須進一步了解與確定杖責者與受杖者之間的關係，看看是否有一個獨特的因素使這普通事件具有特殊意義。

路德說過兩句話，常常被人引用。一句話是：「我父親有一次打得我遠遠地逃開，心裡十分恨他，直到他覺得十分痛苦把我找回去為止。」另外一句話是：「我母親因為我偷了一顆核桃，把我打得流血。雖然她的用意很好，但這種打法把我逼進了修道院。」[11]儘管路德這樣說，翻譯這些資料的班頓（Bainton）還是認為這些鞭笞只激起了「很短暫的憤恨」（a flash of resentment）。許多路德權威雖然沒有進行什麼心理學方面的思考，卻要不是排斥這種懲罰的重要性，就是認為它在路德情緒發展上造成很大的缺憾。我認為，研究這問題最好的辦法，是描繪出一個架構，以便我們衡量這些資料的價值。

我在自己的專業訓練中所學到的一項原則，就是我們應當仔細而正確地聆聽病人們在說些什麼話。路德說的話，雖然都是來自二手的報告，但經過我們逐字逐句地分析，卻帶來許多驚人的訊息。路德談到鞭笞那些事的德文原文是「dass ich ihn flohe und ward ihm gram, bis er mich wieder zu sich gewoehnte」。[12]這段話很不容易翻譯，但班頓卻覺得不用多花腦筋。他把那段話翻成一般美國男孩常說的話：「我逃跑了……我覺得很恨他。」但比較接近字面意義的翻譯應該是：「我逃跑了，心裡悲哀地仇恨著他，直到他逐漸再讓我重新對他習慣（accustomed, habituated）為止。」所謂 ich ward ihm gram，表現的是一種比「我覺得很恨他」更哀傷、受傷更深卻較不憤怒的情緒。孩子可能對一個他並不太關心的人感到憤怒，但對他愛的人，他的感覺是一種充滿哀傷的憤怒。同樣的，父母親很可以「痛苦地贏回」任何人的感情，但對於恢復日常親密的關係，他們只能嘗試著使對方**重新習慣**自己。這句話的個人色彩因此表現了漢斯與馬丁關係裡面的兩種趨勢。馬丁雖然怕得要命，他**卻無法真正地恨他自己的父親**，他只能感到十分憂傷。而漢斯無法讓孩子十分親近他，有時生氣起來更像要殺人一般，但**他無法讓孩子離開得太久**。這兩個人對彼此投資太深，因此不能也不會放棄彼此，雖然他們也無法使這種投資產生任何結果（讀者也許認為用一句話來支持這樣的解釋，未免有些站不住腳，但在下面我會繼續提到其他證據來支持這個說法）。

在青少年病人身上，我實在看到太多這樣的親子關係。在今日的美國，通常是母親的無

11　原註7：Roland H. Bainton, *Here I Stand* (New York, Abingdon-Cokesbury Press,1930), 23.

12　原註8：TR, II, No.1559；參見 Scheel, I, 11.

所不在與突然的決斷——雖然她用的方法可能很甜蜜——使孩子陷入自我確定的決戰之中：這孩子盼望得到雙親中重要的那位的祝福，不是因為他做了什麼事，而是為了他這個人。他經常會給這位家長一些要命的測驗。而這位家長選了這個孩子，是由於內心的親密感與外在不可抗拒的距離感，因為這孩子必然**證明了這位家長的價值**。因此這位家長只會問：你**成就**了什麼？你為**我**做了什麼？我認為，路德的父親在馬丁的生命中就是扮演了這樣的角色，而他那種嫉妒的心理，使路德母親的角色比一般普通日耳曼母親還更不重要。

我說過，路德不能公開地恨他的父親。這句話的意思暗示了路德心底實在很恨他父親。我這樣說，到底有什麼證據呢？唯一的證據就是，這仇恨的行動一直拖延著沒有爆發出來，而一旦它爆發了，它的力量是那樣強大，使許多無關的人也深受其害，也就是說，路德成年以後，他仇恨他人的能力很強，立即且持久。無論有沒有理由，他的仇恨也常帶著尖酸的自尊與絕對的粗鄙。仇恨那些他認為在他軟弱時阻擋他的人，且缺乏寬恕的能力，是許多偉人共有的特徵。然而，在了解他後期充滿痛苦的服從與無規律可循的反抗時，我們不得不問，為什麼他不能逃開他的父親（如同林肯，也曾飽受父親的毒打，但卻毅然決然地逃走，後來也變成了人類的解放者）。就算是在那樣的父系制度裡，他沒有辦法逃走，至少他也可以把父親放在一邊，取得妥協，而找出一條自己的路。伊拉斯姆、喀爾文（Calvin）[13]，及許多不算偉大的人，也都在個人危機中拒斥他們的父親，但他們多多少少解決了這個問題，不致於使他們的背叛變成自我合理化環繞的核心。

上面我提過漢斯與馬丁關係中的兩個趨勢。第一個趨勢是這位父親經濟上的野心，這野心不時受到他自己過去（很可能是宗謀殺案）的威脅，也受到他內心暴力衝動的威脅。第二個趨勢是這位父親把自己的野心寄託在長子身上。他對這孩子，有時十分嚴厲，有時又多少有點情緒化，以使兒子再度回到他身邊；這兩種狀況交替運作，造成一種非常要命的（deadly）混合。

除了這兩種趨勢之外，我還想加上一點，那就是這父親表現出來的正義感。他有時甚至認為自己就是**正義**這個觀念的化身。至少，他一向律己甚嚴，對自己的缺點也嚴加韃伐。但這樣的父母親卻是非常危險的，因為他們因此常把自己在環境或內心強迫性動作所帶來的遭遇，報復在孩子的身上；他們也常誤用了那生命中最強烈的力量——也就是為生命重要價值而產生的義憤（true indignation），以便使他們渺小的自我得到合理化。而馬丁似乎不只一次感覺到在那父親嚴謹的公開自我認定的背後，隱藏的是個憤怒、酒醉的與不能控制自己的人，他常將自己這些缺點發洩在家人身上（他也**只**敢向家人發洩），嘴上卻藉口說自己是個

---

13 編註：約翰·喀爾文（Jean Calvin, 1509-1564），法國著名的宗教改革家、神學家，基督新教改革宗的創始人。

努力的監工與正義的法官。

某些傳記家認為，路德對父親憤怒的懼怕是持續不變的。而這種恐懼，也包括了懼怕不准**回嘴**的命令。這裡，我們又看到另一個事實。那就是，過了很久，也就是一直到他反抗修院靜默規則以後，馬丁卻成為歷史上最偉大、最成功的反唇相譏者。這個事實逼著我們問，為什麼他沉默了那麼久？我們要知道，這馬丁在拉丁學校裡曾因為說德文而被鞭笞，後來他卻用德文報復拉丁文。因此，我們可以演繹出一個理論，那就是，在童年被強力壓抑不能表現出來的東西，到了成年以後，會突然爆發出來。這種經驗路德的母親也有，因為許多人都說，在漢斯．路德的身邊，她自發性的行為（spontaneity）與想像力（imagination）常受到許多限制。

這些就是我認為馬丁童年的兩難與他父親有關的部分。面對這樣的父親——這樣隨便使用自己體力優勢的父親，這樣不能使自己的道德優越感合理化卻有辦法讓別人感覺自己道德低下的父親，這樣自己不能親近又離不開的父親——路德怎麼可能在不被閹割（emasculated）的情況下服從他，又怎麼可能在不閹割父親的情況下反抗父親？

今天成千成萬的男孩也面對著同樣的問題，他們用各種各樣的方法來解決——如同亞哈船長（Ahab）[14]說的，他們只剩半顆心與半片肺而活著，世界也因此更為醜陋。然而，不時總有一個人被召喚（只有神學家才會說他知道他們被**誰**召喚，只有糟糕的心理學家才會說他知道他們被**什麼東西**召喚），讓他從他個人的病患經驗（patienthood）中，提升到全體人類層次的病患經驗，並企圖為全體人類解決那個他無法為自己解決的問題。

路德提及他母親的虐待時用的字眼比較具體，但他對她的怨恨卻遠不及對父親的劇烈。他對父親的怨恨可說是一種對神聖正義感的熾烈懷疑，而聖母（Madonna）卻被輕輕地推開了。在這樣情形之下，馬丁缺了什麼，宗教缺了什麼，是我們將來要討論的問題。

讓我們回到路德提到他母親打他時說的話：「她把我打到流血」；打他的原因是他偷了「一顆核桃」，而這種管教把他逼進了修道院。但事實上，在德文裡，這句話並沒有提到「進了修道院」，路德也從沒有懷疑自己入修院是因為上帝的召喚。在德文，他用的字是In die Moencherei，字面上是說「變成僧侶」（into monkery），意指路德修道生活中過度的禁慾與嚴謹。他強烈地暗示，這種管教方法對他二十來歲時宗教人格中過份地、神經質的部分要負責任。而所謂的「這種管教」也泛指當時一般父母管教子女的方法，並不僅指他母親。「為著一顆核桃」，更指出他的抱怨只是冰山一角：這是一連串他甚至到了晚年還不斷提起的事件之一，他似乎想用它來支持他的自我合理化中某種潛在的委屈。

14 審訂註：美國小說《白鯨記》中的船長。

我想再加一句，那就是，假如他是為了侵犯別人的所有權而受到處罰的話，他很可能對這種處罰的嚴重程度感到困惑。幾世紀以來，孩子們就像今日的少年罪犯一樣，一直不能了解成人良心的絕對主義（absolutism），這種理念認定，對於小小的偷竊假如不動用整個社會的憤怒來打擊，就會滋生許多大宗偷竊行為。而既然社會認為小罪就是犯罪潛力的指標，孩子們很可能覺得這些片斷的負面自我認定受到了證實，而在不良環境下，這些片斷就可能會變成支配自我認定的成份，許多犯人就此產生了。路德一生總覺得自己多多少少是個罪犯。甚至當他揭示了憑藉對上主的信心普世便能獲得赦罪的因信稱義思想，而獲得力量、和平與領導地位後，他還是不斷為自己辯解。

「直到流血」，是傳記學者常引用的一句話，這句話讀起來，好似報導中國發生饑荒或空襲的死亡人數這樣的新聞一般，司空見慣了。但在讀這些新聞時，我們如果停下來想想，就會發現自己有某種潛在的恐懼。就孩子們流血這件事而言，可能廣泛存在著一種曖昧。有些讀者覺得有點不舒服，另一些（引用這段話的傳記專家似乎知道會如此）則懷疑這可能是**造就**這位受難者成為一個偉人的因素之一。但在馬丁的德文原文裡，他只說「後來我流血了」，而不是「直到我流血為止」，因此原文的意思並沒有暗示母親嚴厲地非見到流血不可。在我討論馬丁上學及其他處罰之前，我得先好好地檢討這段話的意思。

在馬丁的時代，鞭笞或杖責小孩，就好似公開懲處人犯一般普通。我們不是在進行人類行為的動物學研究，所以我們不必假設大家都在做的事就是天性使然。我們也不必同意那些硬心腸的人直言無諱地說，一頓好打對小孩並沒有什麼壞處。我的意見正好相反。因為人們小時候逃不掉懲罰，長大之後又忘不掉，只好盡量往好的方面去解釋那些他們不能避免的事。體罰有沒有傷害到他們則是另一個問題，要回答這個問題，我們必須研究體罰在成人世界裡扮演著什麼角色。

我們要記得，大多數人類並沒有發明痛打小孩以訓練他們服從的技術。有些美洲平原的印地安人（二十年以前我曾研究及討論過他們）[15]，第一次看到白人打小孩甚至十分震驚。他們感到困惑，只好認為這是白人傳道計畫中的一部分——白人任由小孩啼哭到臉色發青這件事，也支持了這種說法。他們認為，這必定是一個周詳的計畫，旨在灌輸白人小孩一個思想，那就是這世界實在不值得留戀，人類最好犧牲現世的生命以換得另一個世界完美的幸福與快樂。這是從思想層面去進行詮釋，而且詮釋得十分敏銳：它指出，一個行為不僅有其有限的效果，更是世界觀的一部分。現在，我們比較沒那麼常打小孩了，但還是繼續折磨他們以度過這不完美的世界，我們的目的不是另一個世界，而是想叫他們在這個世界中不斷進步，往上爬、改善、前進、進步。

15　原註9：參見 *Childhood and Society* 一書有關兩個美國印地安部落的那一章。

恐嚇小孩以使他們服從，不論是用巫術，或是心理及身體上的恐嚇，都代表著人對自己在世上角色的一種特殊看法，也代表著人整體生命計畫中對童年時期的一種特殊看法。如果這種恐嚇的方法與社會集體的禮儀串聯起來，我們便可以假定它們帶有一些內在矯正的功能，阻撓孩子獨自面對自己的生命；它們甚至提供了某些歸屬感與認同以做為補償。而我們對財產的特殊觀念（包括人可以任意毀損他自己的東西），也支持著父親可以為了訓練孩子的道德觀念而隨意責打小孩。把孩子視為自己所有物的觀念，錯誤地允許了衝動與強迫行為結合、專斷與道德邏輯結合、野蠻與傲慢結合。它們使人類更加殘忍、更加放縱，較之未被神聖光耀啟發過的禽獸更加嚴重。打擊小孩自尊的方法，無論是用優勢的體力、精心構思的邏輯或包藏怨怒的甜言蜜語，都使得大人不必真正成為大人。他們不必去發展使自己具有說服力的真正的內在優越，相反地，他為了讓孩子朝有利方向成長而施加責打時，可以前後不一致、專斷，也就是一派孩子氣。而孩子，由於害怕，也不得不假裝在眾人面前的自己比在獨處時的自己要好些，同時希望一旦他長大擁有力量時，也可以勉強別人修養道德，到遠遠超過自己做得到的程度。

就歷史而言，在漢斯．路德所處的的時代，羅馬對法律的觀念日益重要，私有財產的觀念使父親這個身分有了擁有妻子與子女生命所有權的意義。母親一方面是父親暴力的犧牲品，一方面又是他處罰子女時忠耿的夥伴。這種雙重角色使母親的形象分裂。母親殘忍，可能是因為她不得不如此；父親殘忍，則是因為他自己要如此。從這樣的思想出發，我們只要在心理上再走一步，在政治上再走幾步，就可以走到那正義、邏輯與暴力的醜惡結合，就像我們在宗教迫害、集中營或懲罰性戰爭中找到的結合一樣。路德對農民叛徒懲戒性的背叛，也是其中的一種。

因此，馬丁對最後審判的畏懼以及對當時施行的正義的懷疑，到底是來自他父親的凶惡，還是來自他自己的敏感，實在是個次要的問題。主要的問題在於人們在童年受到的折磨。這種折磨使他不但是外在殘酷行為的犧牲品，更是隱匿的情緒解放、迂迴的報復行為、感官上的自我放縱以及狡黠的正義感的犧牲品，而這一切都來自那些他在身體上或道德上不得不仰賴的人身上。將來我們也許會強烈地確信，人類最可怕的罪惡，就是傷害孩子的性靈。因為這種傷害切斷了一生最重要的原則——信賴（trust），沒有信賴，人的行為不論感覺多麼美好且看來正確無比，都可能被具破壞性形態的責任心所曲解誤用。

路德的生命教給我們這些啟發性的教訓，為了保有這個教訓的複雜性，我們必須避免簡化的因果解釋，例如，殘暴的父親是否把這生病或不穩定的兒子打成一個充滿焦慮與叛逆的人，以致上帝或基督對他來說都只是**復仇者**，而不是救贖者。路德這樣形容他對基督的看法：「從孩提時起，我只要聽到基督的名字，就面色蒼白嚇得發抖；因為人們只教我知道祂是個嚴格而憤怒的審判官。」[16]那位精神病學家與那位傳教士，各以不同的原因，都認為這些話是一位天賦極高但極不穩定的人的藉口。他們還引用了十幾位當時的神學家，來證明在當時流行的看法中，基督並不是一位復仇者。很明顯地，路德的話只是他個人的看法，受到他成長的環境與他對抗當時之宗教與紀律的決心所影響而產生。這宗教和紀律幾乎毀滅了他，而在他眼中，這宗教與紀律不是把專業宗教家當成奴隸，而是把上帝創造的成千上萬的人類當成奴隸。

將來我們還要談到這位父親，但現在還沒談夠路德母親的資料。到目前為止，我們談的似乎一直是男人的故事。齊克果說，路德為成年男子發明了一個宗教。這句話說明了路德神學的限制與真正的範圍。路德為西方男人的自我確定發現了新的成份，也為他自己創造了新的角色。但對女人的自我確定而言，他只創造了一個角色，那就是牧師的妻子。這可能只是因為他的妻子凱蒂．波拉以同樣不自覺的決心創造出來的；她以這樣的決心讓這位偉大的博士娶了她。不然的話，路德的革命只會創造出如果不能像牧師的妻子也要像個牧師的女性典型。

不管凱蒂波拉與她的子女有什麼貢獻，只要路德影響力所及的地方，上帝的母親（女人天生在宗教上理所當然且順其自然的重心）都被推翻了。路德在提到她時，總把她譏嘲一番，說她是個會讓男人「抱住她們脖子」或「抓緊她們裙襬」的女聖人之一：「由於我們自己懺悔與聖功的功夫不足，儘管我們敬畏上帝的義怒，他們仍告訴我們去找那些位介於基督與我們之間的媒人——天國的聖人。他們教導我們向基督親愛的母親祈求，提醒我們她曾哺育了基督，所以基督可能因她懇求而稍稍寬免我們，賜與我們恩典。」[17]這樣的譏誚，其對象不是瑪麗亞，而是那些告訴路德請聖母替他向上帝傳話的人。路德要的是「直接向上帝說話」。

我在瀏覽成千上萬頁的路德文獻時，這種譏誚一直在我心裡浮沉。我不得不一再問，這個人到底有沒有母親？

顯然，我們對他母親沒有什麼可說的。有關路德的著作一再告訴我們，我們對路德的母親所知不多。她沒有擋在父親與她親自哺育的兒子中間嗎？當她「為了一顆核桃」打他時，她是誰的代表？當他做修士時，她自己是否也公開否認他？在《路德發展史料》（*Documents of Luther's Developments*）一書中，她的否認是夾在其他否認之中。路德說：「我違抗了父親、母親、上帝與魔鬼的願望，做了修士。」[18]她生了好幾個孩子，大部分都

---

16 原註10：Scheel, I, 20; Dok., 406 and 430.

17 原註11：*L. W. W. A.*, XI, 164.

18 原註12：Dok., No. 417.

沒有活過嬰兒期。她子女多得連他們的名字與數目都不記得，她到底有什麼感覺？路德曾提過她的孩子有的是「啼哭到死的」，這可能是他飯後誇大的閒聊。他又說她母親相信這些死去的孩子都曾受到一位鄰婦詛咒。然而，一位路德的朋友晚年拜訪過她後，卻說路德是她的「唾液與影子」（長得活像其母）。

這位父親對宇宙保持著旁觀與懷疑的態度，而這位母親在傳說中卻對迷信中想像的那部分很感興趣。因此，路德後來被某些神祕主義者形容是個喜愛大自然而敏感的人，對神祕主義也抱持一種概括看法，這些特點很可能來自他母親。也有人猜，這母親在父親的性格之下深受折磨，後來也變得很痛苦。更有人說，路德年輕時那種悲哀的孤立感覺，也可以在他母親身上找到。據說，她曾對他唱過一段小歌謠：「沒有人關心你和我。這是我們共同的失敗。」[19]

這麼大的空白，只有猜測才能填滿它，但在這裡，我不想半信半疑地猜測，我只想根據臨床經驗說明一件事，那就是，如果沒有母親向他吟唱天國，沒有人可以像路德後來那樣演講或吟唱；如果他不覺得自己和母親很相像，沒有人會像他那樣在男性與女性角色中掙扎；如果他不是對母親感到十分失望，而且勉強地以母親的方式來服從父親與命運，沒有人可以像他那樣討論女人與婚姻。如果靈魂是人最具兩性特色（bisexual）的部分，我們應該能接受在路德身上會發現到他對神祕的服從既抱持著些許恐懼，又在性靈上對之有著些許的追求，我們也可以在這種交替之中，認出某些從小馬丁在「史前」（pre-historic）時期與母親關係之中衍生出來的情緒與性靈因素。

史密斯（我們說過他並不是個精神分析學家）是有關路德的資料中第一個提到戀母情結的人。精神病學家也提到這件事：「也許正宗的精神分析學家會想像，路德生命中有一種無關緊要但穩固的戀母情結。這情結是由對那快樂的、聰慧的與想像力豐富的母親在性方面的依戀（libidinal attachment）而產生的，並因那狠毒的父親對他、對其他弟兄甚至對母親的粗暴而加強。」[20]對這樣的討論，我的回答是，我們確實認為路德有戀母情結，但它絕不是無關緊要的。我們絕不希望看到任何男孩（更不要說那些想像力豐富而有力量的男孩），沒有在年幼時經歷過這種情結中的愛恨關係，就得面對少年與成年的奮鬥；愛是對母親，因著她養育時喚醒他對五官與性的感覺，恨則是對父親，對他擁有母親而產生的懷恨。我們也希望，在這樣的幫助之下，他可以在童年時期堅決地走出女人的保護，而獲得男人無懼的主動性。

19 原註13：*L. W. W. A.*, XXXVIII, 338.

20 原註14：Reiter, I, 362.

只有像馬丁那樣早熟、敏感而良心強烈的孩子，才會那樣關心怎麼取悅父親，那樣謹慎而無情地批評自己，而不以偏差的行為或否定來平衡這種外來的壓迫。馬丁對父親壓力的反應，是路德對個人良心注意的開始。這種注意的程度實在遠遠超過當時宗教生活與紀律的要求。馬丁繼承了他父母親的意識形態的結構，他接下了父親充滿懷疑的嚴厲、他母親對巫術的恐懼，與他們共同對避禍求福的關心。後來，路德反叛了。最先是對他父親，他進入了修道院。後來是對教會，他建立了自己的教會——那時，他又卻再度向父親的價值觀念屈服。我們只有猜測，這些結果多少是受到童年儲積的反叛性與隱藏的仇恨所影響（因為我們的良心就像中古世紀的上帝一樣，每一件事都知道，每一件事都記得）。

這項個人傳記上的問題，更和一個歷史問題互相重疊。路德有沒有權利宣稱，他自己的恐懼，以及他自己被復仇的上帝壓迫的感覺，是許多人共同的經驗呢？他的態度是不是代表了當時普遍的宗教氣氛？或至少代表了他那部分的基督教世界？精神病學家與傳教士自然說不是。教授可以把這個問題束諸高閣，因為對他來說，是上帝選擇了向馬丁說話的時刻。

但這個問題，只有在像荷蘭史學家惠欽格（Huizinga）那種歷史性的縱覽研究中，才能找到答案。惠欽格在研究中世紀末期法國與尼德蘭之文學與具有紀錄性質的藝術（documentary art）時，發現到中世紀的身分認定感逐漸衰微，新的自治市鎮身分認定感逐漸生長。他對中世紀末的描述，也適用於馬丁成長的時代與地區：

中世紀的末期，人的靈魂被一種幽暗的憂傷壓得喘不過氣來。無論我們讀的是年鑑、詩歌、詩詞甚至是法律文件，它們都給我們一種無邊的哀愁（immense sadness）的印象。好像這段時期特別不快樂，好像它只充滿了暴力、貪婪與要命的仇恨，好像除了放縱、驕傲與殘暴之外，它不知道任何其他取樂的法子。

所有時代的紀錄裡，災難總比幸福占取較多篇幅。歷史的基礎就是大災難。因此我們可能傾向於假設，縱使實際災難不同，各個時期快樂的程度總是差不多的，但在十五世紀，就像在浪漫時期一般，公開讚美世界與生命是很不好的。當時流行的看法是只去看那些痛苦與悲慘的事，去發現那些現毀壞與死亡的表徵。簡而言之，去指責與輕視這個時代。[21]

其他世紀也不像中世紀那樣強調死亡。那時，一個人的生命只是持續在召喚死亡。[22]早期的宗教也不斷地討論死亡，但在那時，這些宗教論文只會受到那已棄絕塵世的人

21 原註15：Huizinga, *The Waning of the Middle Ages* (New York, Doubleday, 1956), 150.

22 原註16：*Ibid*., 138.

的注意。但從十三世紀以來，在托鉢修會（medicant orders）的教論之下，死亡的諫言已經膨脹成世界性悲調的合唱。到了十五世紀，除了教士們親口教誨這些可怕的思想之外，木刻更成了傳播它的新工具。經由傳教與木刻向大眾宣揚這種可怕的後果，死亡可以表現得更簡單、更具衝擊力。23

研究任何歷史時期最重要的情緒時，我們得注意到一個事實，那就是，任何時期，總有些人可以置身在自給自足的孤島上，無論是城堡、農場、家庭、研究室或是寺院裡。在那裡，那些人過著快活而高尚的生活；道德、自由、為所欲為。這種避世的安排，就我們所知，**就是**快樂的本身。然而，人們很容易受到交替性的普遍情緒的襲捲，尤其處於歷史轉變期之時。這些情緒表面上看起來好像是那些民意的獨斷者與操縱者製造出來的，但是，如果沒有人們心理結構上原有的情緒週期提供他們利用，這種交替性的普遍情緒根本不可能存在。這種交替性的情緒由兩種基本情緒構成，一是狂歡的情緒（carnival），一是贖罪的情緒（atonement）。第一種情緒允許感官不計一切地享受、紓緩與釋放。第二種情緒卻是對負面的良心投降，也就是，人為了自己沒有解決、沒有關心或沒有贖罪的事情，而限制、壓抑自己。特別是在我們這樣看來非常理性而資訊充足的時代裡，這種交替的情緒時常蓋過各式各樣的資訊，使我們有時陷入毫不深思的奢華享受中，有時又無情地批評自己。因此，在一個時代的史實與思潮之外或之上，總有一個世界的影像在那裡「呼吸」。這個世界的影像在透視角度上可以擴大，也可以縮小，在穩固性上和內部一致性上，可以加強，也可以削弱。每一個時代，暗藏的痛苦很可能因災難——如飢荒、蟲災、經濟不景氣、人口過剩、移民，以及政治領袖或技術的轉變——而使整體的世界影像萎縮，使大眾的認定感受到某種冷酷的打擊。

上面我提到過路德時代航海冒險帶來的空間擴張，然而，每一次擴張必帶來新的疆域，每一次征服必連帶暴露了自己弱點的。火藥與印刷術可能被用來對付使用它們的人，航海揭露了一個充滿文化相對性而令人不安的世界，較廣的社會接觸更增加了思想汙染和梅毒與瘟疫入侵的機會。每一次犧牲重大的勝利戰役，以及教皇精神地位的衰頽與帝國的分裂，都使那教誨最終救贖的官方理論再度萎縮，並為了防衛僅存的教會說服力而加強其粗暴與殘忍。也許，在路德童年與青少年期，暗藏的問題是他的世界觀。也許正是因為偉大的神學家是那樣貫注於研究經院哲學，這個世界觀把人看做不可挽救的罪人，在他易毀的身體裡，人也不可能找到什麼真正的認定感。這樣的世界影像暗示著人只有一個希望，那就是在一個不可知的時刻（很可能就是不久的將來），世界末日就要來到，這保證人們有機會（而成千成萬的

23 原註17：*Ibid.*

人卻得不到它），在那唯一真正的認定（Identity）、唯一真正的實在（Reality）面前——在上帝的憤怒之前——找到憐憫。

在城市的上層階級、貴族、商人與主人當中，這種反應逐漸變成後來發展出來的北方文藝復興。這些上層階級的人士不想再成為皇帝統治下經濟上的無產階級，也不想在世界末日當上帝的無產階級（這可以從他們贊助的繪畫藝術中看出來），而被那群大部分是義大利人的憤怒天使趕進湮沒毀滅（oblivion）之中。這種態度反映出即將結束的時代與即將來臨的時代之間的差距。在那即將來臨的時代裡，人有不可限量的自主性，而在那即將結束的時代，人在地上的認定必須屈居在天堂上的超認定（super-identity）之下，然而，這兩種時代的對立，亦即一般稱為文藝復興與中世紀的對立，實際上等於兩種內在世界情緒的對立；兩者的衝突對應著人們內心結構的對立。

我們太早談及這些了。但我們必須知道，當小馬丁離開他的父母親時，他已被一個傲慢的超我（superego）壓得抬不起頭來，這個超我只有在他服從的時候，只有在他身為馬丁而非路德，身為兒子而非男人，身為追尋者而非領袖者時，才允許他有自我確定感。

基本上而言，漢斯．路德是屬於心地狹窄、疑心重重、宗教感原始而隨時擔心災禍降臨的人。他下決心要變成市鎮、主人與城市創造者的一份子，但他受的教育又不夠多。他打馬丁時把自己過去所有的特徵都打到馬丁身上了，雖然他的目的是要教馬丁變成比他現在還要好的人。這種早期教育的矛盾，到馬丁進學校、上大學時，一直**存在他身上**，跟**在他身後**。這種矛盾更與他**四周**與**未來**的思想與歷史的宇宙相對應。他成年時期對付的神學問題，反映著他與父親在私人關係上的問題，但這只在較大範圍上成立，因為這兩個問題（私人的與世界性的）都是一個意識形態危機的一部分；這個危機關係到理論與實際、權力與責任，其性質是加諸於父親身上的道德權威：不論他處於地上或天上，處於家庭、市場以及政治，或處於城堡、首都與羅馬。但是，毫無疑問的，只有一對頑固而真誠的父親與兒子，才能以近乎違法的自我中心主義（egotism）把這個危機感充分地發揮出來，才能以薩克森式（Saxony）的頑固發動了這場混合伊底帕斯王（Oedipus）戲劇與耶穌在各他（Golgotha）受難的戰鬥。

二

亞里斯多德說，人在七歲時，就能分辨好壞。我們可以說，孩子在那時，良心、自我與認知能力也已充分地發展，只要給予一些機會，就有能力而且熱切地集中注意力從事遊戲之外的工作。他會觀察並加入他人一起從事社會要求的技能，而且發展出一種盡他年齡的能力所及去完成工作的熱誠，如同工匠的行為一樣。這些，就是我所謂的進入「勤奮期」

（stage of industry）。

馬丁七歲時，被送進學校學拉丁文。拉丁文在那時是文書工作中最重要的工具。很明顯的，只有望子成龍的父母親才會送小孩上這種學校。學校的執照是向市鎮租來的，就好像工廠的執照是租給廠主去經營一般。校長與廠主受的訓練不同，產品也不同，但他們的經濟問題卻很相似，他們的勞工政策也都是以最低廉的交易為目標。那些不太夠格的老師只有在找不到其他工作時才會來教書，所以他們不是很年輕就是很老。但無論年紀如何，他們都會在孩子身上表現出他們對生命的不耐煩（impatience），就像工廠裡的人對待驢子一般。他們很少運用良知、自我或認知能力。他們用的是古老而普遍的**打擊法**（Pauken），也就是用機械式的複誦把事實與習慣敲進小孩的心裡。他們也打小孩的屁股，別的地方是不打的。

根據教授，偶爾「一頓好打」，對馬丁並不會有什麼壞處，就像對其他小孩沒有什麼壞處一樣。但教授得證明馬丁經過這些普遍或特殊的事件以後，還是毫髮未損，來支持他所宣稱的那突然結束馬丁教育的神聖事件是上帝的干涉。傳教士與精神病學家卻從路德中年時期對教育的描述，認定學校中地獄般的歲月使孩子對生活產生恐懼。路德後來回憶說，在學校裡，他學到的東西遠不及他「內心受到的折磨」。他覺得這種教育充其量只能讓人做個低劣的傳教士（Pfaff）。除此之外，他沒學會「母雞啼，也沒學會下蛋」。從醫學角度思考的傳記學家因此說路德的神經系統在那段歲月受損，這可能是過份了一些。然而我們可以確定，學校和家庭紀律森嚴的氣氛，加上社區與教會的宗教氣氛，對馬丁的心靈壓迫多於啟發。他認為，這些實在是可惡而不必要的羞辱。他還抱怨這種氣氛要對他特有的修士氣質負責，要對他在修院強烈的躊躇，以及他強迫性地貫注在人究竟該如何取悅各種不同裁判者要負責。這些裁判者包括老師、父親、上級，而最重要的裁判者是自己的良心。我們還要注意，他說這些話，是在他厭惡地棄絕自己的修道誓願的時候。

路德又說，在學校裡，孩子們常被打屁股；很可能家裡的體罰也集中在身體的這部分。在那些相信體罰有用的人看來，談這個問題，看似是雞蛋裡挑骨頭，顯得很可笑。我也知道臀部肉厚，可以承受很大的壓力，也因此變成許多淫穢笑話的焦點。但我們必須注意許多研究精神分析學的人所提出的事實，那就是，肛門區域就是在臀部的保護鞏固之下。肛門如果受到特別強烈的打擊，很可能引起大膽而頑固的感官上的聯想。路德就曾說過，魔鬼就是用暴露臀部來表現他的詛咒。而人也可以用屁股當武器來打擊魔鬼，譬如叫他們去親吻那裡。路德想像中與字彙上用的這些觀念非常重要，我們將來還會談到。

在中世紀的學校裡，孩子們之間偵查與告密者的組織非常發達（這些組織在今天也是成人世界的一部分）。老師會暗中指定某個男生（當然你不會認為女生也會去念拉丁文）當**天狼星**（lupus）。他每天記下那些說德文、咒罵、不守校規的人的名字。到了週末，每一件壞事賞一棍子。路德說他有一次被打十五下。這些規定大部分是為了限制說話的自由，例如不准亂說話、不准說德文、不准說方言。每週末的裁判日，每個孩子還得補償那些祕密帳簿裡的犯罪行為，雖然有些行為他們可能老早就忘光了。路德晚年時，非常痛恨這種世俗的、無情的蒐集犯罪行為的方法。他很明顯地把這個經驗與另一種世俗經驗連在一起，那就是，對老師或父親而言，你做什麼都不夠，你愈想取悅他們，他們愈是不容易取悅。例如，你一旦從較好的學校畢業，就會有另一個更好的學校等著，取悅他們的機會就變得更遙遠了。

我順便想提一下路德後來沒有討論的幾件事。那就是，路德在學校裡學過合唱，念過幾位拉丁學者的著作。拉丁文的學生也必須參加教堂的唱詩班。因此，路德後來雖然只提到他缺乏信任的愁雲慘霧，但他必定在某些時刻有些表現，使他內在的字彙與旋律得以成長茁壯。

馬丁十四歲時被送去馬德堡（Magdeburg）。他從來沒提過他在那裡上的是哪個學校，但他對馬德堡的印象必定很深刻。那時馬德堡已有一萬五千人口，貿易興盛。除了貴族與教會偶爾有華麗的慶典或遊行之外，教士生活也平靜地發展成長。馬丁在馬德堡待了一年，就被父親送去埃森納（Eisenach），以期在學業上更上一層樓，更進一步打入大城市公民的世界。

但馬丁離開馬德堡以前，他也接觸了一些最窮的教士，那些以宗教為生命的人。他們自稱為零點修士（Nullbrueder），意指他們決心牢記那最低、最根基的所在。這些被稱為「共同生活會修士」（Brothers of the Common Life）的人，他們教導的東西不是普通事務。他們得到城市與老師的允許來拜訪孩子們，目的是歸化他們，並傳授現世奉獻的道理。他們教給孩子的是修院教育中最基本的勸戒與內省。他們告訴孩子們，什麼是純潔的愛，什麼樣的警戒可以預防犯罪，什麼叫做真正的退隱。最重要的是，他們以虔信者（pietists）的身分強調個人宗教經驗的深度與純度，並使用諸如 Gotinnigkeit、Herzgruendlichkeit 等字眼，指的是人「從心底」神祕地感到與上帝密切的結合。這些人幾年前為了進入馬德堡傳教奮鬥了很久，好似他們是外國傳教士一般。但他們似乎十分了解他們要說的是什麼。

在馬德堡引以為傲的大街上，馬丁也看到一些純粹天主教的現象，後來他也曾以無比的尊重與崇敬談起過。例如，他說：「我親眼看見阿那爾德（Anhalt）王子，也就是梅色堡（Merseburg）主教的兄弟，在大街上乞食。他戴著赤腳修會的頭巾，像驢子一樣，背上背著一個重背包，連腰都直不起來。他很久不吃不喝，看起來像死人一般只剩下皮包骨。不久，他真的就死了。無論誰看見他，都不得不嘖嘖稱頌，而對自己世俗的情況感到十分慚愧。」[24]

我們不知道馬丁為什麼去埃森納。馬丁母親的家在那裡，但這件事對馬丁在那城市的社

24 原註18：L. W. W. A., XXXVIII, 105.

會生活沒有什麼影響。也許，馬丁在馬德堡對修道生活十分感興趣，使得他父親不得不趕快把他送到一個比較「健康」的地方。馬丁也的確在埃森納找到了這樣一個地方。他認識了一些低階的貴族，也就是名叫哥達（Cotta）的義大利人後裔，並和他們住在一起。他也結識了夏培（Schalbe）家族。有人說，哥達夫人（Ursula Cotta）很喜歡他對音樂通曉與虔誠，又可憐他無家可歸（他的親戚並沒有照顧他），因此給他很多有如母親般的關注，也許這關注裡也混雜了一些另一種女性感情。這傳說沒有提到她的先生，但這位先生的確存在，對馬丁也很友善。這個故事很有意思，因為它指出馬丁有第二個母親，並假定這第二個母親在這孤獨的男孩身上發現了他的音樂才能，而馬丁很小的時候可能曾向他那苦難的真正的母親顯露過他的音樂才賦。這個傳說還告訴我們馬丁曾為了掙麵包在街頭賣唱。街頭賣唱，在當時就像現在美國學生的暑期打工一般。差不多所有的學生都有暑期打工，但很少人真正需要工作，非得工作不可的就更少。有些人認為假裝自己很需要工作，是件好事；有些人卻認為暑期打工是一種歷史性的儀式，表示他們向拓荒者墾荒的尊敬。更有人認為這是避免和家人共度暑假的方法。我不知道馬丁是不是比別人更需要工作，但他的確和那些不太需要的人一起工作，而且很可能比他們更喜歡這工作。這些學生被稱為「找麵包屑的人」。至於據稱對他們的演出著迷的聽眾，一則著名的傳說提到有一次不知從哪突然冒出一聲低沉的男人嗓音，使這群「神經緊張」的小孩驚恐地紛紛逃離四散，後來才發現這個人只是過來送他們一些香腸。

無論如何，路德在哥達的家裡結識了一些謙虛、虔誠而愛好音樂的貴族。他也認識了布朗（Brown）代理主教，並且變成他忠實的友人。在布朗的家裡，他的音樂修養還伴隨著人文傳統中的幽默與修辭。數年之後，當馬丁受聖職為傳教士時，他邀請布朗代理主教來參加他的典禮。信中（這是現存的路德資料中最早的一件）他說，他覺得親自邀請哥達和夏培家人，顯得有點太鹵莽；他顯然是希望代理主教替他傳話。我們不知道這些埃森納人是不是參加了他的晉鐸大典；但這無關緊要，這次大典只不過是漢斯．路德的個人秀。

接下去，就是馬丁十七歲在耳弗特上大學。不用說，馬丁一直是個好學生。但，他是怎樣的人呢？這個問題的答案，要看你對那突然打斷他學習生涯的「轉變」有什麼看法，也要看你認為應該如何來簡化這位偉人的事蹟。

這位拉丁學校的學生，在孩子的世界中地位很特別。他穿著制服，代表他是一位未來的縣長、學者、教士或君主私人的顧問——總之，他是個有知識的人，知道如何解釋天象與書本內容。因為穿著制服（小學生、大學生外出時都必須穿制服），他自然無法丟雪球，也不能溜冰。制服也很能表現（或隱藏）早熟的良心。除了這些，我們不知道馬丁是否像其他學生一樣，隱藏自己以適應環境、利用環境，或者只想現在得過且過，將來再報復。除了他偷過一顆核桃之外，我們不知道他是否也有一些小小的身體上、口語上或道德上的越軌行為；

少了這些行為的話，受到嚴格管教的小孩內心會墮落。我們僅知道他一直是個傑出的學生，但他內心的確也逐漸敗壞。他時常陷入哀愁之中，雖然表面上他一直維持著一個「好人」（good fellow）的形象，對社會事務或音樂活動一直很活躍，直到他進入修院為止。

僅僅這一些資料，任何人都可以描繪出他心目中的馬丁。上面我也提過幾種不同的說法。我自己的看法則是：我認為，一個青年偉人，如果在他成名前內心沒有一種無法表達出來的頑固，沒有一種祕密而憤怒的不可侵犯性（inviolacy），沒有蒐集一些印象以供那尚未成型的新思想型態使用，絕不可能成就其偉大。他頑固地等待著復仇的那一天，屆時，他會忽然從近乎心甘情願的漂泊者變成了掌舵者。任何忍受了這許多折磨的人，終究會向全世界展現他潛在的領袖才幹。相對於這種期待的，卻是對過早死亡的恐懼，因為死亡將剝奪復仇意念成熟為領袖地位的機會。這樣的年輕人也時常顯得過於蒼老，對早死也有某種悲傷的期待，好似對未來的展望使他十分疲倦一般。路德在他一生事業裡，對死亡也一直有所期待。但我認為他對死亡的期待並不僅是對死亡的恐懼。青年天才有一個隱藏的生命計畫要完成；如果時機尚未成熟就死了，他只不過是個病態而破碎的人。

一個好人得在歷史現實中完整地活著，他也必須將青年快活而自負的生活方式視為自己的思想型態。馬丁很努力去做到這點，但他並沒有成功。他開始煩惱那過早的審判會在他真正活過之前，就先接受並授與了他生命全部的解釋。我們也可以說，在任何可能會傷害他未來自我確定感形成的一切過往都受過評判以前，路德拒絕以他自己新的自我確定開始新生命。

像其他許多受到壓抑而內心十分哀傷的青少年一樣，路德利用了他的音樂才賦，例如吹笛子和唱歌，使自己成為朋友之間受歡迎的人。不過沒多久他就得了一個「哲學家」（philosophus）的綽號。教授認為這是因為路德很善辯，精神病學家卻認為這是因為他毫無辯論的能力。我認為，這個綽號指的是馬丁那特殊而深厚的誠意以及想要追求如公式般的確定性——在企圖調和亞里斯多德物理學與最後審判的經院哲學（scholastic）邏輯裡，這種態度的確是相當少見的，他在思想上的沉重可能過於像農夫，也過於像詩人，因為就詩人來說，意義、形式與感覺必須是一致的。

我認為那些學生叫馬丁為哲學家，是因為他們都覺得他是個嚴肅認真的人，雖然有些人輕視他，有些人卻佩服他。

耳弗特有兩萬人口，四周城池包圍，是日耳曼第一大城，也是位居國際貿易路線的一個重鎮。市中心為貴族控制，城市計畫乏善可陳，但它卻有一所日耳曼最大的大學，學術地位與布拉格相抗衡。其中以法學院特別優秀。漢斯．路德最大的夢想，就是路德取得這所法學院的畢業證書。

在耳弗特大學，馬丁的生活還是很嚴謹。他有一兩個至交，但他遠遠避開那些自由自在的青年以及他們的「醇酒美人」（精神病學家這麼說）。也有人說，馬丁還加入了魯夫斯（Mutianus Rufus）為首的自由思想家團體，這群新人文主義者也對他產生很大的影響。教授卻證明，路德當學生的時候，這個團體並不存在。他逐一查出這些人當時不在耳弗特，並找到一封信，此時距馬丁離開耳弗特的大學已十年之久，魯夫斯在那信中問他的朋友：那個現正在威登堡、名字叫路德的憤怒的傳教士，到底是什麼人。因此，我們只能說，路德在大學時代，頂多（或至少）受到一些雜亂的人文主義的影響，這些影響來自他天賦極高的友人，魯賓那斯（Crotus Rubeanus）。也許他對音樂的才賦與對詩詞的興趣也多少受到一些培養，因為他進修道院時，還帶著古羅馬詩人威吉爾（Virgil）的詩集與古羅馬劇作家普勞塔斯（Plautus）的劇本。但就算這群人當時已相信自由戀愛，或是馬丁恰巧接觸過類似的思想，他只會覺得十分迷惑，因為這種性自由的召喚只會使他原有的自我確定的衝突變得更糟糕。因此，新人文主義充其量只加強了馬丁的嗜好（avocation），並沒有把他的信心或叛逆解放出來；它最多只加強了馬丁追求靜默的願望。

在大學裡，馬丁必須住在「宿舍」（burse）裡，也就是生活在修道院式的規律之下與擁擠的小房間裡。學生們穿著半似傳教士的制服（雖然腰間掛了一把劍）。學校管理很嚴格，早上四點鐘起床，晚上八點鐘睡覺。演講、討論與辯論是必修課。夏天早上六點上課，冬天則是七點。吃的還不錯（謝爾教授找到了那份菜單）[25]，還有一杯淡啤酒。

註冊的時候，每一棟宿舍都有一個「廢除典禮」（deposition）。在這入會儀式之中，每位新生都得穿得像野獸一般，以便證明他後來不再是野獸。他們嘴角掛著豬的牙齒，頭上戴著長角或長耳朵的帽子。大家粗暴地毀壞這個野獸，表示這位新生的腐敗部分也因此被破壞了。最後，新生被浸在水裡，全部儀式就宣告結束。此後，新生就有了新的學術身分認定。每個中世紀的儀式裡，每一個階段都有其專屬的制服，代表其一定的身分，這種身分具有俗世的功能，但也代表宗教的系統，表示著神聖的中心可以發散出真正賦予身分認定的力量。因此，在這入會儀式中，大家可以取樂，也帶有相當的殘酷性，但它同時帶來一種在神聖階梯上更上層樓的感覺。路德數年之後描述過他在廢除儀式發表演講時的感覺。他在「廢除」（表示一種除舊的意義）以及動詞 deponere（意指「打擊某人」）這兩個字眼上，玩了個文字遊戲：「你要自謙也要學習容忍，因為從此以後，你將被城裡人、鄉下人、貴族與你自己妻子所打擊……我年輕時，曾在威登堡（這是路德回憶時經常犯的錯誤）開始我的廢除禮。現在既然我重了一些，要廢除的負擔也重了一些。因此，你的廢除只是人類生活的表徵……。[26]所以你要服從你的長官與老師，尊敬縣長、女性與那些不在公眾場所小便的

25　原註19：Scheel, I, 229.

人。」[27]

一年半以後，路德申請學士學位，宣稱他廣泛閱讀過下列幾項科目的著作：文法、邏輯、修辭、自然哲學、球面天文學、哲學、物理與心理學（這是最後也是最不重要的）。那些著作主要的作者是布里西恩（Priscian），西斯班尼斯（Petrus Hispanus），以及亞里斯多德。[28]

兩年後，馬丁準備拿碩士。他讀過一些專門的著作，如討論天堂的（*De Caelo*），討論生長與衰敗的（*De Generatione et Corruptione*），討論氣象學的（*Metheororum*），以及亞里斯多德其他比較不重要的書。為了完成他在七藝方面的訓練，他還加上歐幾里德的數學、算數（*De Muris*），音樂理論（選修）與面積測定法。他瀏覽過的科目還包括道德哲學、形上學、「政治」、經濟（*Yconomicorum*）。他多少也知道以下的學者：大阿爾伯特[29]、阿奎那[30]、阿威羅伊[31]、阿維森納[32]、阿法朗根[33]與撒克邏博斯克[34]。

因此，青年路德的確知道不少東西，他一生也一直是亞里斯多德的信徒，雖然他愈來愈少提到自然科學。他開始教書時，是個「道德哲學家」。他教了一整年的亞里斯多德。對這點，有些讀者可能非常驚訝，就好像精神分析學的學生聽說佛洛伊德在研究心理學以前曾有非常多生理學方面的著作一樣。對路德來說，物理研究的是「物的運動」，而哲學研究的是自看得見而明顯的東西演繹出來的法則。但是就天主教的教條或馬丁的迷信來說，有許多東

西是看不見也摸不著的。在基督教世界中，學術的趨勢取決於其領袖如何把科學與神學串聯

26 原註20：TR, IV. No. 4714.

27 原註21：TR, IV. No. 5024.

28 原註22：Scheel, I, 150-174.

29 編註：大阿爾伯特（Albertus Magnus，約 1200-1280），中世紀歐洲重要的哲學家和神學家，多明我會神父，提倡神學與科學並存，也是首位綜合亞里斯多德學說與基督教哲學中世紀學者。羅馬天主教將他列入三十五位教會聖師之一。

30 編註：聖湯瑪斯·阿奎那（St. Thomas Aquinas，約 1225-1274），歐洲中世紀經院派哲學家和神學家，是自然神學最早的提倡者之一，也是托馬斯主義的創立者。最知名著作是《神學大全》。羅馬天主教會將其評為三十五位教會聖師之一。

31 編註：伊本·魯世德（1126-1198），西方人多稱他阿威羅伊（Averroes），著名哲學家、博學家，研究古希臘哲學、伊斯蘭哲學與法學以及科學、政治、音樂等。他支持亞里斯多德，認為一切現象都遵從神創造的自然規律，對亞里斯多德思想的傳播有重要影響，被稱為「西歐世俗思想之父」。

32 編註：伊本·西那（980-1037），歐洲人尊其為阿維森納（Avicenna），塔吉克人，中世紀波斯哲學家、醫學家、自然科學家、文學家。所著《醫典》是十七世紀以前亞洲、歐洲主要醫學參考書。哲學上，他是阿拉伯和波斯地區的亞里斯多德學派主要代表之一。

33 編註：阿法朗根（Alfragan），波斯天文學家。

34 編註：撒克邏博斯克（Sacrobosco），中世紀修士、學者、天文學家。

起來。在耳弗特流行的是所謂亞里斯多德學派中奧坎（Occam）支派的學術思想。如果我們記性好，就該知道亞里斯多德哲學在落入奧坎手中以前，曾經過漫長的傳播，從古希臘到伊斯蘭到羅馬教會，當然他的哲學不可能提供一個一致的世界觀，也不可能為馬丁個人迫切需求的精神態度的統一有所助益。

奧坎（Willam Occam）是教會的一名叛徒。他大膽地反對教皇對某些重要事件的解釋。由於他是個方濟會（St. Francis）修士，他的理論為方濟會保存而流傳。他支持法拉提契里（Fraticelli），一群聲稱基督與聖方濟主張基督徒應棄絕私有財產的人。奧坎因這個理論而入獄，但後來他受到一位德國王族的保護。傳說中，奧坎曾對這位王族說：「你用劍來保護我，我將來會用筆來保護你。」在這裡我們無法詳談奧坎，但由此已可知，雖然奧坎沒有否認羅馬教會是神聖真理的權威，他的話實在已經是路德的先聲。他的人格與教導也使天主教中的惡意批評者很容易把路德教派貶為奧坎教派的墮落；這些批評者視奧坎為中古時期最糟的哲學家。而我們必須注意的事實是，奧坎教派不但在大學裡勢力很大，在耳弗特的奧古斯丁修會中勢力也很大。

在這裡，我無法細談天主教神學與哲學發展中奧坎教派的地位。但我們必須了解，這是第一個讓路德陷入的學院神學主義（academic theological ism），而這件事是發生在他還沒有能力去了解它在思想史中的相對性與互賴性之前。那時的馬丁，根據他自己後來的描述，只是個地方性的大人物。他傾向於認定對一小群人與一些地方性的問題。他後來突然崛起變成一個世界性的人物，並不是因為他對世界性的問題有廣泛的認識，而是因為他以新的方法來對付親身經歷的問題。同樣的，他切身的環境可能增加他的悲哀與憤怒，就好像它們就是為了他個人受難而設計的一般。因此我們必須努力去了解，在耳弗特時路德心目中的世界是什麼樣子，而這個世界形象，對這位因脾氣與年齡而迫切需要從所學之中汲取更高意義以超越互相衝突的生活情緒的年輕人，又有什麼意義？在耳弗特，路德精通了邏輯與修辭。他也懂得一些自然科學，因為某些奧坎派學者（特別在巴黎）曾進行過一些基本的物理學研究。但如何把物理世界的本質與超自然界的本質聯合統一起來，路德面對的是奧坎學派的僵局——他們認為知識與信仰，也就是哲學與神學，是互相排斥的。

路德在耳弗特的老師，烏新根（Usingen）與屠特威特（Trutvetter），教給他的宇宙大概是這樣的：

所有的東西都在運動之中，但只有在交替運動之中，潛在才會變為實體。宇宙的運動共有十個軌道：七個行星軌道、星辰、蒼天與主運動場（The sphere of prime motion），只有那居萬物之上的上帝的家，才是靜止不動的。

地球是宇宙的中心，但是，唉，地球只不過是渺小的一點。因此，地球的存在，就像人類的存在一樣，是一個可望不可及的兩難。雖然它位居要津，卻是微不足道的。而人，看來對上帝那樣重要，卻是可以放棄犧牲的。

除了上帝之外，所有的事物都不能逃避生滅的法則。上帝死了之後，可以復活，又可以在一秒鐘之內毀滅一切活的東西。

人類，如同所有事物，甚至包括天使，都生活在空間、時間法則所界定的監牢之中，而上帝的存在卻是盈滿充足的（repletive presence）。祂的存在充滿著某一時某一地，也充滿著所有其他時、地，祂可以命令基督在不同時、地同時完整地出現。這說明了為何所有的聖體（hosts）裡都有基督的身體。

那麼，人的意志力可以做到什麼呢？噢，人可以在物質世界中做任何事情。他可以在自由決定與個人才能的發展之中實現他仲裁的自由（liberum arbitrium）。在正確的選擇之下，他可以獲得一種內在習性，使他傾向於做善事與愛人，也使他能認出並喜歡這些事情與行為。但這些永遠無法影響他在上帝眼中的地位。洗禮與告解可以讓他獲得上帝歡喜並可能獲得接納，但上帝保留有絕對權力（potentia absoluta），祂可以武斷地決定是否賜福，祂也可以隨意收回已經賜與的恩典。

因此，上帝創造了理智與亞里斯多德，祂甚至讓理智有能力去認識自己的局限與缺點。但理智絕不可能了解上帝。亞里斯多德雖然知道所有事情，但他仍然什麼事都不知道，因為他不知道《啟示錄》。至於上帝本身是否理智，或者祂是否選擇寬大、是否可信賴，都是關乎信仰與順從信心的事；除非到最後審判的時刻，否則人是不可能知道這些答案的。

在唯實論（realism）與唯名論（nominalism）長久的鬥爭之下，奧坎成就的是一種溫和的唯名理論，他認為觀念只是事物的表徵，它們只有在定義時才存在（in significando）；而事物是獨立存在的。然而，這種懷疑論仍受到某種局限，那就是，由於理智可以自行創造事物，它也可以創造出一個和真實世界完全相同的世界。這是因為觀念與事物皆來自上帝，上帝在人類頭腦中放進了多少觀念，就也在物質世界中放入多少事物。因此，亞里斯多德可以有他的物質世界，柏拉圖可以有他的觀念，而上帝卻擁有兩者，使他們兩人的研究相互輝映——對那萌芽中的科學心靈，這是個很明智的解決，因為這科學心靈想試驗事物，但對於那迫切想知道事物與觀念、特殊與普遍、地球與天堂到底如何統一起來的年輕心靈而言，這個解決並沒有什麼說服力。換句話說，這個解釋很合理，但無法在情感上說服那位把赦罪（justification）當成生命核心問題的年輕人，他的難題在於：人如何才能**了解**上帝什麼時候以及為何赦免人的罪惡？

就理性而言，我們很可以明白為什麼許多誠實的人在發現赦罪的宣示是不可思議而無法被視為終極的結論時，會覺得心情很輕鬆，他們也很高興知道先前的哲學家筆下那位運用歪曲邏輯且不懷好意地和狡猾罪人打交道的上帝，原是不可接近的。路德一直保持著這種坦白，就這方面來說，他稱奧坎為自己的導師。就另一方面來說，路德在大學裡接受到的亞里斯多德系統與奧古斯丁系統的拼圖是不完全的，也是不可能完成的。它允許新的理性主義者自由地統御事物，卻叫那些尋求情緒上與信仰上有明確依靠的人盲目地服從信心。難怪耳弗特最有名的教授烏新根後來也跟著路德進入了奧古斯丁修院，從而結束了他的教書生涯。

一些愛毀謗路德的人說，在大學裡，路德除了奧坎之外什麼都不知道，在修道院裡，他的知識也沒有什麼進展。他們說，路德在溫和的時候，只不過是個虔誠的奧坎信徒，而他在反叛時，也不過是個反奧坎者。但我們在下面會談到，當路德開始反叛時，哲學與神學的觀念對他來說，不過是個用來裝新麵包的舊籃子——裝入新經驗形成的出爐麵包。

然而，一個年輕人首度接受的專門訓練，是他後來身分確定感中不可或缺的一部分，除非他決定在他未來需要認定的日子裡保持身分不定。然而，這種專門訓練很可能只是貧乏的思想食物。就個人而言它很貧乏，因他尚未解決童年時的問題；就那些排山倒海而來的不可逆的抉擇而言，它也是很貧乏的。馬丁有的只是奧坎主義，而那些認為路德未來的危機不是來自上帝的人，認為這個主義對他不好。但就另一方面來說，我們可以說，任何幫助一個人成為偉人的東西，都是好的。當然，有時候歷史可能濫用了這張空白支票。

三

一五〇五年二月，馬丁獲得文學碩士學位。那時，他年僅十七歲，在班上卻名列第二。後來，他曾充滿感激地回想授與學位的火炬典禮：「我依舊認為沒有任何世俗短暫的快樂可以與它相比。」就學術地位而言，他現在可以加入教員行列，領導辯論，成為舍監，最後成為院長。但最要的是，他可以自由地開始實現他父親的夢想——到最好的法學院學法律。他父親送了他一本民法大典，並且尊稱他為您（Ihr），而不再使用較親切的字眼「你」（Du，那時還沒有人用 Sie）。這位父親也迫不及待地給他找一個合適的新娘，一位可敬又有點財產的女人。從四月底到五月底法學院開始上課以前，馬丁有幾個星期的假期。就在這時，一件事發生了。馬丁的哀愁已經到了非做出某種決定的時刻，有些傳記家說這是因為他有一個好友死於非命，也有人說是因為他有兩個弟弟死於瘟疫。但我們知道，他這位朋友和他並不十分親近，而他的弟弟也不是在這段時間死去，雖然他們死的時候的確是個重要時刻。但這個傳說至少說明了一件事，那就是，馬丁當時似乎在沉思死亡與最後審判。由於這時候沒有什麼工作壓力，他的沉思也很可能因色情的引誘而更加強。

這並不是說馬丁在法學院開課之後不夠努力投入。但在學期中，他突然要求暫時休學。

他回家了，誰也不知道在那裡發生了什麼事，可想而知，漢斯必定要他提出解釋。有人認為馬丁當時反對學法律，甚至向他父親提出修道的志願。其他人反對這種說法，因為如果是真的，他們把路德進入修道院解釋成突然之間發生的神聖「災難」的說法，就不成立了。許多年之後，路德提醒漢斯，在某段時間裡，他父親曾說過路德天生不是修道的料。[35]我認為，這句話很可能就是在這次返家時說的，特別是因為這位父親那時正在計劃替路德娶一個好妻子，假如路德那時已想到或提及修院，很可能雙方即因意向不同而公開衝突，後來他們關係的破裂也就很容易解釋了。另一方面來說，馬丁那時面臨的衝突（下面一章我們將要談這個題目）也使他對婚姻束縛的厭惡到了會在公開場合出現恐慌的地步。我不知道他有沒有把這種感覺告訴父親，但我知道這位兒子二十年以後結婚時，的確公開宣布他結婚最重要的原因，是為了取悅父親，儘管那時他早已經歷經滄桑，例如宣發獨身誓願、脫離教會，並在世界上放了一把大火。

六月底，馬丁開始返校。七月二日，在距離耳弗特只有幾小時遠的斯多登漢（Stotternheim）小村落，他受到一場大雷雨驚嚇。閃電打到他身旁的地上，差一點把他擊倒在地，他陷入極端的恐懼之中[36]（有人說他因此而痙攣），覺得好像被禁錮在突然死亡的恐慌之中，不知不覺地叫喊：「救救我，聖安娜……我想要成為修士。」回到耳弗特之後，他告訴友人說，他覺得他必須遵守這句諾言而進入修道院，但他並沒有通知父親。

當然，沒有人聽見他說的那句話。他覺得這句話好像是被強迫說出的[37]。事實上，他馬上覺得他並不真想做修士[38]。但他卻覺得受到這句他視為誓願的話所束縛，也認為這個經驗是來自天堂可怕的召喚。至於他自發性的反應，就算那真是個誓言，也是很曖昧不清的。因為他叫喚他父親的礦工主保聖人，卻提出違逆父親的誓願；對一個防阻突然死亡的聖人，卻承諾進入一個為死亡做準備的職業；對一個保佑人們致富的聖人，卻許下想要貧困一生的願望。這個時刻因此充滿著矛盾。據他自己的形容，他所宣布的意圖或願望是否等於誓願成為修士，也很可懷疑。他只是告訴聖安娜他要當修士，並向她求助。他是不是想請她做他與父親之間的調人？在極端恐懼之中，他是否縱容自己向母親般的調解人訴求？

馬丁和幾位友人辯論這一點，他的友人之中有人認為這個經驗有其束縛力，有人認為沒有。一五〇五年七月十七日，他敲開了耳弗特聖奧古斯丁修道院的大門，要求收留。他被收為預備生。進了修道院圍牆裡面，他才寫信告訴父親。

35　原註23：*L. W. W. A.*, VIII, 573.
36　原註24：*L. W. W. A.*, VIII, 573-74.
37　原註25：TR, IV, No. 4707.
38　原註26：Dok., No. 175.

這陣雷雨是非有不可的嗎？教授相信這是上帝向馬丁的召喚，叫他脫離那人人想要的光榮的世俗事業。精神病學家則認為這件事只不過是情緒沮喪的最高潮，但終究毀了他對原先前途的看法。傳教士卻認為這個經驗多少是假造出來的機制，目的是為了進修院；他認為奧古斯丁修士不至於受騙上當。

研究動機的人不可能問上帝施展奇蹟的動機是什麼，但他可以問，在馬丁的世界裡，當時到底什麼是引發這陣非亞里斯多德式（un-Aristotelian）雷雨的動機？修道在當時並不是什麼非比尋常的行業，它（尤其對馬丁這種受過學術訓練的人）甚至是一種得以進入學術圈的路子，頗受人看重。在耳弗特市裡，教授與學生的數目和傳教士、修士、修女的數目差不多。這城市裡除了奧古斯丁修會之外，還有本篤修會、多明尼各修會、加爾都西會（Carthusian）、熙篤會（Cistercian），想入修院，馬丁只需要從他在聖喬治街的住所走一兩條街，敲敲花園的大門，就可以辦到了。而奧古斯丁修院在當時正想讓修院生活在地理位置上融入與教育及慈善中心。在學術上，聖奧古斯丁修會的地位也非常崇高，在社會上，他們更代表著中上階層。看來，上帝並不需要用特殊方法叫一個人開始修道。

保羅的皈依後來常被拿來和路德比較，但這兩件事非常不一樣。保羅那時只不過是個年輕的鄉下人。他服務於公職，也不是基督徒，而且正領了祭司長的權柄和命令前往大馬士革逮捕基督信徒，而且「口吐威嚇凶煞的話」。他在前往大馬士革的路上突然皈信基督，不但有上帝單獨給亞拿尼亞（Ananias）的訊息做為證據，也是一個政治行為，因為從此保羅這位逮捕者和被追捕者站在一起，並且發誓要保護他們，這是一種英雄式的皈依。

在冷靜的撒克森，這位年輕人的「皈依」卻毫無英雄性質可言，他的皈依讓他成為許多修士中的一個，進入一個受尊敬而蓬勃發展的修院。他承諾獨身與服從，但這兩者在當時卻也都解除了他不願承擔的責任。在這種情形之下，唯一可能的英雄行徑是回家面對他父親，但他卻沒有做到這點。

只有在努力引申之後，我們才在路德與保羅的經驗之中找到一個共同點。那就是，他們皈依時都是在從事法律事業。保羅那時是對祭司長負責的高級公務員，馬丁那時則是為了服從父親而學習法律。他們在皈依的過程中，都接受到一個訊息，告訴他們除了「法律」之外還有更高的服從，而這服從也是不容遲疑的（下面我們討論信心與法律的神學意義在這兩人的理論中有什麼不同時，會再次解釋所謂「法律」這個名詞）。

然而，這兩個人的皈依的不同點，卻更有意義。兩人都被一種身體和心理上的力量所擊倒，他們跌倒在地，多少也帶點病態的狀況。保羅所描述的症狀更類似羊癲瘋的症狀。他們也都說，上帝「改變了他們的心意」好像透過震擊治療法一樣（shock therapy）[39]。在保

39 原註27：Ernst Kris,「On Inspiration」, *Psychoanalytic Explorations in Art* Chaper 13 (New York, International

羅遭受襲擊的事件裡，上帝說：「你用腳踢刺是難的！」[40]，暗示保羅至少在無意識中對改變心意已有了心理準備。這件事也有許多人見證，我們也清楚地知道證人看到、聽到或沒看到、沒聽到什麼（《使徒行傳》第九章第七節與第二十二章第九節）[41]。對馬丁來說，這個經驗的性靈部分卻只是一種內心的過程，不但沒有證人，馬丁自己也從來沒說過他看到或聽到什麼超自然的事情。他只說過，在他**身體中有樣東西**叫他發了一個誓願，而他**身體的其他部分**在這事發生以前都不知道他在說些什麼。他朋友之所以相信他是在上帝指引下行動，只是憑著他們對他內心生命真誠性（genuineness）的印象。因此我們不得不認為雖然保羅的經驗是聖經心理學（biblical psychology）微光照耀下的事件，但馬丁的皈依最多只是一件尋常的心理事件，除了他自己相信是上帝將那原本尋常的雷雨引導到他身上之外，沒有什麼神聖可言。我強調這件事純粹屬於心理方面的特性，並不是要藐視它。馬丁有節制的斷言，加上他那一生痛苦奉行至死的信念，證明了他是另一個時代中誠實的一員。

這時，上帝和馬丁的確也共同擁有另一個動機，那就是，在馬丁心中，上帝必須與漢斯競爭，這樣馬丁就可以不服從漢斯，而把服從與否認轉移到更高、更有歷史重大意義的層次之上。他需要一個經驗，一個外在而崇高的經驗，一則使漢斯不得不放他兒子走（我們該記得，這是他從來不肯也做不到的事），一則使這兒子拒絕他父親及父親的身分（fatherhood）。這樣，馬丁不但是另一個父親的臣僕，也不會成為漢斯孫子的父親。晉鐸禮會使兒子獲得屬靈父親的儀式功能，而成為靈魂的保衛者與永生的嚮導，卻使這自然父親變成只是身體上或法律上的父親。然而，我們馬上就會看到——這不敬的時期已經完全就緒——晉鐸禮之後，所有可怕的事都發生了。

當然，漢斯也感受到這些問題，而且拒絕與上帝較量。讓我冒昧地說，他絕不會讓那昂貴的投資被人騙走。他代表的日耳曼資本主義趨勢，正開始懷疑教會對另一個世界的壟斷可以用來解釋日耳曼對土地、租稅與人才的貪婪。他沒想到有一天他的兒子竟會變成這些事的領袖，並安排威登堡的茶會。

這父親甚至反對奧古斯丁修會最先建議的一年實習身分。他幾乎發狂了（wollte toll werden），並且拒絕給兒子任何善意祝福（allen Gonst und Veterlichen Willen）。母親和她的娘家也服從地宣布棄絕這個兒子。這些已經夠可怕了。好在後來，如同神學傳記者所說的，「瘟疫救了馬丁」。馬丁兩個弟弟死了。馬丁的朋友就利用這個情況，加上一些可怕的邏輯

Universities Press, 1952), 291-302.

40 編註：見《使徒行傳》第二十六章第十四節。

41 編註：《使徒行傳》第九章第七節：「同行的人站在那裡，說不出話來，聽見聲音，卻看不見人。」第二十二章第九節：「與我同行的人看見了那光，卻沒有聽明那位對我說話的聲音。」

推衍，說服了漢斯應該把他最年長的兒子也奉獻給上帝。我們不曉得母親這時說了什麼，但漢斯同意了。教授認為這樣「對馬丁就足夠了」[42]。但馬丁不是那種把半個同意當成贊成的人。他明白父親是在奔喪的心情之下同意的，這同意根本就不是全心全意的（total good will）。而「全心全意」後來竟變成馬丁思慮與默想中最具決定性的觀念，更是他神學思想的中心。父親的真意並不是如此；不論好歹，馬丁後來也賦與了良心一個嶄新的層面，那就是「真心真意」在信仰中明確的定義。

然而，馬丁自己當時是否是真心的呢？有些傳記家認為他是真心的，有的認為他被欺騙了，更有的認為他是虛偽的，就像漢斯一樣，他們認為他背叛的衝動裡充滿了虛偽，當漢斯後來說那閃電是來自「魔鬼」（Gespenst），他心裡一定也有這個念頭。我多少可以同意這些解釋的一小部分，但無法全部接受任何一個解釋。我想到那些年輕蘇族（Sioux）印地安人跑到原野去尋找前途的展望，他們在狂喜之中夢到他們想夢的東西，回到部族之後，他們說服部落長上相信這個夢境的真實性，然後就充滿信心地開始了夢境指明他們該從事的行業——即使這個行業叫他們承受非常嚴重的侮辱，或是叫他們自殺。我想到一位優羅克（Yurok）族的老女人，她告訴過我一個紀錄在《童年與社會》中的故事。她十七歲時被召喚成為巫師時，曾有一連串驚慌而近似歇斯底里病症的煩亂與恐怖的夢境，所有的內容都是一致的，反對她原先想成為地位崇高之部落醫師的願望。她是不是真心的呢？今天，我們常想到中國青年男女的真誠，他們繼承了一個古老的思想體系與祖宗崇拜，卻必須在公眾面前口若懸河地辱罵他們的父親為反動者。在思想訓練（indoctrination）的課程裡，他們的真誠不斷地受到挑戰，直到這種真誠縮短到那正當的尺度，也就是對「人民意志」（The People's Will）的奉獻[43]。他們是不是真心的呢？

這許多有關青少年皈依與思想訓練的問題，必須另闢一章來處理，以便發展我們對這件事的心理解釋。就這些經驗整體在心理上的涉入而言，它們至少是說服力很強的。無論它被稱做靈感或短暫的不正常行為，都是青年人追求其文化系統中自我確定最有力的推動力量，並朝著相同方向給予強大的思想形態推力。

我們問的問題，在此時還沒法解決。但我們可以把路德的經驗放在社會學的環境之中，上帝與父親爭奪兒子的忠誠，在馬丁的時代，多少是相當典型的現象。路德的對手伊拉斯姆，也否認了他的父親。喀爾文（就某些方面來說，也是路德的保羅）這樣形容自己的掙扎：「我很小的時候，父親就替我定下學習神學的命運。但當他發現法律知識無論在何處皆

---

42 原註28：Scheel, I, 259.

43 原註29：Robert Lifton,「Thought Reform of Chinese Intellectuals, a Psychiatric Evaluation,」*Journal of Asian Studies* XVI (November, 1956), 1.

能使人致富時，他的希望被點燃，忽然之間就改變了對我的期望。我從哲學的研究被召回到法律的研究；為了服從我的父親，我努力地專心學習它，但上帝神祕地執著馬轡，把我引到了另一個方向。」[44]

現在，讓我們用路德自己的話來結束我們對他皈依的解釋：「我在耳弗特時，確實十分哀愁。我為憂鬱的誘惑所壓迫，但上帝神奇地趕著那無知的我繼續走下去。也只有祂可以說是長久以來指引我和教皇分裂的人。」[45]在這句話中，他把這個經驗所有的成份濃縮成兩句話。這些成份是：一個瀕臨崩潰的心理狀態；上帝有意的介入與馬丁無知的被動；以及就神學與目的論而言，上帝整個計畫也使雷雨，也就是教皇與路德之間的破裂，變成必然發生的事。皈依也是必然的，因為這樣，馬丁就可以把所有服從的力量給上帝，而把他所有反對的毒液噴向教皇。為達到這個目的，一段懸宕的時間也是必然的，因為這樣，馬丁才有足夠的時間走向好似錯誤的方向，使他（就如同路德後來所說的一樣）真正學到他真正的歷史敵人是誰，也真正學到怎樣才能用最有效的方法來恨他。

但我們必須完全同意，路德走進修道院時完全不知道他在宗教史上特殊的角色。一方面，他追求的是那至高無上的完善。如同尼采所說的，「路德要直接向上帝說話，他要毫不羞恥地向上帝表現自己。」[46]但在神學上，他也找到了那偉大而光彩耀目的魔鬼（就像亞哈船長眼中那條發光而有力的大白鯨一樣），這魔鬼的力量大到足以促使這殘缺不全的靈魂將憤怒指向魔鬼自己。這個魔鬼就是羅馬教皇。

44 原註30：Rupert E. Davies, The Problem of Authority in the Continental Reformers (London, The Epworth Press, 1946), 98.

45 原註31：*TR*, III, No. 3593.

46 原註32：Friedrich Nietzsche, *Zur Genealogie der Moral, Werke* (Stuttgart, Alfred Kroner, 1921), VIII, 463.

【第四章】

全有或全無

在心理上，我們的確選擇了自己的父母、自己的家庭歷史，以及自己的國王、英雄與上帝的歷史。我們把他們當成自己，也就把自己送進那萬有者或創世主的內在地位之中。

一

這時的馬丁還不是職業宗教家。他只是個受過教育的普通青年。基本上，他甚至想放棄教育帶來的身分。因為在走進修院內牆與外牆之間的招待所時，他已拋棄了俗世教育帶來的特殊地位。而且，一旦進了修院，就沒有人能保證他將來仍可以重新當個知識份子。修院監護人的首要責任，就是要矯正這種以為俗世地位可以入侵修院門檻的觀念。耳弗特的奧古斯丁修會戒律又比較嚴格，自然比撒克森其他淪為日耳曼貴族子弟或經院哲學家收容所的修會，更重視這個觀念的闡揚。在其他方面，監護人可能對雷雨的故事不太有興趣，雖然有些人在比較了解馬丁之後，的確認可他內心召喚的誠意，或者，至少認識到他那超乎平常的動機。無論如何，他們現在一點也不著急。他們只是小心地觀察探索這位神職候選人性靈與心理狀態中的蛛絲馬跡。

因此，無論怎麼分類，他都不是什麼人物。和其他時期比較，他目前更是個無名小卒。但面對這樣默默無名的前程，他至少有一陣子十分快樂。這種快樂，無論對那些認為路德是個溫和聰明、在神的指引下前進的人，或那些認為他病情嚴重，尋不到精神病院才進入性靈的病院的人，都很容易解釋。但就我們對人們內在運作儉省原則（inner economy）的了解而言，我必須說這是一段暴風雨前的寧靜。我們必須盡量解釋這歷史事件中的心理層面，為什麼這樣一個青年會在十年以後成為當代最偉大的演說家、政論家、大眾注意的焦點與性靈上的專制君主？為解釋這個現象，我不得不假設他內心正進行著沉默但十分猛烈的衝突，但建設與破壞的力量、退化與進化的力量多少能保持著平衡。

因此，在討論過路德的童年之後，我必須另闢一章討論認定擴散（identity diffusion）的問題。這個討論將引導我們認識這位青年偉人與其他青年在歷史上與個人傳記中最小的共同特性。本章開始提出的基本問題，對那些不太清楚後本書後半部發展的讀者而言，可能過於粗略；後半部我們將討論馬丁在進入人格與神學成熟時期之際，同時也經驗到嚴重的人格退化，以及他在掙脫各種羈絆而發出信仰上的新音時，同時也釋放了強烈的憤怒情緒。但唱詩班嚴重的發狂事件，已讓我們對這些未來性靈衝突的病態層面有些心理準備。下面我要進一步討論這個層面在**絕望的病態**（desperate patienthood）與**狂熱的領袖**（fanatic leadership）上的意義。最後，我還要討論這兩種情況共有的主題：**童年的失落**。

任何歷史時期總有一些青少年在懸宕時期中死亡。他們要不是尋求死亡或形體消失，就是性靈上的死亡。馬丁很可能目睹弟弟這種心理或性靈的死亡，他本身也可能不止一次接近這種死亡的狀態。我們當然不可能全然理解那些墜入死亡深淵的人，但我們至少應該為他們未能成形的抗議、思想流下眼淚，他們有時只不過是個孤獨的靈魂。他們寧可選擇死亡，而不肯向把虔誠當成口頭禪的信仰低頭。他們也不肯向所謂的大眾意志低頭，這種大眾意志事實上早已成為集體無能的糖衣。他們更不願意屈服於空洞而形式化的良心、庸俗的理性與無意義的忙碌工作。我說的這些孤獨的「局外人」，並不包括那些又回頭以神祕文學慫恿人們逃避現實並置身事外卻毒害世界的人，例如歐南（Onan）。

現在有些青少年求治於精神治療。這些奇怪的青少年一方面很驕傲，一方面又很絕望。他們有的有正確的價值觀念，但心理卻生病了；有的心理很健康，但對於過去與未來的看法卻支離破碎。精神治療師時常發現他們長久以來沒有能力適應社會，卻以不願去適應的驕傲做為掩飾。但總有例外的時候。有時，我們可以察覺一種長期強烈的驕傲，但很難就此判斷無法以環境要求的方式去適應環境的狀況，是否同時代表著他不願意放棄某些潛在的需要，因為這些需要是發展真正自我確定感不可或缺的要素。這時，精神治療的難題不僅超越了他應該適應哪一種環境或為什麼他不能適應的問題，更要去描繪出病人在不失去內心整合性的前提之下，有辦法運用的適應方式。一旦病人發現了治療自己的方法與目標，他就必然漸漸痊癒而致足以改變「環境」來適應他——這是人類與生俱來的一種適應能力，但在一般對達爾文或佛洛伊德的了解之中，很少人認識到這一點。

在某些國家或階級之中，精神治療已經變成公認的懸宕期，但這並不是說治療診斷就可以解決我們目前所有的問題。相反的，這些診斷僅能限制犯罪的危險，並亮出警告燈以指出情況的嚴重性。但本書最關心的，是描繪出一個生命危機。這樣的工作是尋求治療方法不可或缺的要素，也是在了解青春期最盛階段中自我（ego）的任務時不可或缺的要素。

認定擴散最極端的表現，往往導致停阻（arrest）或退化（regression）的現象，因此而形成單純按照時間過活的困難。他們忽略晝夜的交替，好似時間已停止進行一般。他們也忽視一般活動與休息的時程交替，如工作、談話、孤獨、默想或聽音樂。他們可能舉動遲疑，甚至形成緊張症（catatonic），好似他們正在期待某種事件與人物的出現，來幫助他逃開這種狀態；這事件或人物不是要消除他對大部分人的時間觀念與例行事務的疑慮，而是向他保證另一個寬廣的烏托邦式觀點，使他目前這種時間的處置不算虛擲。但除非被需要徵召飢渴青少年的思想運動所吸收，否則這樣的個體無法長久維持任何單一烏托邦的觀點。馬丁那時進入的是一個嚴格管制時間的制度，以後我們就會討論到他用這個烏托邦做了什麼事。

此外，這些人也經歷到十分痛苦的自覺。他們有時對自己目前的狀況感到十分羞恥，有時又對未來的自己感到十分懷疑。有這種自覺的人往往無法工作。這不是因為他們沒有才能或不擅長，而是因為他們的標準使他們無法接受任何不能變得出類拔萃的工作。這些標準也不允許他跟別人競爭或打敗別人。因此這些人無法見容於學徒或門徒制度，因為這些體制的訓練清楚地規定了職責、爭取認可的方式，而且似乎也提供了懸宕期的狀態。這就是馬丁不得不中斷學習的原因，雖然他的能力是人所共見的。

更重要的是，這種人必須逃避親密的人際關係。任何與同性或異性身體的接觸，同時會引起與對方合而為一的衝動以及失去自我或獨立性的恐懼。事實上，那種兩性擴散（bisexual diffusion）的感覺使他不知道如何與另一個人進行性或愛的接觸。在他自淫（autoerotic）的夢境裡，他感覺到性融合的快樂，但在與異性相處時，他卻感到完全的孤獨。這種對照的毀滅性是很大的。這時，這個病人無法接受社會規範許可的性懸宕期（sexual moratorium），不管是禁慾、沒有性交的愛撫，或是沒有愛情或責任感的尋花問柳。

我們不清楚馬丁入修會以前與異性有什麼樣的關係，但我們知道他對自淫有所顧忌，這種顧忌後來又以更強烈的形式出現。我們也知道他的父親盼望他早婚，也許馬丁全心全力想逃避的就是這種事業與婚姻雙重的束縛。這時，音樂就成了社交與和自己情緒交流的重要工具，而馬丁就十分熟知如何用音樂做為自己與他人之間的橋樑，或者如何用音樂在自己與他人之間保持一定的距離。

最後，極端的排斥行為在這種人身上也表現得十分坦率。一般缺乏寬容心的青少年為了支撐自己小團體的身分認定感，往往會殘忍地攻擊其他宗教、種族或社會團體，而這種病患卻徘徊在極端的自我否定與鄙視所有其他社團之間。只有他完全接觸不到的團體才不在他的鄙視範圍之內，譬如歐洲青年對「古典」的熱愛，以及美國青年對異國獨裁政黨與東方神祕主義的嚮往。這種對終極的（final）、全面性的（total）價值的需求，往往只有異於一切個人過去所學的價值才能滿足。我已指出，馬丁加入了最傳統的修會，而這正與他父親俗世的願望相牴觸。我將這種與個人教養完全相反的理想型自我概念，稱為**負面認定**（negative identity），意指個人被警告**不**應該擁有的認定感。這個人永遠以一分為二的心來面對負面認定，但為了聲明他的全心全意，他卻不得不變成這樣的人。很明顯的，這種叛變很可能就是一個很大的冒險，當這種冒險是在加入一個更大的集體叛變趨勢時（馬丁就是個例子），在否定一切之際也在恢復活力。但在青少年犯罪的個案之中，對負面認定的追求很快就會讓他失去社會資源。沒有一個反叛的運動，甚至是有自尊心的青少年幫派，會收容這樣的人，因為他反叛與投降全憑一時衝動，他也不可能終身都真的不加入社會（asocial）。

這些青少年接受精神治療時，他們表現出來的是因認定危機而來的深度退化。認定危機的形成，可能是童年時期接受到的認定因素彼此矛盾，也可能是目前的情況使他感到困惑而導致意識形態上嚴重的營養不良（undernourishment）。治療這些病人時，最戲劇化的經驗就是他們對精神治療師的要求十分強烈又十分矛盾。就這方面來說，他們的確退化了。無論在表面上或內心裡，他們都期望治療師是全能的，就像嬰兒期望母親會全能地阻止桌子撞到他，或是讓桌子變軟或不尖銳。他又希望母親能夠既緊緊地抱著他，卻又同時讓他可以自由行動，以防他無法決定自己到底想要怎樣才好。他煩惱地發現，這種矛盾的要求與他個人的本性有關。他一方面想要像無名小卒一樣為所欲為，一方面又希望別人把他當個人物看待。他希望與治療師融而為一，以使他得到父母親從前擁有或現在沒有的東西，但他又害怕自己會被這種認同所吞噬。這種病人的特質就是**全面性**（totalism），將事物彼此的每個差異當成互斥的本質，非此即彼（to be or not to be）。每一個問號都表示存在的喪失，每一個錯誤與疏忽，都是永恆的背叛。這些現象就如同雅各（Jacob）與天使的鬥爭一般，他的目的是要爭取到祝福以使他相信自己是活生生的人，也有活下去的權利。如果得不到所有他要的東西，他是不會安定下來的。我曾稱這種態度為「最低限度」（rockbottom）的態度，並將它解釋為一種反常（perverted）與早熟的（precocious）個性整合的表徵，一種為新生尋找開頭與未來基礎的企圖。他迫切地要求精神治療師做一個親密、排他、周到、慷慨而否定自我的人，就像母親對嬰孩一般。這些病人希望重生一個自我確定，並以他們自己的條件再擁有一次機會做一個只出生一次的人。不用說，我們對這些病人，只能與他共同面對命運。

在思覺失調症（schizophrenic，舊稱精神分裂症）的情況中，最低限度的態度形成了一種奇怪的進化幻象。他們感覺自己不是人類，甚至不是哺乳類。他們覺得自己像是螃蟹、貝殼或軟體動物一樣。甚至，他們會放棄當最低等的動物，而變成暴風雨中岩石邊緣一株扭曲的樹木，或變成岩石，或只是烏有之地的岩床。有關這方面精神病理的討論，我得另寫一篇文章。在這裡我只能說，在其他生命週期之中，嚴重的朝向虛無（nothingness）的退化，不可能這麼有系統、這麼具實驗性地向內心最低的限度尋求穩固立足點。這時，精神治療醫師可以十分樂觀，因為他可能找到病人內心從未為人所知的處女地，但他也可以十分悲觀，因為任何不幸都可以導致病人永久停留在那最低限度上，而喪失了重生的能力。

其他的病人，則攀附在強迫性顧忌與強迫性默想製造出來的虛假秩序之上。他們堅持的秩序看來幾乎是在模仿人類世界，一種對邏輯與一致性的諷刺。馬丁就是個最典型的例子。這些青少年的眼睛時常死氣沉沉的，好像什麼都看不到一樣。但當他們誠心地看你一眼，或只是稍稍集中注意力，這些平時經常心不在焉的病人突然之間卻會像是燃燒起來一般。就像他們所說的感覺一般，平時他們看起來是那麼遙遠、了無生氣與不可捉摸，但總有那互相熟識的幾分鐘，他們看來是那麼信任自己與你，而他們的笑容，就像嬰兒對熟習的事物第一次微笑一般，是那樣煥發而令人滿足。但就在那時，也像嬰兒一般，他的掙扎奮鬥也正好開始。

我把這些不同時代、不同類型的人混在一起來說明他們共有的特徵，有可能對本書的主角帶來一些偏見。但我認為讀者在讀這些解釋性的片段時，多少會有些似曾相識的感覺。他們不是覺得自己從前曾這樣想或這樣做，就是曾經做過這樣的人的對手：他的父母、老師、朋友或配偶。也許這種感覺會讓我們更了解馬丁，也更驚訝於他在超越自我方面的成就。

二

幾世紀以後，日耳曼出現了另一個青年，他對暫時虛無的選擇，喊價比馬丁還要低。這個青年在懸宕期之後，也成為日耳曼的領袖，他比不上路德的建設性，但政治毀滅性遠遠超過他。這個人，當然，就是阿道夫．希特勒。有關他的童年，我們只知道那些他宣傳性的自傳中描述的事情。現在，讓我們看看他是怎樣的青少年。

據希特勒幼年時唯一的友人庫比茲克（August Kubizek）的報告，希特勒幼年也常受到父親的「鞭打」[1]。他父親是個充滿小權威主義（petty authoritarianism）的小官僚，頑固、淫亂、貪杯，在家裡也很粗暴。他自己是窮苦農婦的私生子，因此決心培養兒子做個文官。很顯然，他想叫兒子爬上這狹窄的階層組織的最高層。但，如同《我的奮鬥》[2]一書中一再重複的，小希特勒完全不喜歡這一套。他的朋友說，他從未對父親說過一句不敬的話，但他自行其事，這至少負面地說明制度內的學校與職業都容不下他。就正面而言，他卻有一種很奇怪的想法：

當我和阿道夫在﹝奧國林茲（Linz）﹞老鎮街上閒逛時，沉浸在和平、安靜、協調的氣氛裡，我的朋友有時會陷入某種情緒之中，從而開始改造所有他看到的東西：那棟房子的地點不對，應該毀掉，那塊空地應該蓋滿房子。街道也需要改變以變得比較集中。這樣可怕的、拙劣的公寓街道也要毀掉。從這裡到城堡，我們該建一條林蔭大道。他總是在那裡重建這個市鎮……[3]他整個人沉浸在幻想中的建築裡，完全不知道自己身在何方。一旦他有一個想法，他整個人就掉進那個想法裡，好似別的東西都不存在一樣。他忘掉時間、睡眠與飢餓……每次他走過那些街道，都會被他看到的東西激怒。他總是在他的腦袋裡同時裝了五、六種不同的建築計畫，使我不得不覺得鎮裡的建築物已在他腦袋裡排成一大幅全景……他覺得自己對任何建築物都有責任。我時常被他弄糊塗了，不知道他講的是存在的建築，還是他想造的建築。但對他來說，這些都沒有關係，實際的建築也沒有什麼重要……那時鎮裡的老劇院已經不夠用了，林茲幾位愛好藝術的人就組織了一個社團，鼓吹建立一個新的現代化劇院。阿道夫馬上加入這個社團，並且提供了他的想法。幾個月間，

1　原註1：August Kubizek, Young Hitler (London, Allan Wingate, 1954).

2　編註：《我的奮鬥》（*Mein Kampf*）是希特勒於一九二五年出版的自傳，自述了希特勒的生活經歷及世界觀，核心的思想為宣揚德國與奧地利合併及反猶太主義，出版後引起巨大回響，並成為日後納粹的思想綱領，而有「世界上最危險的書」之稱。

3　原註2：*Ibid*, 35.

他努力地工作、畫圖，同時相信他的建議會被接納。所以當這個社團決定放棄建築新劇院，轉而改造舊劇院時，他的希望被打破了。他的憤怒簡直無法形容。[4]

在表面上，這種新途徑的追求常常帶著危險的沮喪情緒（depression）。我對他這種情緒十分熟悉。這種情緒與他狂喜的獻身及活動完全相反。我也知道幫不上忙。這時，他常常避不見面，不說話，顯得十分遙遠。有時候我們一兩天都不見面。如果我去他家找他，他母親看到我，會非常驚訝。她說：「阿道夫出去了，他一定是去找你了。」事實上，他自己跑到鎮上附近田野或樹林中從早到晚地亂逛。等我最後找到他，他很高興和我在一起，但如果我問他有什麼不對勁，他就會說：「別煩我。」或粗魯地說：「我自己也不知道。」[5]

這兩人後來搬到維也納，阿道夫沒有得到任何藝術學校或建築學校的入學許可，但他不久就開始「重建霍夫堡（Hofburg）」，那奧國皇帝的城堡，並為工人的住屋想出了一個偉大的計畫，同時，他也向他「唯一的聽眾」〔佛洛伊德也是這麼稱呼弗里斯（Fliess）〕高談闊論，先是歌頌華格納，然後是社會主義，最後則是反猶太的高論。

但突然之間，**他失蹤了**。他給庫比茲克的最後一封信裡，還談到林茲那可笑的劇院計畫。那時他才十九歲，一貧如洗，所以必定是住在那種移民或乞丐住的小旅館裡。總之，他避開了家庭與庫比茲克。

幾十年後，希特勒復出了，他變成一個好戰的退伍陸軍下士，一位革命者、復仇者與獨裁者。對這樣的人，庫比茲克只好說：

> 像多瑙河上的新橋一樣，十五歲的計畫，到了五十歲終究會忠實地完成，好似其間只隔了幾個星期而不是幾十年一般。計畫就在那裡，只要有影響力與力量，計畫終究會實現。這狀況帶著怪誕的一致性，好似那十五歲的人早已知道他終究會得到那力量與方法。事實上，那不知名的小男孩為林茲城做的計畫，與一九三八年開工的城市計畫完全相同。[6]

庫比茲克談的是年輕時的希特勒。那衰老的希特勒，據特雷費—羅珀（Trevor-Roper）的描述，在毀了半個歐洲之後：[7]

---

4 原註3：*Ibid*, 51-54.

5 原註4：*Ibid*, 70-71.

6 原註5：*Ibid*, 53.

7 原註6：H.R. Trevor-Roper, *The Last Days of Hitler* (New York, Macmillan Co., 1947) 57.

常想回到林茲去退休。當德國破敗不堪時，他想的竟是些精緻的建築計畫，不是讓他住的白金漢宮，而是為林茲設計一個新的劇院與畫廊。

但當結局將臨的時候，這位建築師卻變成了一位瘋狂的毀滅者。他最鍾愛、最聰明的部下施佩爾（Albert Speer，他自己也是個建築師，當時正負責德國的軍事工業），這樣說：

> 他蓄意叫人民和他一起毀滅。他不知道任何道德的束縛。他是一個把自己生命的結束當成所有東西結束的人。[8]

施佩爾很快地破壞了希特勒毀滅全德工業的命令。對這樣的反叛，希特勒灑下一滴眼淚，並原諒了他。幾天之後，他就自殺了。施佩爾的結論是：

> 我想他對自己的「使命」（mission）一直不滿意，他寧可當建築師，而不要當政治家。他時常公開表示痛恨政治與軍事。他說打完仗以後，他想退休，到林茲建一棟大房子。除了布朗小姐（Fraülein Braun），他什麼人都不帶。這就是一九三九年時希特勒的夢想。[9]

特雷費—羅珀又說，一九四五年他去拜訪希特勒在柏林的住所，也就是德意志第三帝國的總部與希特勒自殺的現場，還看到一間滿是劇院建築書籍的房間。[10]

這些話說明了一個年輕人在建設性與毀滅性之間奇特的平衡，以及在自殺式的全無與獨裁式的全有之間奇特的平衡。他十五歲時就覺得「自己對所有的建築物都要負責任」，也就是說，他有著過於自信的良心與不成熟的道德完美性，這些都是思想運動領導者共有的特徵。他以極度的強迫式的欲望，選擇了建築做為**他**救贖的工具。或許，如果允許他有實行建造的機會，他可能就不必去毀滅了。許多小小的行為失誤，都是因社會拒絕給予個人一個小禮物，但那小禮卻是不穩定的自我確定感所依賴的，譬如《亂世忠魂》[11]一書中布魯（Prew）的喇叭。但最後，林茲與歷史都必須重建了。事實上，第二次世界大戰發生不久之後，希特勒就下令重建林茲城。歷史似乎不斷地允許個人同時滿足他對國家的希望與地方

8　原註7：*Ibid*, 78.

9　原註8：*Ibid*, 54-55.

10　原註9：見前往，57.

11　編註：《亂世忠魂》（*From Here to Eternity*）為美國作家詹姆斯・鍾斯（James Jones, 1921-1977）關於戰爭的處女作小說，此書獲美國國家書獎（National Book Award），被選為二十世紀百大英文小說，並改拍成同名電影。小說主人翁擅長吹奏喇叭。

性或個人性的奮鬥。

在這裡我無法詳細解釋希特勒建造欲望中的象徵主義，但我要說，他那頑固而粗魯的父親曾不斷地拒絕給他母親一個固定的居所。我們必須讀到阿道夫在母親罹患乳癌時怎樣照顧她的資料，才能了解他是多麼的希望能治癒母親。但我得引用大量的資料才能說明，一個男孩如何把他的白日夢變成歷史，如何成為一位惡毒的天才，而一個國家又如何接納這位天才的情緒力量，並把它當成完成國家希望的寄託與國家罪惡的保證。

這個人原先的強迫症，是毀滅與重建真正的房子與城鎮，這種欲望比有系統地毀滅人與價值的欲望還要持久。有人相信欲望比較「抽象」的偉人，如科學家與神學界的偉人，是無法與政治及從事毀滅性軍事行動的人物相比的。因此我們雖不相信追求權力的人，但我們卻美化科學家。我們決心相信他們在尋求控制物質界的力量時，完全沒想到自己對製造毀滅性武器也扮演重要的角色。只覺得那完全是椿意外。但是，如果我們審視那由路德協助佈達、由希特勒協助而造成世界危機的民族主義與發明，我們實在需要重新考慮完全掌控的意志（無論任何形式）與毀滅的意志之間的關係。李奧那多（Leonardo）創造了永恆的達文西式微笑，但他也是嗜好改造戰爭工具的老手。有時他逮到自己，把那些設計丟到抽屜的底層。但在今日，只有全面地重新思考意識層面的目標與無意識層面的動機，才能幫助我們。

希特勒朋友的回憶錄指出，這位未來的獨裁者竟有那可憐的恐懼，害怕自己可能什麼都不是。他必須蓄意且全然匿名來向這個可能性挑戰，也只有從這種自我選擇的全無（nothingness），才能發展出全有（allness）。全有與全無就是這種人的座右銘。但到底怎樣的天賦與機會，才能使這樣的人把自己的選擇強加在整個國家與時代之上，我們實在知道得不多。

希特勒是個獨裁的領袖。路德三十幾歲時也變成了一個叛變的領袖。下面我還要討論表現在他身上的趨勢，如何使他的國家接納希特勒這樣的領袖。但我現在想說的是，路德在懸宕時期也像希特勒同樣沒沒無聞。他變成了馬丁尼（Martinus）神父，處身在一個以集體的自我否定來面對永生的修會之中。對他來說，建設性與毀滅性之間的鬥爭是一場神學上的戰爭。**存在的赦罪**（Existential justification）是他選擇的課題，他把它套用到父親在家鄉的層面之上，也把它用到教會在宇宙觀的層面之上。

就重建世界秩序而言，政治是最完備的手段；就解決人類存在的全無而言，神學是最有系統的嘗試，藉以建立一種形而上的全有。「修道院」這名詞最初始的觀念，就是一種有計畫的訓練，以期在冀望分享全有之際，能完全接納世俗的全無。修道的目的，就是要把那控制與毀滅的期望與意志，減到完全不存在的地步。路德曾說，「我是神聖的，除了我自己，我沒有殺過任何人。」[12]為達到這個目的，修道院的方法是默想，使人下降到內心世界最深處，然後從那裡再以黃金般的信心與鑽石般的智慧重新出現。這最深處，是心理層面的，也是默想層面的，它們不但要挖掘成人最深的內心經驗，也要向下進入更原始的層面，並且回溯到嬰兒時期的開端。在討論馬丁的神學奮鬥過程中所出現的幻象之前，我們必須先清楚地了解這一點，才能在偉大的歷史條件與個人童年的先決條件之間搭起一座橋樑。因此，思想運動的領袖總是懷有過度的恐懼。這種恐懼，只有在改造同時代人的思想之後，才會被控制住，而那些同時代的人也總是滿懷喜悅地接受那絕望的人的思想改造。天生的領袖似乎比其他人更能感覺每個人內心都有的恐懼，他們也會令人心服地聲稱他們已找到了答案。

三

歷史學家布林頓（Crane Brinton）在其《西方近代思想的形成》（*Shaping of Modern Mind*）一書中，提出了一個心理學的看法。他首先先致歉，就像許多不想與他們不相信的職業心理學家有什麼瓜葛的人一樣。他說：「為刺激讀者思考，我要說所有正常人都是哲學家。所有人都希望超越個人與環境直接的取、予關係，而把自己放在一個『系統』、『宇宙』與『過程』之中。對正常人來說，缺乏這種了解，或在這方面遭遇挫折，都會造成形上學方面的焦慮。」[13]然後他說了一個故事：

我記得，有一個五歲的男孩在一旁聆聽大人講話，他沒有加入談話。突然有一件事給這個男孩一個好機會，以便擠進成人的世界。他父親讓孩子說完，但隨後加了一句，「但這事發生在七年以前，那時候你不但還沒有出生，你母親甚至還沒有懷你。」這男孩子的臉突然變紅，接著就哭起來。我不應冒險重建他內心的感覺，但這些話無疑地使他十分震驚。像其他同年齡的孩子一般，他可以接受「你還沒有出生」這句話，但「你母親還沒有懷你」這句話卻使他大為困惑，這不只是個他日常處理的眾多問題之一，更是最基本的祕密，儘管他進步的父母親可能已經教過他這方面的知識。一時之間，他獨自置身在宇宙中——事實上他喪失了他的宇宙；他面臨的是重大的形上學焦慮。

讓我們來看看這個童年病態心理學的故事以及它的解釋。首先我要說，這個男孩特殊的反應可能是多元決定的（overdetermined）。他的年齡表示他正對自己的產生感到十分懷疑與敏感，而他的父親似乎也太多嘴了一些，他不但在眾人面前說他，還用「懷孕」這個字眼批評他打斷大人的談話。這個字強調的是他自己在孩子從無到有中的角色。因此，這小男孩

12 原註10：Dok., No. 815.

13 原註11：Crane Brinton, *The Shaping of the Modern Mind* (New York, New American Library, 1953), 11-12.

面臨的是一連串「基本的祕密」。我們別忘記，這位父親可能太文明而不好對孩子嚴厲，但他很不得體地扮演上帝，同時以「懷孕」這個字眼來強調他對母親的特權。但我也必須承認（這也是我認為這個故事吸引人的地方），這男孩的焦慮不僅由於自尊心突然受損，也不僅由於對過於自信的父親生氣或對懷孕這個生物之謎感到不安，更是由於那被稱做「形上學」的東西，也就是這男孩突然之間了解到物質存在的局限。面對著我們原來根本就不存在的事實，我們不得不感到無助，而孩子們在缺乏父母的照料之下，會顯得特別無助。也許，幼兒幻想與成年迷思之中對神祕起源的專注，正是想以從哪裡來與如何而來的問題，遮蓋住這種存在於形上學之上的謎題。

布林頓禮貌地稱為「形上學的焦慮」的東西，會使自我（ego）戰慄。我們戰慄，因為我們突然發現自己原是不存在的——因此，我們終究得仰賴一位創世主，而這創世主很可能很不得體。通常情形之下，我們只有在震驚之下退縮，或無法立刻回復到以邏輯觀念運作的時候，才會感到戰慄。因為人一旦無法思考，就會感到恐慌。在我們創造的迷思、形上學的推想與「理想化」的現實之中，我們是中心，但在最底層，這些恐慌一直是存在的。

大部分人都擁有的認定感，可以防止這種恐慌的感覺。成為一個成人，就是能以持續的想法展望或回溯自己的生命。成人接受自己身分的定義，例如在經濟上的功能、傳宗接代中的角色與社會結構中的地位，所以能夠一步一步選擇性地重建他的過去，好似什麼事都是計劃好的，或者更棒的，好似他自己曾經這樣計劃一般。就這方面來說，在心理上，我們**的確**選擇了自己的父母、自己的家庭歷史，以及自己的國王、英雄與上帝的歷史。我們把他們當成自己，也就把自己送進那萬有者或創世主的內在地位之中。如果我們能平安度過童年與青少年這許多危機，使自己變成兒童的生產者與保護者，我們可能沒時間去想這些形上學方面的問題。但在無意識中，我們仍不能完全確定我們是否就是那創造的**初因**（causa causans），儘管我們可以說服自己我們確實創造了一個孩子。這種懷疑使我們高估了那些嫉妒與競爭、種族與個人的迷思以及種族中心主義與個人中心主義，使我們覺得假如我們**是**被創造的結果，而不是創造的原因，至少我們是一條鎖鏈中的一個環節，而這條鎖鏈又是我們能夠驕傲地確認而控制的。

如果我們接納了不可避免的事，好似這些事帶著特殊的驕傲——驕傲於我們有力量使自己順從，或對那無可避免的事感到驕傲，因為它顯然如此美好，以致就算它沒有選擇我們，我們也會選擇它——因此我們很可以感到自己就是那創造的**初因**。而一個人若是稍稍感到一些自我戰慄（ego-chill），他會自動地向需要他的地方求助，或是求助於那些別人控制他、所以他也可以控制別人的地方，又或是那可以馬上因自身的游刃有餘而獲得實質回報的地方。他忘記為了在自身文化世界中與其他人產生這種功能上的關係，他必須做出的犧牲；他忘記為了形成**信仰**的能力，他必須學習如何克服被放棄或不信任的感覺；為了自由**意志**的感覺，他必須順從意志的互相牽制；為了達成**良心**相對的平安，他必須順從，甚至把某些嚴厲的自我審判納入自己之中；為了享有**理智**的快樂，他必須忘掉許多他想解決卻不能解決的問題；為了**職責**的滿足感，他必須接受一個有限的地位以及符合自身技術的義務。在這許多地方，他都得對社會制度做某些適應，在宗教、法律、道德與技術之間取得協調，以發展他個人的自主性。而從這些累加的犧牲之中，他得以汲取一種連貫而厚實的歷史自我確定。在參與科學與技術宏偉地展現其神奇萬能之際，他又進一步增加了這份認定的感覺。他內心深處相信，知名義大利指揮家托斯卡尼尼（Toscanini）譜寫了他正在指揮的這首樂曲，甚至是在他指揮之際伴隨著樂團演奏而譜寫出來的，而愛因斯坦則創造了他預測的宇宙原理。

孩子們卻還不曾擁有這樣自我維持（self-sustaining）的宇宙觀。如果不是被強迫，他不願意為成年的犧牲受苦。因此他可能感到很深刻的焦慮。這些焦慮若是與性心理的幻覺交織在一起，就成為精神分析中最豐富的材料。精神分析強調了童年與青少年時期對性的尋求，並將之系統化，也研究分析了性與攻擊驅力及其內容如何被壓抑與偽裝，又如何在後來衝動的行為與強迫性的自我抑制中再現。但精神分析學尚未描述，這些驅力與內容的強度與排他性，有多少是來自自我和塑造未來認定感的建材突然之間的貶值。這孩子的確有父母親，但這父母親如果不是什麼好榜樣，他們的存在會決定孩子創造能力的範圍與生命事業的安全限界。

人對存在性的自我確定問題最敏感的時候，是青少年晚期。莎士比亞筆下的哈姆雷特，就是一個年齡過長的青少年。他有著不成熟的皇家式正直，但仍為戀母情結的衝突所困擾，於是他把「存在還是不存在」（to be or not to be）當成一個莊嚴的**選擇**。當這些愛好反省的晚期青少年努力從那創造且決定自己的父母親手中將自己解放出來，並嘗試著面對自己在較大的社會制度——此時仍不是他歸屬的——之中的成員身分時，經常很難說服自己：他自己曾**選擇**了過去，也是未來的選擇者。在貪婪的性衝動以及發號施令的攻擊力與有限的智力驅使之下，他常會受到引誘而做出不成熟的選擇，或是被動地隨波逐流。而他如果有能力做出少數幾個選擇，這些選擇也顯得有較大的定調性質，因為它們決定了他的社會階層：就漢斯來說，是成為農人、礦工還是租貸人；就馬丁來說，是成為律師還是僧侶。如果他像我們社會中的青少年一樣必須自己做許多決定的話，他可能會有一種虛假的自由感，他可能誤認為他有時間去實驗，但他可能會在突然之間發現，就算是在嘗試各種可能，他也已經被歸類了，而在測試各種不同的事情之時，已經不知不覺對之忠貞不二。

所有這些是否會突如其來地降臨在那青年身上並造成傷害，完全由社會來決定。有些文化在童年或青少年時期，用象徵性的儀式警告這些自我的危機，使他有心理預備，有些文化則阻止他感受能力的發展，使他面對突發之事時堅定不移。另一些文化則用巫術的儀式與堅信禮（confirmations），使他帶著強烈的、定義分明的認定感而加入一個團體。還有一些文化則教他一些社會性的方法或技術，來對付危險的力量，這些危險的力量有的是以敵人或動物的形式出現，有的是以機器的形式出現。無論是哪種情形，年輕人都可以發現自己是屬於一個普世架構的一部分的，這架構可以回溯到一個長久存在的傳統，並允諾一個可定義的未來。但在急速的社會變遷裡，無論是由於舊有事物的瓦解或是其他新的進展，堅信禮的意義也改變了。有些儀式或典禮，無論歷史有多久遠、意義有多深刻，都無法引起年輕人共鳴；其他的儀式或典禮雖然很新潮而合理，卻沒有神奇的魅力，無法帶來至高的戰慄以一窺神祕的經驗。有些年輕人為了尋找未來的形象，在他們父母親的教會、俱樂部或修會裡找到一些儀式與典禮，但這些地方多半是為他們父母親性靈的提升而設計的，並不是為了他們。另一些年輕人則在職業或專業學校中找到一些虛假的認定感，但卻發現這些有效率的適應方式在面對新危機時實在非常脆弱。而學術機構教的那些東西，經常不涉及年輕人內心立即的需要與對外在的期許。

今天，我們在這方面最痛苦的問題，就是那些羣龍無首的年輕人想在暴動與其他過分的行為之中肯定自己。這些年輕人暫時失去或不曾擁有意義的肯定，一如他們父親受到認可的方式，而暴動或其他過分行為以挑釁來測試成人世界最不重要的東西是什麼，藉此建立起一種身分認定。他們幫派的名稱﹝如「黑男爵」、「小主教」、「納瓦霍」（Navaho）[14]、「聖者」﹞都帶著嘲弄性的誇大，他們的標誌（有時甚至變成刺青）以及他們挑釁的行為，在在表現他們想模仿那賦予其他人群體身分認定的背景：真正的家庭、高貴感、足以傲人的歷史，以及宗教。

四

根據尼采適切的診斷，路德當時想做的，是直接而毫不羞愧地向上帝說話。這顯示出馬丁是更個人、更沒有耐心的聖保羅翻版。聖保羅說：「我們如今彷彿對著鏡子觀看，模糊不清，到那時就要面對面了。我如今所知道的有限，到那時就全知道，如同主知道我一樣。」[15]而馬丁的尋求，就如同他對雷雨的處理一般，卻要更年輕而哀傷：「那些看到上帝的憤怒的人，沒有直接看到祂，而是從簾幕之中看祂，如同一塊黑雲正飄過祂的臉。」[16]

一般人很容易便可指出，漢斯的兒子想在宗教中尋找他在漢斯身上找不到的東西（雖然那些堅決反對任何解釋的人會認為這種簡單而明顯的解釋仍然很勉強）。

14　編註：又作「Navajo」，北美洲地區現存最大的美洲原住民族群。
15　原註12：《哥林多前書》第十三章第十二節。
16　原註13：*L. W. W. A.*, XXXII, 328-29.

如果我們想了解孤獨年輕人最深刻的眷戀，我們就必須考慮到，尋求互相認識，也就是**面對面觀看**，是這年輕人的一個面向，也是所有宗教的一個面向。真正的戀人很了解這一點。他們經常拖延兩性融合所帶來的自我失落，以便在對方的眼神之中找到更多的認定。**不能**在互相肯定的情況之下注視一張臉，代表什麼意思呢？我們可以在年輕的病人身上找到答案。在較退化的情況之中，年輕的病人無法去愛，在他們驚恐的眼中，醫師的臉碎裂成片，並覺得自己分裂成千萬塊碎片而被遺忘。有一個青少年病人畫了十幾張女人的臉，每一張都像破花瓶一般裂成碎片，也像枯萎的花朵一般褪色。她們的眼睛若不是堅硬而苛刻，就是像星星一樣華麗、閃爍而遙不可及。直到他畫出了一張完整而健康的臉，他才知道自己有治癒的希望，也才知道自己是個畫家。我們只有在治療情況之中研究分析這些徵狀[17]，才會真正發現一個驚人的事實，那就是這些病人已經部分退化到一歲的後半期，而他們想得到的竟是應該在那時完成的認知與情緒成熟的和諧，也就是能夠認出熟悉的人的臉部特徵；當他們到來，能辨識到快樂的感覺，當他們皺眉，則辨識到不受贊同的悲傷；以及，對陌生的臉會逐漸感到恐懼。[18]

自嬰兒發展到一個成人的過程裡，人逐漸發展出一種堅固的「對象關係」（object-relationship），也就是以個人身分愛人的能力，一種不斷成長的認知能力與逐漸成熟的情緒反應。這種發展很早就會在臉上表現出來，而注意這種臉上的變化，實在是個非常的經驗。

兩三個月的嬰孩看到半張臉就會笑。甚至不需要真的臉，只要有半個假人的臉，上面有兩個類似眼睛的圓圈，他就會笑。多於半個臉，對他來說是不必要的，少於半個臉對他來說卻不夠。但漸漸地，他需要更多的條件，譬如一張嘴（不一定要笑的）的輪廓。到了八個月大，假人或笑臉都不夠了。那時，只有對熟悉的人，那些他覺得會對他友善的人，他才有反應。但隨著熟悉與友善的認知，他也會感到陌生與憤怒。許多父母親以為這是因為孩子忽然覺得害怕，但事實並不是如此。這是因為他現在「知道」了，因為他對那些負責照顧他的人已投下資本，他害怕資本損失，也怕負責照顧他的人收回承諾。這種活動在一開始與小動物天生反應的本能很接近，但經過對人臉與表情的認知，可以逐漸發展成人類特有的辨別力與感受力。一旦對人性與學習過程投下資本，孩子馬上就知道恐懼與焦慮，這些是小動物在一個符號與技術相對簡單而重覆的環境之中所完全不能想像的事。

17 原註14：參考第一章，原註6 "On the Nature of Clinical Evidence"，可見較為詳盡的臨床例證。

18 原註15：Rolf Ahrens, "Beitrag zur Entwicklung des Physiognomie-und Mimikerkennens," *Zeitschrift Fuer experimentelle und angewandte Psychologie*, II, 3 (1954). 412-454; II, 4 (1954), 599-633. 另見 Charlotte Buehler and H. Hetzer, "Die Reaktionen des Saeuglings auf das menschliche Gesicht," *Zeitschrift Fuer Psychologie*, 132 (1934), 1-17; R. A. Spitz and K.M. Wolf, "The Smiling Response, A Contribution to the Ontogenesis of Social Relation," *General Psychological Monographs*, 24 (1946). 55-125.

母親以及那些代替母職的人總愛認為，小嬰兒笑是因為他單獨將她們識別為唯一可能是母親的人。就某一點來說，這是很好的。因為一個人在生活與文化形態上，都會依賴那個最先照顧他的人的影響，而且這依賴會持續很久：他早期的自我發展，就取決於那個養育他的人的內在一致性。因此，在母親與孩子之間建立起一種相互的固戀（fixation），一種對互相認識有束縛力的需要，是非常重要的事。事實上，嬰兒本能的微笑似乎目的正是要讓這種效果臻於完美，也就是成人如果覺得被認出來，就會用愛與關懷來報償他。慷慨的胸脯與眼睛，是一開始表示關懷的東西。而宗教是不是允諾我們在世界末日及天上還會再看到這樣的面容？世上到底有沒有宗教動物行為學（ethology）？

我們會說，那些出生一次卻失敗的人，很希望擁有再生的機會。他們有時看起來好像很想叫母親重新生他們一次。但這個假說，就現在來看，實在有些太拘泥文字了。因為「第一次出生」——他們的癥候都與之有所關連——使他們以個人的身分發展了他們的意識，而這意識卻是在認知的交互作用中誕生的。誰在這早期負起母職地位，他就變成此人的第一個「環境」，而任何第一次經驗到的這種環境也持續與「母親」有關。這種第一次自己（a self）與母親對立（polarisation）而來的安全感，就變成未來所有安全感的基礎。「母親」就是那個（或那些）供給（provision）與檢查（screening）的人；她供給食物、溫暖與刺激，以回應嬰兒向外搜尋的口、皮膚與感官；她檢查他接受的東西的數量與質量，以避免不足或過多。這個新生的人類在經驗他自己的癖好與嫌惡時，也同時經驗到他得到的個人關懷（關懷指的是供給與謹慎）。這形成了他的第一個世界；但他若感到沒人照料，加上連帶而來不舒服或憤怒，這些也同樣會成為他第一世界的一部分。他自己當然也掌握著一些訊號以直接向母親傾訴，這些訊號遲早會得到母親的反應。母親反應的規律性與可預測性更是嬰兒的第一個世界的秩序，也是他最原始的天堂。嬰兒第一年的生命之中，供給者這個現實也逐漸由原始的母親轉變成一種連貫的經驗，一個可證實的事實與一項愛和信任的可靠投資；於是這嬰兒成熟到可以持續地經驗、合理地證實、勇敢地投資。

這種認知的兩極性（bipolarity），是所有社會經驗的基礎。這當然不是所有社會經驗的開始，遲早它會過去，因為它終究是孩子的稚氣。人並不是像考古發現的遺跡那樣一層層堆疊起來的；他一面成長，一面會把過去變為未來的一部分，也會把任何經驗到的環境轉變成現在處境的一部分。夢境或如夢般的時刻，在分析之下，總會顯現千千萬萬過去的經驗，好似它們等在意識的門外，隨時可混入現在的印象之中。人隨時想確認這種原始兩極性的完美，特別是當疲倦、懷疑、不確定或孤獨的時候。這是神學與精神分析都利用到的一項事實。

在這種最早的人際關係中，任何存活下來並維持健全的人都學到一個東西，一個他終身視為理所當然的東西。但只有精神病學家、傳教士與天生的哲學家，才痛苦地知道這東西很可能會喪失。我稱這項最早的寶物為「基本的信賴」。這是人第一個心理特徵，更是其他心理特徵的基礎。互相的基本信賴就是那最原始的「樂觀精神」，那種「總有人在那兒」的樂觀精神。沒有這種精神，人是無法活下去的。但若由於孩子自身的缺陷或母親照顧方式不同而導致這種信賴感無法發展，孩子就會在心理上死亡。他們不會反應，也不會學習；他們不會吸收食物，對細菌也沒有抵抗力，他們的身體多半遲早會像心理一樣死亡。[19]

我們更可以說，觀看的主體與被觀看的客體（客體似乎也會「識別」主體）最早的交會，是認定感的開始。這種交會後來成為所有發展的據點，到了青少年晚期，更是心理社會認定感（psychosocial identity）形成的重心。那時，一個可為個人發展理解且就傳統而言又有意義的思想公式，就必須幫這位年輕人擔起那母親為嬰兒做的事；那就是，為靈魂與腸胃供給食物、檢查環境，使蓬勃的成長與它能駕馭的東西互相配合。

但所有的思想體系裡，只有宗教才能重建最早向一個供給者（Provider）——一個上帝（Providence）——索求的感覺。在猶太基督教的傳統裡，「上主的臉照耀著你，祂對你是仁慈的。上主抬起祂的臉看你，祂給你和平」，這樣的禱詞最能表現這一點；仰著頭企盼被認識的祈禱態度，也最能表現這一點。雖然上主的臉龐常常顯得十分嚴峻，而祂那被釘上十字架的兒子臉上，更表現出對於完全被棄絕而犧牲的難以理解，但畫家與雕刻家卻創作出聖母微笑的臉龐，她仁慈地俯向嬰兒，嬰兒也平靜而快樂地回應她的仁慈，直到文藝復興時期，嬰兒才開始滿懷信心地站起來離開她。在東方的畫家與雕刻家的作品中，這種對平靜微笑的追求也很普遍，雖然他們的佛陀比較接近完全的親代**與**完全的孩子的混合體。這就是藝術，它們是視覺敏銳且受視覺驅使的人的作品。宗教對臉龐的重視對藝術也有影響；這個思想將原初的共生的統一（symbiotic unity），表現為一種緊緊擁抱但容許彈性的狀態，植基於終極**大道**。

有些孩子看起來很健康、美麗而充滿性靈，但他們不會說「我」。只有和這樣的孩子一起工作，我們才會知道說出「我」這個普通的字眼是一項多麼偉大的勝利，也才會知道說出「我」取決於能否從母親的確認而感到被肯定。所有宗教最基本的工作就是要重新肯定這最早的人際關係，因為我們內心深處對那形上學的焦慮永遠有一種不信賴的記憶。所謂形上，指的是「在上」（meta）或「在後」（behind），但在這裡，它也指「在前」（before）、「很早以前」（way back），或「最初」（at the beginning）。因此，英雄式的禁慾主義最基本的形式，也就是人自存在限制之中解放出來的方式之一，就是回溯「我」的發展的步驟，完全放棄與任何對象的關係，而回到那「我」自母體之中顯現出來的邊界。西方修院多

19 原註16：René Spitz, "Hospitalism1 *The Psychoanalytic Study of the Child* Vol. I (New York, International Universities Press, 1945), 53-74.

半重視祈禱與贖罪，但東方的修道卻重視如何喪失自我。禪恐怕就是其中最系統化的一種。路德後來說：「我再也不知道什麼是基督的孩子。」[20]這句話正表現出他青少年時期的憂傷：他已失去了童年。但在恐懼時，他並沒有向聖母祈求。他求的是聖安娜，他父親職業的主保聖人。他一向反對當時宗教中盛行以聖母為中間人的祈禱。他要的是**上帝**親自的認可。但在他能透過基督而非聖母，去經驗到母子主題之外的父子主題所具有的關聯性之前，他還要走一段長路。到那時，他才能清楚地指出基督有兩種面貌：一種是躺在馬槽，抓著童貞瑪利亞奶頭的嬰兒；一種是坐在父親右手邊的男人。[21]

五

然而，到底是什麼東西在我們嬰兒時期以及如今成人時期的內在深處，毀了那供給我們崇高希望形象的原始統一感？

宗教與大部分的哲學說那東西是叫**意志**——那希望活下去的意志，那毫無思想而殘忍的自我意志。威廉．詹姆斯在他的著作《宗教經驗的種種》（*Varieties of Religious Experience*），以少有的感性筆觸描述生活意志的表現：

正常的生活過程裡，也有那精神失常的憂鬱症之中可怕的時刻，那時可惡的魔鬼輪值掌權。瘋人看到的恐怖東西都是從日常生活當中找到的材料。我們的文明是建立於廢墟上，而個人的生命更是在充滿無助、憤怒而孤獨的痙攣之中開始。如果你反對我的話，我的朋友，請你等到自己也發生同樣的情形時再說。我們難以想像地質時代食肉爬蟲的類似生活——牠們看來很像博物館裡的標本。但那些標本頭顱上的牙齒沒有一天不咬著一些掙扎的活物。今天我們的世界裡，同樣的恐怖仍舊存在，只是規模比較小。就在我們的爐邊或花園裡，可惡的貓正在玩弄那喘息的老鼠，或抓住那在牠爪中鼓翼的小鳥。鱷魚、響尾蛇或巨蟒在這時也像我們一樣擁有生命。牠們可惡的生命充滿著每一天、每一分鐘。每當牠們或其他野獸緊抓著其他動物，這種強烈恐怖是被刺激的憂鬱疾病患者在此時最正確的反應。

在宗教上，向事物絕對整體性的妥協是不可能的。有些邪惡的確是附屬於某些較高層次的美善之下，但有些邪惡很可能和美善毫無關係。對這樣的邪惡，人只有訴諸於麻木的服從或完全棄之不顧。[22]

20 原註17：*L. W. W. A.*, XLIS, 180.

21 原註18：*L. W. W. A.*, XI, 4201.

22 原註19：William James, Ref. 35, Chapter II, 40.

這種情緒的高潮最具有說服力。它是一種強烈憂鬱症的情緒，我們幾乎可以咬著牙說憂鬱症（tristitia）這個字。詹姆斯提出那遠古的「地質時代」與那低級的爬蟲類——那些互相吞噬而毫無罪惡感，也不為任何宗教譴責的動物，但他也提到那殘忍的家貓。家貓生活在人所創造的生態之中。貓並不直接仰賴自然界為生，牠吃的東西，就像人吃的東西一樣，是來自社會分工的結果。因此，貓與鼠的關係，就失去了生態互賴的無辜性，而貓的需要，像人一樣，也是相當精緻的。

無論就臨床醫學或遺傳學上來看，詹姆斯都是正確的。他指出對**貪婪**之生存意志的恐懼，與憂鬱症的內容傾向，十分相似。憂鬱症的人害怕的就是他自己貪婪的及虐待狂的口慾，他對這種口慾感到厭惡，他拒絕吃東西，甚至想自殺。這並不是指第一期的口慾，那沒有牙齒、仰賴他人的慾期，而是指長牙以後的口慾期，亦即那後來變成「咬人的」人類良心的預備期。假如人不是很早就知道區分善惡，那麼人利用、享受、學習適應他成熟的器官，並不是件羞恥而醜陋的事。無辜樂園（a paradise of innocence）的形象，一直是人類或其種族歷史中的一部分。但人一旦不再滿足於在樹林中摘取食物，而想要更多，想要擁有或知道那些被禁止的東西，甚至一口咬住它，這個樂園就喪失了。他知道了善與惡的區別。有人說在那以後，他必須流汗工作。但我必須加上一句話，那就是，他也開始發明器具，以向自然界取得它不會自動供給的東西。他以失去無辜做為「知道」的代價。他以羞恥做為取得自主性的代價，以罪惡做為取得獨立的主動權的代價。因此，除卻那原始的平靜，人第二個取得平靜的方法就是訴諸嬰兒時期對宗教的愛與意象（religious affect and imagery）。

與詹姆斯的話奇怪地相應和地，路德後來也把上帝形容成一個吞噬者（a devourer），彷彿任性的罪人會在上帝的行為裡找到他自己的貪婪，就像仰著頭的信仰者會找到充滿仁慈的面貌：「祂以極大的熱誠與憤怒吞噬著我們……祂是一堆貪婪無厭的烈火。」[23]上帝的容貌反映著人的容貌，因此，上帝的臉變成了魔鬼的青面獠牙，或戴上了那典禮中無數的面具。但這些憤怒的面容反映的正是人自身貪婪的口慾。這口慾毀滅了人最初共生口慾時期無辜的信賴心，在那時，嘴與乳頭、眼光與臉是合而為一的。

這種一張臉反映另一張臉的意象，還有另外一個對比。上面我提過，路德曾把屁股當成魔鬼的臉。他甚至有一次用屁股做為他的正式簽名。他用屁股對著人來刺激別人，自己卻完全不能忍受別人用屁股對他（或放屁的臭味）。而路德長篇的演說中也一再顯示，暴露屁股是最反叛的行為。

這一類的意象，也有嬰兒時期發展的模型做比喻，那就是佛洛伊德所謂的性心理發展的「肛門時期」，在這時期之中，孩子開始對那些背後的身體感覺發生興趣，也知道那些排出

23 原註20：引自第二章原註31所引書，Bornkamm, 284, *Predigt über Exod.* (2 Mose). 20.

的東西是髒的、臭的、有毒的。為補充佛洛伊德嬰兒時期的性發展理論，我曾提出另一個心理理論架構，主張這所謂的**肛門期**也建立了心理社會（psychosocial）方面的**自主性**。自主性指的是獨立性，但它也指反叛、固執與堅持自我。口慾時期的基本不信賴，在肛門期就變成**羞恥心**。人這時失去了社會無辜性，知道自己「丟臉」、「厚臉皮」而感到臉紅，希望自己變成隱形人，或沉到地底下去。反叛，是羞恥心的相反詞。因此，任性地暴露屁股，很可以用來表示無恥的反抗；而在這種情緒之下面對魔鬼，很可能是指換了另一邊臉給他打。毋庸置疑地，當馬丁開始學習大聲說話時，他對魔鬼說的話，都是由他長久壓抑的反叛心所引發。長久以來，他不能反抗父親，也不能反抗老師。但不久以後，他卻把滿腔的反抗報復似地傾倒在教皇身上。

漢斯．路德家族的結構很傳統，代表著極端道德教條化的父權社會，但很可能某種低度的越軌行為仍被容許，幸運的孩子們也可在穀倉、街道或公園裡找到這些機會。然而，瀰漫著父親禁令與對處罰的等待的家庭，卻是戀母情結最理想的培育場所。對父親挑戰、欽羨與懼怕的交織，使任何自發性的行為與幻想都帶來罪惡感與自卑感。如果他成功地壓抑了反叛性與吞噬心，而父親道德的假面具又明顯被他自己酒醉的、性的與殘忍的自我放縱行為打破時，孩子很可能發展出一種早熟的良心，早熟的主動性，最終還會把服從與反叛混為一體。漢斯．路德是個「嫉妒的上帝」，在他教導孩子如何奮鬥之前，母親想教孩子如何做一個人，而他卻橫加干涉。父親挑戰母子關係的介入，很可能使馬丁後來無法接受聖母的調停。而當父親篡奪了母親的職位，他也給人們的第二度重大的眷戀之情帶來了額外的及無法忍受的負擔。這個過程伍爾夫（Thomas Wolfe）[24]描寫得最好：

> 本書從開頭就想表現的中心思想一直沒有變。這中心思想就是：我認為人在生命中最基本的追求，也是所有生物多多少少都在追求的東西，即是在找一個父親。他不只在尋找肉體上的父親，或青少年時期喪失的父親，而是一個力量與智慧的意象，這力量與智慧在他自己需求之外，更在他的飢渴之上，但終因這意象，他自己生命中的信仰與力量可以統一起來。[25]

開始時，父親自然不是母親；母親是另一種人類。父親可能是母親環境中的一部分，但他們的特徵到比較後期才為孩子們注意到，至於到底是什麼時候，我也不清楚。佛洛伊德戀

---

24 編註：湯瑪斯．伍爾夫（Thomas Wolfe, 1900-1938）為現代美國文學的重要作家、自傳小說大師，作品中生動地反映美國文化和當代的習俗。

25 原註21：Thomas Wolfe, *The Story of a Novel* (New York, Charles Scribner's Sons, 1936), 39.

母情結的理論分析了這個現象，但這種突然之間的明晰卻也使這個現象更模糊。父親是母親有力的對手，孩子們並不知道父母親是在什麼情況之下對抗，但他們知道父親是值得渴望且引起敬畏的。父親對喚醒孩子的自我確定感也有很大的影響力。在我們存在以前，父親已經存在了；我們很虛弱，父親卻很堅強；我們還看不見他們時，他們卻已經看見我們。他們不是母親，因為母親會把照顧嬰兒當成她們的職責，所以他們愛的方法不同，他們的愛可能更為危險。這就是許多神話、夢境與病癥想要證明的事——父親（有些動物的父親甚至真的如此做了）可在我們長大成為他們的對手以前把我們消滅。我們感謝那易怒的神祇（我們以為他們知道我們的思想），多半是感謝他們慷慨地賜給我們生命來受苦。因此，我們欠父親兩條命，一條來自受孕（最聰明的孩子也要等到童年的晚期才能想像這件事），一條來自父親自願的監護與**父愛**。

在焦慮與混亂時，孩子們有時會離開父親而回來找母親當做避難所，但這種事只有父親不常在家，或在家卻不正常時，才會發生。因為孩子們只有在第一次有勇氣自立之時——自立於他們**表面上看來**想永遠仰賴的母體之外——他們才開始了解男性的特徵，學著去喜歡男人的觸摸與領導的聲音。父親如果知道如何擁抱或指引孩子，就會成為孩子自立的監護人。這個男人身體的某樣東西傳到孩子正在成長的自我之中——我相信，如果沒有這個早期的經驗，**聖體禮**（communion）這個觀念，也就是分享一個人的身體，對許多人也不會變成這樣簡單而令人安心的事務。任何沒有受到父親或類似父親撫養的人，總會覺得半個人已不存在。他可能被迫在母親身上尋找父親。但若母親真的取代父職，她後來會受到責怪。因為有件事只有父親能做，那就是以他指引的聲音平衡他那威脅與禁止的面貌。除卻慈祥的臉龐帶來的熟識感，指引的聲音帶來的肯定感更是個人確定感不可或缺的要素。在這方面，最重要的問題不是在別人看來這父親是不是個好模範，而是他是不是可觸摸而給予肯定的。不能觸摸的好父親是最糟糕的。

童年之後，愈來愈多的男人會成為我們知識與技術方面的「父親」：祖父、叔伯、鄰人與父親般的老師。如果我們稱這些人為「父親的替代者」，我們就是在努力了解一個重要功能的潛在反常狀態，掏空了它最重要的功能，這使我們這些精神治療師常想把自己的鼻子切下來，以變出一個不具人格的面貌，來面對病人的父親情感傳移（father-transferences）[26]。但我們應該研究，不做父親的話，我們究竟真正是什麼。一個人如果不願負起他在自己青少年生命中的功能，就算是由於疏忽，也和那些受鄙視的「壞」父親一樣可惡。年輕的孩子們除了需要父親做他們自我確定的初期引導者，還希望父親成為他們自我確定的保證人，而這

26 審訂註：「transference」一詞在精神分析通常譯做「移情」或「移轉」，亦有譯為「傳移」（宋文里，二〇一六）。

個過程只有最幸運的父親才能參與。而且如果父親像漢斯一樣堅持壟斷這個過程，他就會自尋反叛，無論是積鬱式的或是燃燒式的反叛。

下面我們將討論馬丁生命中的這些父親們。這些父親有的在地上，有的在天堂，有的像漢斯一樣，有的則想法完全不同。同時，我們也要討論人與神的臉在罪人與上帝的關係之中基本的組成。這罪人是那樣罪孽深重地想**把自己的臉藏起來**，做個徹底的無名小卒。而他的對手，上帝，又**背向著他**，把他的目光投向那永遠的黑暗——那恐怖的、藏在黑暗中的上帝。

由於馬丁這個個案，使我們很容易解釋懲罰式的父親如何轉變成復仇的上帝，我們必須在本章裡提醒大家，他的憂鬱之中也包含其他的眷戀與致命的恐懼。

【第五章】

第一台彌撒與死巷

青年人的反叛所趕走的東西，到了中年必又重新變成教條。教條一旦有了完全的權力，必重新恢復那些原該受到攻擊的東西，並以冷酷而過度嚴密的法律帶回那古老而野蠻的曖昧。

一

馬丁變成了「純樸的僧侶」，也就是「乞僧」。這個形象，在描述他後來奇蹟似晉身為神學界聞人時，已成為宣傳公式似的基準線，然而無論從哪種基準來看，他的晉身都是項奇蹟。而且，奧古斯丁隱修士在經濟上來說實在說不上是乞丐，在修院的生活方式也不算是隱修士。他們是許多富有的修院組成的社團法人，一度擁有三萬名成員，在羅馬還有一個總辦公室。而在耳弗特的奧古斯丁修會，佔地七千五百平方公尺，並擁有房地產、豐饒的田地與葡萄園。受過高等教育的神父（馬丁後來不久也晉鐸成神父）還有一批平信徒修士（lay-brother）供他們差使。這些修士雖然也誓願終身守戒，但他們不識字，不能做神父。因此，當馬丁背著背袋與同伴上街去乞食時，他只是象徵性地變成乞僧，而真正的乞僧是教會的勞工階級，名聲也不好。

僧侶歷史中有幾項變數，對了解馬丁的修院很有幫助。最初，僧侶就是隱士，他們努力積極地準備自己，好度過那遲早要走的孤獨旅程。後來，他們組織成一些團體。最後，他們又加入永久的修道院，並發展出許多典禮儀式。就像其他許多極端事物都由相反律（law of opposites）控制一樣，僧侶的生活也是由完全的孤獨開始，而以完全的統制

（total regimentation）結束。這種居住的形式形成僧侶生活方式中隱居修院（eremitical-conventual）的特徵，而奧古斯丁修會是其中最進步的，他們有永久性的總院和地方性的分院，內部組織像小國家一般。

退隱是最起碼的禁慾生活。它犧牲了因別人的存在所帶來的自我參照調整，也不能和別人比較、分享，因此人很容易受到極端殘酷瘋狂的引誘，這種情況很像畫家極力想描繪出的聖安東尼受難。退隱的生活也不允許共同奉行的儀式打斷內省沉思。一想到修院生活，我們腦中必然會浮現聖方濟自學的各種角色。他親身經歷了各種角色，包括建立一個修會，但最後他仍退隱到艾凡諾（Alverno）山頂的樹林台地中，過著隱士的禁慾生活。

離那裡不遠的地方，在一個名叫華倫布羅薩（Vallombrosa）的樹林裡，修院生活卻在完美的默想（contemplation）之中達到最高境界。這個變數的極端相反型態就是刻苦勞動，如同特拉比斯會（Trappists）在公社裡的生活一般。奧古斯丁修院每日花幾個小時默想，並從事最低限度的勞動，其中大部分是照顧他們自己的生活。但他們也雇有工人，因此與其說他們在田裡或果園裡做工，倒不如說他們在管理田地與果園。另一方面，他們非常勤於吟唱讚美詩和研究，和各地大學也保有密切的關係。

另一個僧侶生活的變數，是有關於追求靈魂完美的方法。這些方法從最極端的棄絕自我（self-abnegation），也就是把自己的身體降低成它的影子，降到另一個極端，也就是犧牲自己來為生病或受難的人服務。奧古斯丁修會對棄絕自我的規定很溫和（雖然馬丁不久卻開始了自己的規定），但對戒律的要求很嚴格，對心靈的照顧很周到，對別人的教育進展也很注意。

這顯然使他們身處於密契主義（mysticism）與知識性（intellectuality）的某一邊。在對抗知識性的那一邊之中，我們先前已看到馬丁在耳弗特曾遇見共同生活會修士，也聽見他們抨擊信仰上的知識主義。在奧古斯丁修會，他研究討論了密契主義，但基本上仍遵從經院哲學的傳統，直到他原有的宗教性使他脫離這個傳統為止。這所修院的高級課程在當時很有名，據說比多明尼各與方濟修院都要好很多。

總而言之，奧古斯丁修會雖然會律嚴格，也以這個特點著稱，卻想把修院傳統中最好的與最合理的部分連結在一起。顯然，馬丁雖然背叛了父親去當修士，他卻以父親的精神選擇了他視野所及之內最好的修院。

他也選擇了僧侶中的中上階層。那時整個世界都屬於天主教。做僧侶只不過是在天主教帝國教士科層組織中找到一個專業的入口。這個帝國的雇員包括外交人員；國家、郡、城鎮的社會福利機構；照顧靈魂的行政機構；以及為個人救贖的禁慾生活。路德既然已將那世紀潛在的憂愁與神學的問題當成自己的問題，他必是當時少有的有思想的人，甚至還有一點神經質。就當時奧古斯丁修士來看，他也是個怪異的、引人注目的、有時會引起問題的僧侶。

帝國大多數的代表並不關心思想。他們口中說著官方的學說，卻不知道他們已選擇了錯誤的保護者，一旦陷入思想鬥爭，必要落敗。那時，像現在一樣，人只要小心地謹守份際，很可以不在信仰上做任何決定；這些份際譬如：主教轄區的領袖與他們的隨從；在宗教狂熱者被燒死之際，官僚主管只需維持政府的日常運作；或者毫不用心的政府雇員只管遵奉最新的上級指令行事。信仰思想的內涵在最低階層也無關緊要。文職的無產階級日益增加，他們生活貧困，只會阿諛奉承而毫無原則。甚至經院學派的知識分子（他們總會因應教條而創出最新的理論，因此覺得自己走在時代的最前端）也不是真正關心性靈的問題，更不要說個人信仰的問題了。上面這些人，沒有一個覺得需要那令人困窘的真誠，也沒有一個輕率地堅持要強制執行教條。就像任何其他壟斷事業一樣，只有在狂熱分子或蠢人公開提出問題時，法律才會干涉，便宜行事。因此，雖然婚姻是違法的，許多主教和教士卻蓄妾，他們的女伴還常被尊稱為「主教夫人」。

只有在中間階層存在著為貴族與公家服務的公僕以及城鎮學者式的神職人員，他們像許多正在興起的中產階級一樣，追尋新的真誠與新的認定感，無論這個認定是經濟上的、文化上的或是性靈上的。馬丁加入奧古斯丁修會時，他就變成了教會的中產階級，這個階級相當於他父親想要他立足的階級，甚至有相互重疊之處。因此他選擇了教會中最有組織、最真誠、最不腐化的那部分，也加入了那職業最有彈性的組織。在社會學的層面上來看，我們不清楚這父親為什麼把馬丁選擇修道當成一件見不得人的醜事，而這兒子又為什麼認為這種選擇極為戲劇性。但只要了解他父親想叫他做個世俗意義中具有政治野心的人，我們就會明白馬丁選擇成為修士，事實上是選擇了他負面的自我認定。但他不久又做了更多相反的事，例如想做修士當中最傑出的。

馬丁最開始是住在客房裡。客房在修院的圍牆之內，做為招待客人之用，所以並不在修院迴廊之內。在這裡，他收到他父親許可的信。經過院長入學許可委員會通過之後，他被允許成為一年的預備生。預備生的入學儀式包括向院長告解與理髮，但還不必剃光頭。然後，在預定的時間，馬丁被帶到聖壇前院長的位置面前。院長問：「你的希望是什麼？」馬丁跪下回答說：「上帝的恩惠與您的寬容。」院長做手勢叫他起來，問他幾個慣例性的問題：這位初學生還沒有結婚；他不是奴隸，沒有其他經濟契約的約束；他也沒有任何祕密的疑難雜症。然後院長警告他說，只有艱困的道路才能教導他如何棄絕自己的意志。食物很少，衣服很粗糙，晚上要守夜，白天要工作。節食會逐漸耗損體力，乞求會消磨驕傲，孤獨會腐蝕心靈。但這年輕人仍堅持著，於是他「被接納」了。修士們吟唱《偉大之父奧古斯丁》（*Great Father Augustin*），而這初學者被覆上黑白的奧古斯丁修士服，龐大的頭罩與肩衣，從頭到腳，前後包裹住這個修士；從早到晚，直到他躺入墳墓，這套衣服都不離身。「願上主助你做個新人，」院長這樣祈禱著。但他並未祝聖這套袍服。他接著朗誦一段一般禱詞，所有的修士分為兩列，走向唱詩台，初學者與院長走在最後面。當他們唱最後一首讚美詩時，初學生躺在聖壇之前，雙手分開，好似基督在十字架上一般。「不是那些開始的人，而是那些堅持的人，終會被得救。」院長最後說，並給他一個平安的親吻。[1]

馬丁就這樣進入了修院的小世界裡，無論他未來如何，這小世界把他關在裡面，以接受一段時期的思想訓練（indoctrination）。這種思想訓練並不是教導新的思想，而是在蓄意安排的環境中，重新制約他感官與社會的反應。這個過程與現代思想改造（thought reform）很相似，但思想改造其實是從奧古斯丁修院那種古老的程序中隱含的直觀智慧裡，發展出來的心理與政治科學。對馬丁這樣熱切真誠的人，這樣有可能陷入惡性退化（路德後來清楚地承認這一點）或至少是最麻煩的惱人憂鬱症危險的人，沉浸於一個計劃好的環境，一個時時刻刻接管如何選擇善惡的環境之中，實在是好像回到人類最早期完全由母親引導的狀態中。事實上路德後來也說：「我在修院第一年的時候，魔鬼很安靜。」[2]

以下我們要討論這個體制的細節，及其基本的心理學原理。初學生的居處只有三公尺長寬，房門不能上鎖，還有一個很大的窺視孔，可供隨時視察。房間有一個窗戶，但是很高，

1　原註1：Scheel, I, 260-61.

2　原註2：Dok., No. 50.

從裡面看不到地面。房裡有一張桌子、一張椅子和一盞燈。還有一張鋪著稻草的木床與羊毛毯。房間裡沒有暖氣，沒有任何裝飾，也沒有任何個人的物品。因此感官的節制、印象的真空與社會暗示的缺乏就開始了，這對思想訓練是必需的媒介。它使個人面對自己心中相互衝突的各種聲音，使他更能緊緊地抓住那通向新自我認定的道路。在那裡，不但進入內在的東西有嚴格的規定，向外送出的東西亦然：這位未來的演說者必須先學習如何安靜。在自己四面徒壁的空間內，他不能說話，甚至不能說任何禱詞。初學生的導師，唯一能進入初學生房間的人，只能用手語與他溝通。在房間之外，整個修院有如棋盤一樣劃定何時、何地必須保持肅靜。如果想和人私下談話，必須申請許可，而且還要有一位長上在旁監視，以免個人把談話當成發洩自誇、戲弄、阿諛或閒談的管道。最重要的是，大笑是絕對不可以的。吃飯的時候，人最容易放鬆自己，也最友善（只要食物分配得很公平），但修士不能講話，只能聽，食物送進嘴裡，演講送進耳裡。因此，修會不但以共同生活中的場景變化來謹慎約束個人任由自己受到分心與誘導的習慣，尋求口語聯繫的習慣也要加以約束。所有口語、聲音的能量與動作、示意姿勢，都被導引到極少數的高度情感流露方式：祈禱、告解，以及最常進行的，吟唱讚美詩。

每天二十四小時中，修士們以禮拜儀式的風格合唱祈禱七次：他們分成兩個合唱團，以對唱互相問答，或是一人獨唱，由大家共同在疊句中回應。這種活動是根據《以弗所書》

（*Ephesian*）第五章第十九節的天命，其中提到與其醉酒，「當用詩章、頌詞、靈歌彼此對說，口唱心和地讚美主。」奧古斯丁修會一向以讚美詩著稱，為此他們也感到十分自傲。馬丁，這位視歌唱為首要的人，選擇這樣重視聲樂、紀律與知識真誠的修會，當然也不是巧合。他變成教授之後，第一個演講的題目就是《詩篇》。這也許是課程安排上的巧合，但他所講的東西絕不是巧合。

「你聽過比《詩篇》更深刻、更親切、更耐久的詩歌嗎？《詩篇》是為一個人獨處時唱的。我知道在宗教儀式中一群人聚在一個屋頂下也常唱它，但唱的人已不在人群中。因為，人一旦唱起《詩篇》，他就退回到自己的內心深處；別人的聲音在他耳朵裡迴響，好像他自己聲音的伴奏與回應——我注意到，一群唱詩篇的人與一群看戲或聽講的人，有這樣的區別：前者是一個真正的團體，由活生生的靈魂組織而成，然而每一個靈魂卻單獨地存在著。後者是一團沒有形狀的團塊，每一個人只是蜂擁般人群中的一小片段。」[3]西班牙哲學家烏南蒙諾（de Unamuno）是不隸屬任何派別的新教徒，他這樣寫道：

> 第一次儀式是在清晨兩點鐘——盛暑時則在每天就寢前。儀式開始時是向聖母瑪利亞

3 原註3：Miguel de Unamuno, Soledad, John Upton 英譯，The Centennial Review (Summer, 1953).

祈禱，因為她會干涉她那嚴酷的兒子的裁判：「你是罪人唯一的希望。」

到中午以前都沒有東西吃，封齋期甚至要等到下午，也就是唱過四次讚美詩之後。唱詩之間，他們要工作、學習，以及聆聽初學生導師的教誨。

在第一年裡，初學生要適應新的作息表，理解傳統的儀式與規則，不覺就創造出一個懸宕期，使個人完全忘掉自己過去的問題。這段懸宕期又因團體的圍堵與賦予特色而加強，那共同的魔鬼也被有條不紊的告解制伏。一個棄絕自我的人孤獨地與個人的魔鬼奮鬥（馬丁就是這樣的人，而且不久還會再次變回這樣），與一個團體同聲厲斥那有力但定義清楚的共同敵人，這之間有非常大的區別。

一般人對告解的方式應不陌生。對臨床醫師來說，最有趣的告解方式是每週一次的聯合告解。修士們一起匍匐在地，一個接著一個，從最老的開始，坦承自己的罪過。但他們也用第三人稱的方式（「希望弟兄某某記得」）指責他們弟兄，呼籲這些弟兄坦承他們已被目擊的罪過。現在的團體治療法讓我們知道，為什麼這種相互的告解與指控對團體有益：他們彼此地位平等，而告解的主題也都是團體共同關心的事項。什麼事情應該說，什麼事情不應說，都變得清楚起來。比較個人的事情該在個人告解中說，或在特別的告解中說，「極度罪惡的告解，完全專屬於院長管轄。」一位傳記學家這樣說。

這是初學生必須遵守的日常規定。不能適應的人可以隨時離開，去參加其他修會或還俗。但對馬丁來說，這初期的經驗使他找到了一個肅靜的自我牢獄，在這制度裡，他可以自由指稱或討論那惱人的魔鬼，也可以努力訓練歌喉（這是他唯一「沒有自我衝突」的表現方式）。這些都使他在懸宕期中延緩了那最終的爆發。我們也確知，在修院裡，那些性格比較平和的人終究會找到永久的內在和平，也會遵守修道限制與戒律而做出某些性格調整。毫無疑問的，有少數人也可以找到性靈與性格真正的滿足。像其他天主教修道生活一樣，這種思想訓練隱含了某些心理學的智慧。這些學派延續到今天，在書裡也有很清楚的描繪。如果我們把這些思想訓練的方法，與其他不同時代不同思想體系用的方法相比較，就會發現它們所用的心理學理論是一致的，而這理論與其信仰內涵並沒有什麼關係。譬如研究中共思想改造的學者，就曾列出幾項改造成功的因素：脫離家庭與團體、與外界隔離、減少感官的刺激、極度擴張文字力量、缺乏隱私、極度強調弟兄之愛，以及向創造並代表弟兄之愛的領袖的集體獻身。[4]

思想訓練的工作之一，是將個人與外在世界分離，使他早先的價值與他的意向及期望分開；這個過程可能創造出新的信念，來取代他幼時與青少年時期學到的東西。很明顯的，

4　原註4：Lifton，第三章原註29所引書，149。

這種訓練必是一種震撼治療法，因為他們的目的是想在短期內取代長期培養出來的東西。因此，思想訓練在剝奪享受方面必須很嚴厲，而在鼓勵方面則非常大方。它必須把個人與他熟悉的世界分開，並加強他內溯與自我批評的能力，使他幾乎到達自我擴散的地步，但不致讓他發生心理分裂的現象。同時，它也要設法使這個人帶著新的信念回到世界去。這個新信念已深深嵌入他的無意識中，他幻想這些信念就是上帝的意志與歷史的道路：它們並不是強加在他身上的，而是他原來就有的、等著解放出來的東西。

對思想訓練來說，青少年晚期是最佳的時刻，而青少年是最佳的人選，因為在青少年時期裡，思想的重新排列組合正在進行，而各式各樣的思想可能性也正等待著機會、領袖或友誼的出現，來安排高下先後。但任何領袖必須有力量把人關在一個特別的空間與時間安排之中，同時減少感官方面的供應，限制他性與攻擊的驅力（drives），使這新的需求迫切地想把自己附屬在新的世界觀之下。人在任何時期，都不如青少年那樣感覺到驅力混亂無序的顯現，也不那樣需要過度系統化的思想與過度高估的話語來供給自己一個類似內心世界的秩序。他因而自願接受禁慾的限制，來對抗他獨自時想做的事——面對他自己、他的身體與他的思想——或他在一群老朋友當中想做的事。他會接受思想訓練的必要條件——隱私權的剝奪（教會如果只是退隱主義的話，絕對無法變成一個思想上的制度）。無可置疑的，善惡的定義必須非常清楚，也必須是從來就如此、將來也不變的力量。對過去的記憶，必須壓抑下來或仔細地引導。所有的意向必須集中在那共同的烏托邦之上。閒談必須禁止。談話必然總是有重要意義的，代表著這人是否全心全意地接納新的思想體系。事實上，正確的談話、充滿活力的歌曲與徹底的告解，正是要蓄意培養的。

我們看到蘇聯的審判與中國的思想改造，總是覺得難以置信。這件事說明了：要了解另一個思想體系中所謂的真誠是什麼，是多麼困難的事。這部分是因為我們自己的思想體系禁止我們懷疑或分析我們認為真實的東西，因為這樣我們才能堅持是我們選擇了信仰，雖然實際上我們根本無權選擇信仰，除非我們願意被放逐或變成瘋子。但對另一個思想體系，我們卻迫切地想尋找它的邏輯缺點，尤其是它不真誠或視為禁臠的地方。因此我們不能了解，為什麼在另一個時代或國家，人可以在思想牢籠裡覺得很平和、自由而且充滿生產力，而我們這些受刺激奴役的人，在一百萬個自由選擇的意念與機會的陷阱之中，卻覺得不太自由。如同路德所說，沒有性靈的人就會變成他自己表面所呈現的樣態（exterior）。但就另一方面來說，一個人若是沒有機會選擇自己在世界上的方向，很可能會受役於他內心信念的幻想，因為這些信念是他不得不接受，也不得不維護的。[5]

在以上描述的修院制度與其他近代的思想改造之下，我們可以找到一些心理學的法則。

5　原註5：David Rapaport，序言原註4所引書，12。

所有的制度，都是一種實驗，先開始使青少年認定擴散惡化，然後再加以治療。

因此，雖然臨床醫師會懷疑修院中的緊張、誘惑與拒斥，會不會以另一些替代的形式出現，彷彿一個地下的唱詩班向唱詩班虔敬的訓練挑戰一般，但嚴格的修院制度必須藉由基本原則來確認。在嚴格的統一之下，每個修士的個別特質也必定非常明顯。新教徒文學家喬伊斯[6]，曾描述他的重大問題好像都由告解或彌撒解決了，但他卻「一直為一些稚氣而不重要的不完美所困擾，譬如聽到他母親打噴嚏就生氣……他常想到他耶穌會師長生氣的樣子，他們抽動的嘴、緊閉的嘴唇與發紅的面頰。他不斷地想起這些事，使他覺得非常洩氣，雖然他努力地想做個謙遜的人。」[7]下面我們即將會討論到在最初幾年，馬丁也累積了不少大大小小的忿怒——他破壞自己的誓願之後，這些忿怒就一下膨脹起來。但他自己卻相信第一年的隱遁生活「很好，很安靜，似天賜的一般」。尤其是他有一個很好又坦白的導師：「在他那可咒的頭巾之下卻有個很傑出的基督徒。」[8]在基本訓練當中，有的老師很好，有的老師很壞，但只有那些不了解人類良心在結合了力量與正義時好與壞其實非常接近的人，才會覺得這件事很矛盾。與初學生接觸時，連那些最艱苦的前輩都想說服自己他們奉獻一生的行業是可敬而受到感召的。

路德做了一年初學生之後，就正式加入了這個行業。他又被領到聖壇前的院長面前。「現在你必須選擇了：離開我們，還是拋棄這個世界……但我得加一句，一旦你決定獻身，你絕不可以任何理由拋棄服從的責任，因為你是在自由的情況之下志願接受它的。」

一套新的袍服被帶來了，這次院長正式地為衣服祝聖：「上主，是您的意志叫他穿上本會的袍服。上主，也賜與他永生。」院長為初學生脫下衣服：「上主除去這舊人和他的工作。」「上主賜給你一個新的生命。」接著是讚美詩。「我，馬丁修士，誓願尊從全能的上主、無玷聖母與您，威南德（Winand）修士，本院的院長與本會的主教……我願遵守聖奧古斯丁的規定，放棄所有的財產，並守貞節，至死不移。」[9]

典禮結束時，院長以拉丁文向馬丁保證，只要他服從，他必獲永生（si ista servas, promitto tibi vitam aeternam）。

馬丁發願後不久，他們就告訴他，他是命中注定要修道的。對一個這樣有才華的碩士，我們很可以理解他們為什麼這樣說。後來他選擇教書，也是在預料之中。但這兩件事都不是

6 編註：詹姆斯．喬伊斯（James Augustine Aloysius Joyce, 1882-1941），愛爾蘭作家和詩人，二十世紀最重要的作家之一，是用英文寫作的現代主義作家中將國際化因素和鄉土化情節結合最好的人。代表作包括短篇小說集《都柏林人》、長篇小說《一個青年藝術家的畫像》、《尤利西斯》以及《芬尼根的守靈夜》等。

7 原註6：James Joyce, A Portrait of the Artist as a Young Man (New York, Viking Press, 1957), 410.

8 原註7：L. W. W. A., XXX, 3, 530.

9 原註8：Scheel, II, 23-24.

他個人的選擇，但他也不能反抗。這是他脫離純樸僧侶的第一步，也因此脫離他原先的誓願。服從使他不得不面對權威野心的計畫，他取得一個學位，而其他的學位還在等著他。

這時，他已沒有任何誘惑，每日的時程表排得緊緊的。在這情況之下，像馬丁這樣壓抑問題、這樣真誠地希望避免背叛那處處照顧他的環境的年輕人，會發展出高度曖昧的強迫性思想與行為（compulsive-obsessive states）來控制他反叛的天性，是很符合精神病學理論的。他對自己的懷疑變成一種強烈的自我監視，對修會的戒律過度服從。他對權威的懷疑則變成對權威書籍進行思想上的檢討。這些活動至少暫時制服了惡魔。但，無論是馬丁還是漢斯，都不可能長久地偏安。

成為神父的預備工作裡，包括了研究有關天主教基本觀念的書籍，其中最重要的一部是卑勒[10]對彌撒經文的解釋。馬丁讀了這書之後深受感動，也大為困擾，「他的心好似在泣血一般」。他過去一直埋在教條裡面，這本書卻使他震驚，因為他發現成為神父最大的價值，就是將基督的存在與基督血祭的本質傳遞給他人。馬丁強迫性的默想傾向，使他立刻注意到神父最大的價值取決於他做彌撒前的內心狀況，以及他對彌撒步驟的注意。有趣的是，口誤與不自覺地重覆字句會破壞儀式性套語的效果。但卑勒也清楚地指出，只有未經告發的七大罪才能禁止神父望彌撒，也只有故意地輕視規律才能禁止神父主持彌撒。但是，一旦他開始主持彌撒，就算他突然想起一件忘掉的七大罪，也不能中止彌撒。這種自由派的說法，與當時另一位彌撒儀式專家葛森[11]（Jean Gerson）很相像。葛森當時在巴黎大學教書，也是個奧坎信徒。然而，對馬丁來說，任何儀式規律都慢慢變成一種苦難。隱修院的戒律本身，就是將良心的猶豫以精心設計的儀式來呈現，因此修士在遠離世俗魔鬼並且透過告解而被賦予了恩寵之下，應該熟習這些戒律，而不是滿腦子只想著這些戒律。彌撒時穿的法衣必須齊全而正確；心思不可散漫；重要的詞句要一口氣說完，中間不可停止，也不可重覆——這些簡單的規則對馬丁來說，全部是絆腳石。

神父的第一台彌撒，是一個具有特殊意義的畢業典禮。因此，根據慣例，他全家人都被邀請來慶祝。路德後來在一次奇異的飯桌談話時說：「在那裡，新郎在火炬的籠罩之下；如果他母親還活著，他必須與她跳第一支舞，好似基督與她母親跳舞一般。每個人都哭了。」[12]

那些傳記沒有說路德的母親是否被邀請；很可能只有男性親戚才受邀參加這種儀式。馬

10 編註：卑勒（Gabriel Biel, 1420 to 1425-1495），德國經院哲學家。

11 編註：葛森（Jean Charlier de Gerson, 1363-1429），法國學者、教育家、改革家、神學家和詩人。天賦人權（natural rights）觀念的早期思想先驅之一。

12 原註9：TR, IV. No. 4174.

丁也的確寫信邀請他父親，他父親回信表示如果有空的話會來參加。他果然有空。當日，漢斯來了，還帶了二十個曼斯菲德公民，捐了二十塊金幣給修院餐廳。一位旁觀者大吃一驚地說：「你在那裡一定有一個好朋友。」

對當日發生的兩件具決定性影響的事件，有許多不同的說法。第一件是有關馬丁做彌撒時焦慮發作，第二件是有關典禮後餐會上漢斯的發怒。在最富戲劇性的說法裡，兩件事都引起公然的騷動：他們說馬丁想從儀式當中逃走，但上司把他抓回來；而在餐會裡父親也曾怒斥修院的職員。路德自己後來常常對這些事加油添醋，他描述了許多事，但這些事其實只發生在談話之際，或完全只在他心中上演。這部分是因為他在飯桌談話中使用了許多民間流行的誇張字眼，部分是因為他的聽眾太著重字面意義，還有部分則是因為他太傾向於以戲劇化的表現方式來回溯往事，這個過程我稱之為**歷史化**（historification），以避免再度使用「投射作用」（projection）一詞。這是指路德記得的某件事的細節，很可能只是他思緒中或情緒上的經驗。他成長所在的礦工世界，特別善於將抽象觀念具體化（reification）以及傳播謠言，自然也有助於他那歷史化的傾向。而路德在必須接受自己歷史人格的最終認定感時，這種傾向尤其顯著。

最先，我們得討論那台彌撒。路德曾說他在念出「求仁慈的上主」這幾字時，很想像猶大（Judas）一樣逃離世界，而且真的做出要逃跑的動作；他忽然之間覺得自己即將在沒有中間人的情況之下直接向上帝說話。這句話是不是真的，我們並不知道[13]。教授認為不可信，因為路德必定早就知道這句話是跟在「耶穌基督，請代我們向上帝祈求」後面，意指請上帝的兒子代我們向祂的父親祈求。但不論路德怎麼會忽視了後面這句話，我們必須相信他說他「因為失去信仰，幾乎焦慮至死」[14]。然而，當時沒有人看到他在聖壇上移動半步。

像路德身上發生的其他事一般，誇張與想像不會增加也不會毀滅他命運中特殊時刻的戲劇性成分。當時，聖體在他前面，他父親在他後面。他還不知道如何「毫不羞愧地」與上帝說話，從雷雨之前的探親之後，他一直沒再見過父親。當時，他得調解地上的父親與天上的父親，但仍不知該服從哪一個。對這樣濃縮、強烈的經驗，我不願意支持教授關於神學衝突的解釋，也不願支持精神病學家關於個人神經質的解釋。馬丁那時面對的是生命中最大的分歧點，就像每個年輕人一樣——在這裡，奔向未來的與流往過去的溪流一刀兩斷。面前是聖體（Eucharist）不確定的恩寵，身後是父親即將爆發的憤怒。他當時的信仰裡完全缺乏調停這個角色的規章，雖然後來這個角色終究在他關於《詩篇》的演說詞裡成形。他對基督沒有鮮活的印象，他對調停這個角色怕得要死。由於這些，他對某些神學問題也敏感得要命，直

13　原註10：TR, III, No. 3556.

14　原註11：TR, IV, No. 4174.

到很久以後，他才有勇氣以道德問題面對它們，並向它們挑戰。

聖體悠長的歷史只有使它的意義更加混亂。在保羅時代，它一開始只是記念逾越節（Passover）的虔誠聚餐，後來卻變成最後晚餐。就儀式性的餐食而言，它原是為了巫術與性靈的補給，以吞食血肉做為儀式高潮的血祭與儀式，一開始是吃食人肉，後來則以動物代替，經過長期演變昇華而成崇高的表現。在最早的聖體聖事典禮中，眾人「表現感謝之情」：他們吃同一塊麵包，從同一個杯子裡喝酒，以懷念基督犧牲而死，如同祂要求他們做的那樣。這是一項崇高的活動，因為基督不但做了最大的犧牲，選擇自己的身體做為聖體（「我是羔羊」）；他也要求每個人為自己負起責任：「人應當自己省察，然後吃這餅、喝這杯……我們若是先分辨自己，就不至於受審。」[15]當然，保羅也痛斥這些基督徒團體未能把貪婪之心排斥在儀式之外；但，他們終究不過是些單純的俗人。

就像專制政體的現實生活迴異於革命理想一樣，那些比較不單純的俗人，即神學家與教會的政客，也把這個儀式變得完全不同於最原始的形式。這種不同不是偶然的；它是事物本身在心理方面的本質。青年人的反叛所趕走的東西，到了中年必又重新變成教條。教條一旦有了完全的權力，必重新恢復那些原該受到攻擊的東西，並以冷酷而過度嚴密的法律帶回那古老而野蠻的曖昧。這樣的做法是那麼無法令人心服，以致那原本由信仰統制的地方，現在卻必須由法律透過政治與性靈上的恐怖手段來統制。而一旦良心與教條和恐怖手段連在一起，人就變得禽獸不如，更比不上他野蠻的祖先；他在地上造了一個地獄，一個連神都不曾發明的地獄。

當早期的基督徒聽到「我們雖多，仍是一個餅，一個身體，因為我們都是分受這一個餅。」[16]，以及「祝謝了，就擘開，說：『這是我的身體，為你們捨的，你們應當如此行，為的是記念我。』」[17]，他們參與的是一個由無意識的形象與人民的詩歌混和而成的魔術。

我們的無意識裡永久保留著早期童年的意象。在知道東西是分開的而彼此名稱不同以前，我們經驗到的是某種存在的基本模式。我們感覺到和母體合一，我們從母體接受生命的物質——不單是食物而已，還包括肯定我們存在的所有正面經驗：個人的親切，以及感覺與希望的培養。然而，我們偶然也會經驗到意外事件，如壞的東西，甚至有些東西原先是好的，也可能讓我們噎到或肚子痛。在那時，只有最原始的照料可以再給我們一些好的東西來解救我們。就某一方面來說，我們心底一直記得這件事。這早期的經驗跟著我們從生到死。在比較原始的環境裡，這個經驗就演變成迷信的思想與行為，認為吃下一些重要人物身上的

---

15 原註12：《哥林多前書》第十一章第二十八、三十一節。

16 原註13：I Cor. 10:17.《哥林多前書》第十章第十七節。

17 原註14：I Cor. 11:24.《哥林多前書》第十一章第二十四節。

血和肉可以獲取有益的物質，或是認為魔鬼就是東西或身體上的咒詛，只有巫術才能解決。

在《童年與社會》一書中，我曾提到加州一個以捕鮭為生的印地安部落的日常生活儀式，報導這個非常貪婪而且極端財產私有的部落，如何教導兒童將進食視為神聖的行為：「吃飯的時候，座位秩序絕不可混亂，孩子也必須照規定吃東西；例如，湯匙上只能放一點點食物，要慢慢地把東西放在嘴裡，嚼東西的時候湯匙要放下——最重要的是，在整個過程中要想像自己變得富有。吃飯時不可以談話，這樣每個人才能集中全力想著錢與鮭魚，……這種態度，在優羅克人（Yurok）心裡，會帶來鮭魚的恩寵。優羅克人在吃飯時會想像看到樹上掛著錢，鮭魚在河裡游泳。」[18]

比較理性的人無法公然面對這些事，但他們會在多少帶有惡意的個人怪癖中表現這些事，或在夢裡處理它們。這些本能的天賦使我們與無意識交流，然後再以清澈的眼睛處世。在這些無意識的思想裡，也藏有個人恢復與創造的力量，文化制度又以藝術與儀式的治療添加其上。但這些無意識思想同時也藏著我們最大的弱點與可利用之處，因為無論我們怎麼理性，無意識總會想辦法表現出來。如果時代與地區不允許它表現其創造性，我們就很容易成為那些知道如何利用無意識而不知其所以然的專家與領袖的犧牲品。教條式的領袖是最糟糕的，因為他們結合了要命的顧慮與致命的不擇手段，這種結合使他們控制了我們的良心。他們知道如何麻痺我們的感覺，使我們陷於神祕的現實之中，不能完全相信，也不能完全不信。

基督說「這是我的肉體」，到底是什麼意思？而「這杯是用我血所立的新約，是為你們流出來的」[19]與「這是我立約的血，為多人流出來的」[20]這兩句話，哪一句比較接近他的意思？這些問題幾世紀以來一直是致命的猶豫。在神學家以壓抑新舊創造力來強化自己的地位之下，大眾承受著性靈驚恐與瘟疫威脅而爭先恐後地奔向堅固的天堂大門之時，這些問題終究導致了以儀式來謀殺的現象。

就象徵名稱來說，這早期原始的聖餐也由聖體式（Eucharistia，意指感恩），改稱為彌撒（Missa，意指開除那些不合格的人）。原來，合不合格是由個人反省來決定的，只要人「嚐嚐」自己內心的狀況就可以達成：「因為人吃喝，若不分辨是主的身體，就是吃喝自己的罪了。因此，在你們中間有好些軟弱的與患病的，死的也不少。」[21]後來，合格的定義卻變為努力建立功德，以及參與許多無意義的偶像崇拜儀式。的確，保羅已經發現生病而軟弱

18　原註15：Childhood and Society. 152.
19　原註16：《哥林多前書》第二章第二十五節；《路加福音》第二十二章第二十節。
20　原註17：《馬可福音》第十四章第二十四節；《馬太福音》第二十六章第二十八節。
21　原註18：《哥林多前書》第十一章第二十九—三十節。

的人總是比有能力內省而遵守紀律的人多，因此我們可以說，從群眾心理學來看，早期的基督徒對太多人要求太過。很明顯的，我們這位新保羅主義者（neo-Paulinian）馬丁．路德，也可以說對他自己的時代與他自己要求太多；後來，路德派的國家教會在當時與個人情況允許下盡可能地表現。然而，人類意識上最大的進步往往是由要求太多的人造成的，但他們因此也造成了一種環境，使他們訓練過度的跟隨者不是變成妥協者，就是變成教條主義者。因此，我們必須不斷地重新解釋這些人類意識的進步，並且不斷地問為什麼最好的東西會變成善的最大仇敵。後來，由那些最好的人組成的會議，終於決議基督的身體與血的的確確存在於麵包與酒之中，這項指令也變成一條法律，受制於思想控制與恐懼，但這原本只是一個道德力量，而且可能繼續扮演如此的角色，只要允許它在永久的團體信仰復興之中維持固有地位的話。

在主持第一台彌撒時，馬丁的意識與神學思想看起來沒有絲毫這些問題的痕跡，但他後來的作品與舉動卻證明當時這些思想大致已成形。大部分傳記學者覺得，對彌撒本身的懷疑並不會造成馬丁後來焦慮症的爆發，因為好幾年以後，他不是還對在羅馬某些聖壇上主持彌撒感到十分驚恐？他不是幾乎希望他父母親死去，這樣他才能接納教宗的商會的建議，為他們的救贖捐款？但對臨床醫師而言，這種強迫性、幾乎無望的對彌撒的注意力，說明了早在路德能大大方方地面對這個問題以前，聖餐早已被他長期的猶豫與曖昧所腐蝕。

上面我提過路德說他主持第一台彌撒時，被一種在沒有調停者之下面對上帝的感覺擊倒。我們現在要討論他其他的遭遇，亦即他與地上的父親的遭遇。那些企圖解釋路德焦慮的傳記學家沒有考慮到，自從那次衝動地返家後他就沒見過他父親，這豈不是很叫人驚訝？他也從來沒有面對面與父親討論以向他爭取許可。難道馬丁不能預料父親基本上是頑固的，並且還會隨時提醒馬丁應對他表現尊敬，因為他明白這兒子不能完全放棄孝順的責任，永遠不能也永遠不會？在馬丁的第一台彌撒中，充分呈現了孝順的兩難。馬丁，一位尋求僧侶身分認定的人，已經被晉鐸為神父，成為分享與分配聖體的人。他應該感到快樂，但說這些並沒有用；像其他青年偉人一樣，他從不感到他有本事走向那職業的下一步。他接到擔任教職的命令，卻以為自己該死去。後來，他意外地獲得勝利而進入沃沐斯會議，此時他顯然已無法逃避成為人民的改革者，卻溫順地站在皇帝面前，話都說不清楚。他需要一段時間學習如何扮演他無意卻篡奪成功的角色。他必須在父親見證下完成他第一個教會職責，而這父親曾當面咒詛過這個決定，因為它使他的兒子逃避了做為（漢斯）兒子的身分。傳記學家把聖體神祕的存在與父親壓迫性的存在分開，實在是不對的；那天後來發生的事，以及未來所有的事，都可以證明這一點。

馬丁是自作自受，這是不可否認的——就像他父親不讓他好過一樣，他也沒讓他父親好過。馬丁知道他父親並不是「全心全意」地支持他，但典禮完畢後他們會面時，「我們坐在桌旁，我開始用好孩子的態度跟他說話，希望讓他知道他錯、我對。我說：『親愛的父親，為什麼你那麼反對、生氣我修道呢？也許你現在並不怎麼高興看到我在這裡，儘管這裡的生活是甜蜜、聖潔與和平？』這父親卻在學者、官員及其他貴人面前回答說：『你們這些學者難道沒讀過《聖經》說人應尊敬父母親？』」[22]有人開始和他爭辯，漢斯．路德卻發出一句咒詛：「上帝才知道那事不是鬼在作怪。」[23]那事，自然指的是馬丁「大馬士革之路」的雷雨。路德後來變成一位偉人之後，曾公開地告訴他父親：「你再度聰明地擊中我的要害。我一生沒聽過比那句更能在我內心迴響、更能擊敗我的話。但是，」他在十年之後又把他父親換到他自己的位置上，「但是，在我的正義的保護之下，我聽你說話，就像聽任何人說話一樣，並且十分瞧不起你；但叫我的靈魂真正輕視你的話語，我是辦不到的。」[24]

如果我們能說出這偉人許多年以後才寫出來的話，也就是清楚地、安靜地向我們父母親說：「我聽你說話，就像聽任何人說話一樣。」我們還有什麼不敢說的？那事發生的時候，馬丁也沉默不語。但他後來承認，在他父親的話裡，他聽到了上帝的聲音，更使這兩者的存在永久地混淆不清。他覺得他父親並沒有「像許配女兒」那樣祝福他，而上帝又拒絕了他對聖體的經驗。得不到這些，馬丁（也就是漢斯的兒子）沒有辦法完完整整地活下去；他還沒找到「直接向上帝說話」的正確禱詞。

現在，他完全孤獨了。他得孤獨地面對自己的性情，據他父親預料，他的性情將使他無法終生獨身。他也得孤獨地面對他的憤怒，他的父親也說明了這憤怒是無法控制的。我們也許難以相信，但馬丁那時的確被拋回嬰兒期的奮鬥（infantile struggle）之中，他的奮鬥不只是孝順服從父親，更是如何與父親認同的問題。這種退化與個人衝突使他不再相信修道院與長上，那些他在修院第一年「天賜」的維持力量。在修院裡，他也很孤獨，他的行為逐漸變得不可理解，連那些相信他的人也不知道為什麼。如何才能贖罪，變成他信仰上的絆腳石，也變成他神經質上的強迫性思想，以及神學上最重要的問題。

二

路德後來抱怨他的父親拒絕在他的新婚中「把他送出去」，這個抱怨從許多方面來看意義深長。它顯示出，無論漢斯這位兒子多麼努力相信出於職業而被動的悔罪會解決他的問題，他仍懷有著當代最偉大的心靈的力量。餐會中他孩子般的訴求更背叛了他自欺的企圖。

22 原註19：Dok., No. 508.

23 原註20：*Ibid.*, Nos. 46 & 508.

24 原註21：L. W. W. A., VIII, 5/4.

難怪他父親覺得他胡說八道，而且也難怪他會在父親憤怒的反駁中聽見了上帝的聲音；因為這聲音同時也表現了兩者相似的性情，以及他們都驕傲地堅信，**他們的**惡魔對優雅的神學來說過於暴烈，而**他們的**性情對改良過的修道生活也過於強烈。

這次在性靈上失敗的晉鐸禮，結束了馬丁與修道生活的蜜月期，也注定他們的決裂，這使路德晉鐸之後下一階段生活的資料非常混亂。他還留在修院時，沒有人特別注意這位易於興奮但令人印象深刻的修士有什麼值得記載之處，只有在他離開了修院之後，他自己與其他修士才開始帶著辛酸地熱烈評價他的修道生活。但決裂卻使任何回溯失去清晰的線索，因為它使一種愛變成兩種恨。決裂之後，「至死才分離」的誓言必須解釋成一種錯誤的託付。任何代表愛的東西現在代表的是恨。我們無法說兩個人多好還是多壞，我們只能說他們對彼此不適合。然後律師接手，把這整件事變成雙方都意料不到的各種爭議。

後來，路德變成自己最好也是最壞的律師。他寫了一些偉大的論文，使人感到他有了新性靈與新婚約。像任何論戰一樣，他把舊的事實與理論推開，而非去仔細加以思索。但他也把主觀感覺到的東西，私下以歷史化的方式（如同先前所定義的）改變舊有的情況，而且在他的歷史化當中，他還表現出一個沒有修養的決裂者所有的輕率、哀怨與粗俗。他說長上們建議他不斷地保持醒著、祈禱、讀書以自苦，以致他的健康毀損。但他自己也說過一五一〇年時，他可以自耳弗特步行到羅馬，再從寒冷的阿爾卑斯山回來，那一年特別多雨，他卻只得了一個小感冒。他又抱怨修院明文規定，彌撒時少說了一個字「為」（enim），就像犯了姦淫或謀殺那樣的大罪一般。但這個控訴，以及那偉大的歷史化控訴——例如聲稱他必須努力爭取，才能閱讀《聖經》，但事實上他進入修院即受贈一本《聖經》——都該由他的信徒來指責；他的信徒不能明白他的解釋為什麼必須這樣誇大，也不想明白他們偉大的宗教領袖在晚期講的話是多麼地不負責任。

我們也不能從字面意義接受他從前的修院兄弟在他離開教會以後說的話，因為他們對教會仍保持著忠誠。在他離開以前，他們似乎很願意承認他是個特別的人（他自己就說過，「我從前必是個奇怪的修士」）[25]，他們所謂的特別，我們今日可能稱之為「緊張」（tension）。有些人甚至認為他的衝動是傳統的保羅類型，只要是用來為教會服務的話。然而，一旦他變得像個新的聖保羅，他的行動卻被重新解釋成魔鬼附身或個人的壞脾氣。雖然伊拉斯姆那樣善於適應的人在爭論白熱化時，也稱路德為狂暴的瘋子和醉漢，但用這些意見來診斷路德患有間歇性的瘋癲（periodical insanity，針對路德的醫學評論就這麼說），仍是不被容許的。

無論如何，晚期的路德不是我想討論的。馬丁的病症發作與幻想似乎是歇斯底里式的。

25　原註22：Dok., No. 162.

躺在床上，他可能想像自己置身於天使當中，但情緒忽然轉變之後，他又以礦工的多疑症懷疑那發光的東西不過是破銅爛鐵，因而認為那些天使只不過是魔鬼。但我們在這種幻想中不能找到真正幻覺的特徵。它們代表的只是一種明顯針對輕信（credulity）而進行的強迫性自我測試，他父親就曾挑戰過他的輕信。路德對他自己內心生活的解釋，也常代表著這種測驗。這種頑固的曼斯菲德人迷信（Mansfeldianism）也表現在他怎麼處理夜間的魔鬼騷擾之中。他說有一天晚上魔鬼十分吵鬧，他只好帶著書上床去睡覺，因為他相信公然的輕蔑是對付魔鬼最好的辦法。現在的學生一定很高興可找到這樣的理由去睡覺，但根據他朋友的記錄，我們很確定路德這幾年必然是在強烈的焦慮之下煎熬，他甚至會一身冷汗而驚醒（他稱之為「魔鬼之浴」）；他有一種魔鬼恐懼症，使他在典型的強迫性曖昧中漸漸也開始害怕那最高的美善可能只是魔鬼的誘惑，即使如基督發光的容顏亦然。他開始害怕甚至厭惡基督，不論他的長上如何耐心向他解釋，他都相信基督降臨是為了懲罰這個世界。他有時會突然失去知覺，而至少有一次，亦即在唱詩班那次，他甚至會痙攣。今日我們會覺得這種病症的爆發很可能是因為年輕人積壓了過久的憤怒，他想做個服從、虔誠而能棄絕自我的人，但卻找不到一個合法的外在目標來攻擊或合法的武器來向周遭擊刺。

馬丁的生活很可能已經到了我們今天所謂的精神病症邊緣狀態，起因是青少年期過長而嬰兒期衝突再現。但決裂後雙方的諷刺，以及那時新興的黃色新聞事業對這樁決裂的報導，都沒有解釋為什麼馬丁會在教會修道、行政與教書的階梯上平步青雲。他開始改革宗教時，絕不只是個簡單的修士而已，他是院長、教區主教，管理著十一個修院；他還是一位神學教授，他的講座還是從前省主教擁有的頭銜。因此，至少有十年，這樁事業並不是太糟糕。

然而，他雖然愈來愈忙，修道的現實生活卻逐漸被他對自己的注意力所取代。路德的強壯與思想上的穩健，使他在義務的正規意義與內心掙扎的鴻溝日漸擴大之下，仍能盡職地完成他的日常義務，也許他的長上與同事們也注意到這個鴻溝的可怕。但在同時，情緒轉變的片段與本能的思想，也支持了一個逐漸肯定自我的神學系統成長，而後在「塔中的啟示」達到最高峰與觀念上的統一。這種痛苦的長久潛伏期在青年偉人身上是非常普遍的，他們只有在自己有能力照顧的時候才會創造新生命，也只有在找到執行他們認定感的東西（就馬丁來說，這東西是上帝的話語），並經驗過馬丁在威登堡與施道比次及其他人文主義者的親密友誼之後，才有能力創造新生命。在修院中，這三項因素，亦即他的認同感、他對建立親密關係的能力以及他對自己創造能力的發現，都頑強地為了他父親與上帝拒絕給予的完全赦罪，進行生死殊鬥。沒有父親與上帝的赦罪，宗教人格完全沒有認定感可言。

因此，馬丁在修道院的中期實在不是什麼偉人，雖然新教的傳記學者盡全力想證明這點。有人寧願稱他為一個青年的病患，後來才變成一個具有強大破壞力的偉人，但這樣的說法也不免有點加油添醋。我的說法受到這兩種學派的影響，但我將稱馬丁為一個無論生病與否都偉大的青年。這個世界能否負擔這樣的人，是另一個問題。但在我們開始處理這個問題以前，我們必須先學著去認識我們敬愛的英雄的痛苦，以及那些我們最好沒有的偉人的瘋狂。因為，雖然我們的生命很短促，我們選擇、支持與容忍的偉人會像個禍因，影響到我們下面好幾代的人。

在青年偉人的身上（以及其他充滿活力的青年人身上，我們不應該要求他們先表現偉大的烙印才允許他們顯露出混亂與衝突），一般的一致性（consistency）、內在平衡（inner balance）與才藝（proficiency）的尺度，根本就不適合衡量他們生命最緊要的層面。我反而要說，極端的衝突狀態是無法避免的，而他們自己與別人都認為這種情況十分嚴重。因為，如果不是有些年輕人遠離社會的妥協型態，如果不是有些年輕人幾乎是強迫自己違背自己的意願，寧可孤獨也堅持要尋找新的方法，來解決關於我們存在的問題，社會就會失去一條重生的大道——那促使人類意識革命性擴張的大道，而唯有此路可以與技術及社會變遷並駕齊驅。在回溯這擴張的一步之時，一半是為了了解偉大的起源，一半是為了認清其實偉人終生皆伴隨著幾乎失敗的創傷，因此我們必須考慮踏出那一步的人近乎失敗的故事。上面我已提過，齊克果說路德的言行舉止總好像閃電立刻要打到他身上一樣。而一個偉人也帶著他近乎失敗的打擊，以及對近乎謀殺了他的自我確定的人的怨恨，來到他創造與衰退的日子。他把他的怨恨建構成像堡壘般的系統，這堡壘起先是穩固的，後來卻不免是易碎的。

三

馬丁的專業是為他自己與所有人類的來生退隱悔罪（monastic penitence）。但對我們大多數人來說，這件事實在不是什麼正常的全職專業工作。然而，馬丁在追尋個人贖罪之中，卻使用了那些他的專業用以解決性靈問題的特別方法，路德後來稱這個解決方法為「麻木的、麻痺的良心」。無論如何，要解釋他個人追求過程中的變化，除了用這與他半路相會的系統之外，別無他法可循。沒有任何訓練會比修道方式更能有效加重馬丁這種年輕人的神經質了。後來路德曾說他看到其他人發狂，也覺得自己快瘋了。但我們沒有理由假定這個環境比其他思想訓練的環境更容易使人發瘋。任何帶有意識形態重要價值的思想訓練都有危險，這危險毀了一些人，卻使另一些人獲得最高的超越。

說到這裡，我想起我自己的專業：讓我盡量發揮這奇異的平行線吧。年輕的精神分析醫師（有些也並不怎麼年輕）在受訓練時，必須經過一種完全融入自己的訓練步驟，使他與自己的關係，以及與他共同生活的人的關係，面臨極大的挑戰，這種挑戰，除了修道之外，是其他專業訓練不能相比的。由於在某些國家，這些訓練的報償是高收入，也由於幾十年來精神分析醫師注意的都是性的問題，更由於在某些歷史情況之下精神分析的力量像其他力量一樣都會使人腐化，因此這種訓練常被人認為充滿了放縱（licentiousness）的情調。

然而未來的精神分析醫師卻應先行分析自己。這種「治療」像治療病人一般，應該系統地限制人際關係。數十年來，精神分析師已接受了每日會面的正式環境是最自然的安排，藉此引出被分析者的自由聯想。然而，這種為了獲得自發表現的自然環境，既是一種新的禁慾精神的練習，也是一種由它挑起的自由口語材料來決定成果的長期實驗。

首先，其中有我所謂的「臉的犧牲」（expendable face）的禁慾。被分析者橫臥在躺椅上，分析者鄰近他頭部邊緣坐著，兩個人的頭都轉向側邊，分析者非常仔細地聆聽病人口中說的話，只有在需要技術性的解釋時，分析者才能打斷病人的話。他當然不能看到被分析者的臉。他只能看對方的手勢與身體姿勢的變化。被分析者看著天花板、書架的頂層或那他看過幾百小時的同一張畫（在這裡我想感謝一座微微發光的大理石希臘雕刻的一小部分）。視野的限制、肌肉與身體位置的限制、仰臥的姿勢、臉部表情交換的缺乏與特意揭露初初形成的思緒與想像，不但使回憶與冥想更加容易，也產生了「傳移神經病」（Transference neurosis）的效果，也就是把被分析者的病癥與盲點之中不理性或無意識的思想內容與效果，傳移（transfer）到分析者。

無論材料平凡還是可怕，令人心動還是令人作嘔，令人深思還是令人生氣，精神分析者不斷耐心地解釋無意識思想的各種型態。但當一個人的工作必須有系統地排斥任何表面工具，並專心地拒絕臉部表情時，他必會幾乎強迫性地注意無意識（the unconscious），教條式地強調只有內在的過程才是人真正的實質，更高估了言語在人類生活的重要性。這方法中潛在的危險，與馬丁的猶豫之中的危險十分相像。面對那轉開臉的老師的耳朵，那拒絕以個人的身分譴責或赦罪的老師，他們談到那些他們連做夢都沒夢過的誘惑，或那些在他們不了解夢或自欺作用以前從不知道自己夢過的東西。在犯罪行為表現以前或以後的衝動，他們也說了出來。這些衝動會暫時破壞人們早先的適應，包括他對那些與他共同生活的人的適應，而那些人完全不了解為什麼分析者先得自己生病才能學會如何治療他人。然而，在這過程之中，這位分析師候選人與他自己無意識交流的力量卻與日俱增，使他逐漸認識別人的無意識，以準備他容受病人的傳移神經病，而不去破壞它。因為病人會叫他做好父母，或壞父母，他們會把他神化，或把他變成一個無賴，而他們使用的語言是那麼自然生發而出，連神父都不敢去挑動或不願容忍。而他自己的傳移神經病，則可望在面臨病人之前已獲得痊癒。

在看病人之前，訓練的主觀層面，也就是個人的分析，必須與這新科學實際與理論的訓練相配合。這多半是指在某一個特殊的訓練機構中培養他特殊的感覺與習慣性的概念。這機構多半由遠來的領袖建立的，雖然每一國家都有統一的標準，但沒有任何組織的規律或現存的經驗，可以容納這種由個人、專業與組織的混合解放出來的毀滅與創造的精神。因此精神分析學也有它的修士、修道與修院生活。

我的論點是，精神分析學前所未有地暴露出性的問題，表現出性的種類和變化，並顯示性與邏輯和倫理毫無關係，但卻使我們忽略了它也發明了一個新的禁慾主義，它英雄式的棄絕更產生了邁向道德警覺性的新步驟。人一向引以為傲的東西——亦即以美學、道德與邏輯，去合理化那不理性的東西——已成為無盡深淵最表層的波紋。

就治療法來看，精神分析只能幫那些能容忍這些治療法的健康人，以及那些智力足以使自己在治癒病癥之外還能獲得好處的人。就思想的經驗而言，精神分析學卻像其他禁慾方法一樣，激起人對心靈深處的接觸，若非如此，這些地方是完全在意識控制之外的。

這簡短的反思應可幫助我們明白，那些比較有思想的修士在戒律中面對的是什麼，以及為什麼那些修士導師反對馬丁。

譬如，馬丁的憂鬱症這個問題。某種程度的憂鬱症，是修士不可或缺的條件。但有些人比較憂鬱，有些人比較不憂鬱，因此他們不得不把憂鬱變成共享的事件與訓練的目標。訓練指的不只是修士不能忘記人終究會死亡也不可能完美，更是指他不能使這些事實變成自憐的沉思。因此他得用系統的默想與專業的告解，發展出一種觀察自己的方法。對一般人來說，避免誘惑或坦承誘惑就夠了。但對修士而言，他必須向前挑戰誘惑，因為誘惑是不斷測試真正的內在堅定的試金石。他必須有系統地懷疑自己的動機，但同時不能使自己疑慮太甚，或自虐性地尋求自我譴責。

精神分析學中也有類似的困難，我們用自由聯想的方法挖掘我們隱藏著的思想與睡夢中的誘惑，審視我們的意識，以求自由地跟隨並誠實地描述那不經選擇的思想。當然，這件事只能大致做到。人若魯莽地宣稱他可以做到這點，正是證明他完全沒有這方面的天賦。而且不是每個人都可以或應該嘗試精神分析。對某些人來說，意識的控制過於嚴苛，他們很可能在認為控制意識至關重要的行業裡出人頭地。對另一些人來說，急促地想要在意識層面實現的衝動太過強烈，那麼如果不將衝動宣之於口，反而可以加以運用而可能獲得更多的成果。此外，這方法也可能使生病的人病得更重。所期待的治療結果是否可以合理化這種治療所帶來的風險，是很難斷定的事，但一般受過良好訓練的人多半有自信可以做出決斷。

這種負起責任的訓練，原是為了規範逐漸解放的內心而發展出來的，但是它若一旦被推廣為治療法與專業訓練的方法，就難免被標準化，以使那些不會熱心地自動自發審查自己和那些沒有這方面天賦的人也能受惠。標準化後的步驟必造成一體適用的情況，但一體適用卻是當初發明這種方法的人完全沒有想到的事。施予訓練的分析者偶然也會注意到銅板的另一面，那就是馬丁的上司發現在他們手中的是個青年偉人時的困境。如果這樣一個擁有能真正審視自己的潛力並對自己創造力極為驕傲的人向我們申請受訓，我們會不會發現他、接受他、留住他？他那剛發芽的創造力能適應我們既有的方法嗎？在這樣日益標準化、嚴密監督的訓練制度之下，我們會對他公平嗎？然而，問這些問題未免太過於自我中心了。無論我們用什麼方法，這種人都懂得如何照顧自己的。現在讓我們來看看馬丁是怎麼做的。

在馬丁追尋孤獨與無聞之中，他覺得靜默、訓練、禮拜與告解都是神聖的。他必定希望以服從上帝為避風港，將來必能讓他服從在地上的父親。這父親曾稱，就算沒有意識到，這打算都是在虛張聲勢，此話不無激怒馬丁的用意；他說完這話之後，馬丁就開始叛變了，雖然他叛變的形式是一種曖昧的過度服從。我也要這樣解釋馬丁第一台彌撒之後的狀況。他過度小心翼翼地努力遵守戒律，來表現修道生活的荒謬。有些傑出的年輕人，像馬丁在修院一般，把自己關在壁龕內，以大量的強迫性補償（compulsive compensations）保護自己。他們只有把自己弄得十分渺小、狡猾，才能逃出這樣堅固的牢獄。極端的棄絕可能導致幾種神經病的混合（amixed neurosis），有時更會瀕臨精神病的邊緣，我們曾稱這種併發症為嚴重的認定擴散。但在這可憐的混亂之下，我們總會發現那許多問題裡有著某種強烈的熱心，那戲劇性的無助裡有著叛變性的嘲弄，而在那堅持要直搗要點——那致命的、真正的要點——之中，也有著好奇的誠實（與誠實的好奇）。

就這樣，馬丁開始折磨他的老師。他們開始幫助他適應新的神父角色與未來的學者與教授角色時，這種折磨也開始了——他開始拒絕這些角色，雖然他也以極端的服從與特殊的才能不斷地招惹這些角色。然而，這種訓練也進入了一個特別要求儉苦、內省且努力向學的時期，使他比較不能忍受。原先，修道的外衣緊密地包裹著他，使他免於衝動，現在，他的猶豫卻像蠹蟲一樣啃噬這件外衣。因此，他很容易陷入性誘惑與良心聯手之下帶來的認定擴散。他加倍地遵循戒律以對抗這種聯手合擊，但卻發現自己已遠離了三樣東西：他煩亂的驅力（他的「色情狂」）、混亂的良心，以及修道的方法與目的。

譬如，在告解時，他會小心翼翼地把所有的意向與行為都報告出來；他又把一般可以接納的純潔行為分解成許多小小的不純潔行為。他甚至把過去一直追溯到幼時的誘惑，照順序報告出來。告解完好幾個小時之後，他又會要求另一個特別的告解以改正他剛才說錯的話。這樣做時，他一方面像是迫不得已，一方面卻充滿著背叛，至少在無意識裡是這樣。他的老師甚至威脅要處罰他阻撓告解的進行。我們該記得，告解的方式是很傳統的，它的目的是在不妨礙修院生活的效率之下，去符合一般的規則。有許多方法可以幫助告解的修士遵守規定，譬如，他可以依序告明在五感官、七大罪與十誡方面的過失。因此一個誠實的人在這樣過失的順序引導之下，很可能沒有什麼可說的，也可能覺得很放心。但馬丁卻做了完全相反的事。他把小事都變成大罪；有一次，他的導師施道比次甚至在信裡嘲笑他說，基督對這些小事完全沒有興趣，而馬丁最好犯一些比較刺激的罪過來告解，如姦淫、謀殺——或許是謀殺他的雙親[26]。上司這樣對待他，更加使他消極失望。他說有時他已變成「行屍走肉」。

26 原註23：Dok., No. 487.

這些全是最典型的強迫症特癥。這種只專注於達到某一種目標的方法，以及無止盡地思索這些方法，會使追求者更加遠離他的目標。他的目標是感受到一些東西，就馬丁來說，就是感受到上帝赦免了他，感受到取悅上帝的可能性。這時他卻離他的目標愈來愈遠，但他仍非常誠實：他後來在講授《詩篇》的講演中，講到懺悔時，他叫他的聽眾參考聖奧古斯丁的告解，並說：「我在這裡談懺悔，但我卻不曾感覺到它。」[27]他感受到的卻是他極力想擺脫的東西，亦即卑下的性的誘惑、小忿與低賤的咒詛。這些都證實了他父親的懷疑，而成為他的衝動最祕密的武器：把對父親的公然背叛（亦即當修士）轉變成對父親預測的祕密服從（當一個壞修士），而他的藉口是服從上帝（當個比合理的要求還要好的修士）。

這裡我們必須注意青年反叛者的特徵：他們的內心分為兩半，一半想投降，一半想控制。他也被兩種傾向撕裂，一種是想放棄、想失敗的傾向（路德總是在快要成功時認為自己會早死），另一種傾向則是不但想領導自己，還想領導那些侵犯自己的人與力量。就思想人物來說，第二種傾向，亦即專制的傾向，最初常矛盾地好似要向被動性（passivity）投降一般，但這種投降在後來卻證明只不過是一種想主動了解被動性以剔除它的存在的企圖。甚至快要失敗時，他還在努力爭取一個地位，使自己能重新找回一點主動感。等他找到一塊立足點，他就會開始對社會的基本前提進行全面的評估。在《詩篇》講詞裡，我們就可以找到那後來成為路德神學的全面性。但現在我們得研究他早期幾個全面性的重新聲明，這些聲明在他後來的危機中，與神經質的誇張及犯罪的偏差，實在沒有什麼區別。

對於他後來稱為勤勞而無用的告解[28]，他以極端的誠實加以違犯。他覺得他無法決定告解得來的肯定感是否真是神聖的，他也覺得無法決定人是否可以真正區分害怕處罰的懺悔（attrition）與完全的懺悔（contrition），那使人完全地敬愛上帝與人類的懺悔。在這無法決斷的狀況下，我們很容易看出他指的是他做兒子的失敗；的確，我們可以說他把他身為兒子的絕望轉移成人類對上帝的狀況，並堅持進行宇宙層面的測試，藉此他強迫著自己走向信仰的新路或失敗的新路。在神學上，這後來變成他對所有善功加以激烈重估的一部分——善功指的是以特別的努力與分級來贏取正義的上帝的恩惠。另一方面，面對葛森提出的妥協的問題，亦即上帝只要求人做能力所及的事，他說這種比較不嚴苛的要求是軟弱的藉口，也會誘惑人跟上帝談條件。他認為這種自由主義是「猶太式的、土耳其式的，與培拉京式（Pelagian）的」詭計——這句話在當時相當於說「英國式的、教皇式的與布爾什維克式的危險」。對他來說，七大罪與小罪之間似乎特別不可能區分出等級差異來。因為如果是七大罪，據它的定義就是指破壞了生命的愛的原則，這樣的人又怎麼可能重新找回信仰？如果犯

27 原註24：L. W. W. A., VIII, 549.

28 原註25：L. W. W. A., I, 576.

了七大罪，就毫無信仰可言了。他的結論是完全的悲觀，他否認人可以用世間的法律或儀式來贏得上帝的恩寵。他宣稱，厚顏地以「愛的行為」來換取永生，是性靈上的賣淫。因此，他走進了一條死巷，只有完全的解決才能救他出來，但這件事全部的意義只有在「塔中的啟示」才充分顯示出來——那就是，在行為之前必先有信心。任何戒律下的善功，如果是在冷淡、厭惡、缺乏信仰、愛、喜樂與意願之下完成的，都注定要在性靈上失敗。

在談到馬丁告解時的猶豫時，我們提到所謂「色慾」（concupiscence）的問題——也就是天生使人犯罪的驅力；我們也提到「性本能」（libido）——次於憤怒（ira）與不耐（impatientia）而使馬丁陷於誘惑的東西。從我們談過的所有問題，以及我們的歷史知識所引導的期待來看，我們很可以想像馬丁壓抑下來的憤怒與仇恨終究會爆炸開來。當他說主持彌撒常使他陷入不神聖的憤怒之中，我們不會覺得吃驚。但另一方面來說，我們也不會懷疑，對這易於興奮的年輕人，性的緊張常伴隨著其他的緊張，而對這過於正直的年輕人，性的緊張就是性犯罪。然而，神經質的性緊張並不只是因為天生的驅力。無疑的，只有較具男子氣概與較不神經質的人，才能有時禁慾而有時仍能以毫不減弱的能力做愛。就馬丁來說，他父親預料他不能忍受獨身生活，他的上司卻假定他可以，使這問題無法用生物學來解釋。而且，我們也應區分外在世界的誘惑——也就是可以降低機遇或驅力來避免犯罪的際遇——與那些使修士像瘋狂野獸般的誘惑（tentationes），因為修士受訓的方法就是故意刺激這些誘惑來看看這方法能否予以制服。精神分析者還知道另一個類似的情形，那就是有系統的內省，其最終目標是使人可以明智地控制他的驅力，但一開始它卻會帶來前所未有的混亂。正如路德所說的，「在完全瘋狂之後」，並且再加上：為了誠實評估性慾方面的事而去思考它們，正會使它們侵犯你的誠實。[29]

路德後來有時天真、有時精明地坦白他的性生活，由於他的衝動，或傾向將事情公諸於眾的個性，他透露出這件事的不同角度。他的文字因此可以套用幾乎所有學派的解釋。新教的作家想把他描繪成日耳曼塑造出來的聖人，因此把他形容成一個毫無色彩的年輕人，並把他的雄性特徵限制在性靈層次上。精神病學家說這些作家把路德變成「心理嬰兒」（psychoinfantile），實在非常正確。另一些人卻用路德自己的話，把他形容成一個過度重視性而有許多祕密罪過的修士，完全不適合獨身生活。

但多數權威都同意，馬丁與女人沒有不軌的行為。路德以令人消除疑慮的方式拒絕女人，聲稱他擔任神父時只接受過三名婦女告解，而且他連正眼也沒瞧她們一眼，雖然他似乎對這些事記得很清楚。他的生活狀況也不容許他陷入歧途。但在另一方面，他提到的自慰（autoerotic）事件，卻不僅是個人對自己特別的性行為告解，而且是為了說明只有在神學論

29 原註26：L.W. W.A., XXXI, 2, 230.

戰時才會公開討論的獨身狀況。路德大部分時候指涉的，都是一種愈是想評估、控制就愈是惡化的性衝動。他最先說夜間遺精是一種自然的需求[30]，但他又說對他自己而言，這被認可的生物發洩與他心理狀態上的衝突不可區分，而且愈去禁絕就愈嚴重[31]。一般認為夜間遺精的行為介於犯罪意向與非意志行為邊緣，難怪他確信修士遺精之後的早上多半不做彌撒。

在早期幾個演講中，路德詳細地解釋如何用主動的（voluntary）方法來影響「孤獨時的遺精」，他也解釋了夜間非主動的遺精是在自己不知道的情況之下發生，甚至清醒或日間的時候都可能發生，還加上一句「很多人都有這樣的經驗」[32]。在精神病學家看來，馬丁的描述就修士來說未免過於詳細。但這種清醒狀態下非主動的遺精，時常在青年人陷入緊張狀況時發生，如考試或遲到，因此也很可能在修道的環境中更為普遍，因為在那環境中病態的警戒已升高成一種性靈上的恐懼。無論如何，如果我們想在路德矛盾的話裡找到性犯罪的特殊形式，在臨床醫學上最可能的情形，就是馬丁平常的緊張狀態有時會引起突然而自發性的射精——這會使敏感的青年為自己沒有存心想做的事感到羞恥，卻又因那種他承擔不起的快感而得到解脫。然而，它最重要的意義是讓他懷疑，或甚至半帶著心知肚明，他自己多少在無意識中存心做這件事，而做這件事時，他感到的快樂與背叛是他平日告解時絕不肯承認的。我認為路德當時指的就是這種自發性射精，而非手淫（如同那位精神病學家所說），雖然臨床醫學家認為這位年輕人過分的猶豫很可能是來自孩童時代的手淫。事實與統計數字在這裡卻是無關緊要的。因為像馬丁這樣的會把幾件小事看成終身大罪的青年，更會專心注意原則問題：人在什麼時候以及如何知道是自己的「意志」使某事「發生」在自己身上，即使只是在比較有所知覺的情況下？

喬伊斯在解釋一位年輕藝術家由於避靜帶來的衝擊而宣誓不再嫖妓之後又受到誘惑時，描寫了這種性或其他誘惑的困境，也就是主動的意志與被動的驅力之間的問題：

> 他覺得他的靈魂又再次為那肉體無休止的召喚騷擾，他祈禱或默想時，那聲音又開始低語，投降的想法對他有極大的誘惑力。它使他強烈知道只要自己同意，剎那之間，就可以毀滅他過去的成績。他覺得一股大水正慢慢地向他赤裸的雙腳流來，而他也在等待那無息地微波觸碰他火熱的皮膚。然後，就在那觸碰的一剎那，他幾乎要同意犯罪時，他發現自己站在乾燥的岸邊，遠離了大水，意志突發的力量或突發的射精救了他……他的靈魂為這新的力量與滿足感震撼，他知道他並沒有屈服，也沒有毀滅。[33]

---

30 原註27：TR, I, No. 121.

31 原註28：L.W. W. A., XX, 773.

32 原註29：Reiter, II, 543.

33 原註30：Joyce, Portrait, 409.

如果這些事件經常發生，意識的特殊情況會加深神經上的緊張，而這些事件一開始便證明了神經緊張的存在。

總而言之，性，在馬丁以為善去惡、懺悔告解來追尋赦罪的可能性時，是一個非常尖銳的問題。而在他憂鬱症的陰影下——也就是人不可能邀寵於上帝——這些追尋赦罪的可能性都變得不可能了。只有後來被綁架到荒涼的瓦特堡時，他才在比較舒適自由的生活中建立起自己工作的形式——他雖然不斷抱怨，卻做得非常成功——也才完全面對他自己那並不適宜「獨身式自殺」的個性。他的結論是，上帝造了男人與女人，這是人類精神健康最重要的一部分。祂給我們肉體、血液與精子，就是要叫我們結婚，以避免為變態所吞噬[34]。路德到了晚年，更毫不遲疑地告訴晚餐桌前的學生與孩子們，在他結婚之後，只要有魔鬼來誘惑他，他就撫摸他太太身體某些部分[35]，而魔鬼就敗北於這些發生「在床上，在凱蒂（Katie）身邊」的最大戰役[36]。

然而在修道院裡的問題不是人應該如何生活，而是人應該如何形成對事物的概念。在這方面，馬丁這位年輕的偉人，在受苦不忘洞察，在面對失敗時發展出法則。有些傳記學家說，路德所謂的色慾與性本能大半指的是那馴服的「一般生命力」，其他傳記家則認為他指的就是性行為，尤其是他自己的。事實上，路德的確明白指出「性本能」隨時隨地都充滿著人的全身，在這方面，他是佛洛伊德的先驅。他不認為成功地壓抑性行為是戰勝了性本能本身。他覺得守貞是可能的，但它是極稀有的天賦，也只有帶著愉悅去實踐的才算真正貞潔：「如果那人全心全意地熱愛貞潔」[37]，例如聖方濟。馬丁仍舊認為貞潔是最值得追求的，但他覺得勉強去獲得，不會有什麼好處，因為性興奮會影響到整個人[38]。他說：「等我們注意到它，就已經太遲了。它一燃燒……眼睛就瞎了。」[39]他也了解，性慾若是被激起但沒有得到滿足，就會使整個人敗壞，「使人活著還不如死了好」[40]。

教會人士曾嘲弄地說，在這許多重新思考之中，路德預言了叔本華[41]意志的悲觀主義與

---

34 原註31：L. W. W. A., XIV, 471.

35 原註32：TR, III, No. 3298.

36 原註33：TR, I, No. 508.

37 原註34：L. W. W. A., II, 586.

38 原註35：L. W. W. A., II, 586.

39 原註36：L. W. W. A., IX, 215.

40 原註37：L. W. W. A., XV, 559.

41 編註：亞瑟．叔本華（Arthur Schopenhauer, 1788-1860），德國哲學家，唯意志主義的開創者，其思想對近代的學術界、文化界影響極為深遠，並啟發了精神分析學和心理學。他認為，意志是獨立於時間和空間的，我們只能透過沉思來擺脫它。叔本華把悲觀主義哲學與此學說相連，認為被意志所支配最終只會帶來虛無和痛苦。

佛洛依德性本能的泛性主義（pansexualism）。路德的確像他們一樣，逐漸了解到人必然會接受驅力完全的力量。我們可稱這種態度為失敗主義（defeatism），而馬丁最初的洞見當然是來自他個人經驗到的失敗。然而，我們也可以把它當成馬丁拒絕把誠實面對這種事的態度變成樂觀的否認，或只能成就自欺的小勝利。

馬丁重新思考性慾力量的激進理論，只不過是他最終為整個性靈與心理領域所發展出來的新基準線中的一部分。它假定了倫理的悲觀主義與哲學的兩難，但這假設在心理上卻是一個真理：只有當我們充分了解自己完全仰賴生命某個主要部分時，我們才能主動地控制這個部分。他在這方面非常毫不留情地強調心理的力量：「因為，沒有肉體，我們無法存在，無法運作，而沒有肉體的力量，我們也無法存在，無法運作。」[42]他因此把整個自由意志的問題從柏拉糾[43]（Pelagius）與奧古斯丁嚴格的神學理論，轉而預先考慮到我們的生物心理觀點。

上面我引用了一些路德年長後的話，來說明馬丁革命性的重新思考中的特點，但是在一五〇八到一五〇九年的一次發表（Randnoten zu Lombardus）中，他卻說我們天賦的性慾是原罪的殘留。說這話時，馬丁似乎並不知道他已違反了官方的學說。根據官方的說法，由於基督的犧牲，我們誕生時潔淨如一張白紙，我們的驅力只是趨向七大罪的一種衝動，可以由懺悔的聖事控制住。

在討論那些逐漸出現於馬丁演說辭中的新理論時，我想指出馬丁在神學上的猶豫實在是他個人衝突的一部分。到後來，也就是當他必須在演說辭中清楚地說明自己的意思並為自己辯護時，他逐步形成而帶有激進色彩的重新思考，才在心中取得內在的統一。而在他同意自己的話並知道聽眾也同意他的話之前，這些重新思考對他來說只是片斷的存在，亦即對那公認通向內在和平的大道的一種非法否認。在他堅持找尋自己的拯救之路的同時，他認為自己最大的罪[44]是有意而直率地厭惡、怨恨、反對上帝。他知道也教導人們關於罪惡在質與量上的官方分級，以及如何才能重獲恩寵，但他自己卻不了解它們。卑勒曾指出，在奧坎信徒式的自由主義當中，有一個不可或缺的條件，那就是人必須不斷地、全心全意地、無條件地渴望上帝並熱愛祂的子民。這些理論是為了使那些沒有太多猶豫的職業神學家的生活不至於太難受，也使他們多少有些用處，但對馬丁來說，它們卻引誘他在自己身上尋找那全心全意的愛。他找不到它。失望之餘，他就擺向另一個極端，也就是完全放棄地承認自己仇恨上帝。

---

42 原註38：L. W. W. A., VIII, 119.

43 編註：伯拉糾（Pelagius，約360-420），亦稱白拉奇，英國基督教神學家。他與奧古斯丁的辯論，亦因此被定為異端，逐出教會。他的神學觀與奧古斯丁恩典論幾乎完全相反，他否認原罪，強調自由意志，名言是「如果我應該做，我就能做（If I ought, I can.）」。

44 原註39：L. W. W. A., XL, I, 221.

他後來說，「他們教我們如何去懷疑」[45]。的確，我們再也找不到比馬丁當時的制度更會加深懷疑的制度了。

馬丁也探索了他終生寡歡的摯愛——密契主義。他日耳曼式的純樸與原始的迷信，很可以使他以密契主義的方式與上帝結合，並在其中找到安寧。這種結合不需要贖罪的公式，甚至可以把「思考」擺在一邊。他的確渴望上帝在他的靈魂中說出那「未創造的語言」（uncreated word）；他希望全身充滿著「浸透到皮膚之下」的保證[46]。密契主義者宣稱人能獲得完全的虔誠，這正是馬丁要的東西。布納芬杜拉[47]說，恩寵比教條有效，念舊比思考有效，祈禱比學習有效；這話「幾乎使他發狂」[48]。但，唉，馬丁卻得承認他從未「嚐過」這種努力的果實[49]。無論他多麼努力，都沒有用。他無法由感覺走向上帝。

事實是，這位熱情的人發現他完全無法感覺，這是強迫症病人最基本的困境。也就是說，他無法有他迫切想要感覺的感覺，而感覺卻有時會攫住他，譬如恐懼症式的害怕與可憎的憤怒（如唱詩班中的發狂）。

這些都導致馬丁最後的全面主義（totalism），他把上帝看成恐怖而不可信任的父親。由於這一點，圓圈接合起來了，而被壓抑的東西又以全部的力量返回。因為在這裡，上帝的地位與馬丁想藉雷雨逃向神學時他父親的地位相對應。當他聽到基督的名字或看到救世主在十字架上的容貌時，他也覺得像閃電打到他一樣。在做第一台彌撒時，他完全沒有默想的能力，因為他當時已開始憎恨上帝之子的犧牲。對臨床醫師而言，這是告解式強迫病症（confession compulsion）的一個例子，他承認，就像他父親所懷疑的，閃電中有些東西不對勁。就這樣，馬丁說，讚美結束而褻瀆開始了。面對這樣的輕蔑與蓄意的不信任，上帝只能顯得十分恐怖與憤怒，人也只能倒臥在祂的面前。就與上帝面對面的希望而言，馬丁是愈走愈遠了，他也離認識上帝並與祂直接會談的希望愈來愈遠了。

這一點就是最低限度了，馬丁若非支離破碎而歸於湮滅，便是在此之上重建新的完整性（wholeness），融合他自己真實的認定感與時代的認定感。由於他的聰慧與機運，他找到了（或者我們應該說他指定了）他認定感的監護人，施道比次博士。這位博士了解他的需要，拒絕和他爭辯，而且促使他工作。

在晉鐸一年半之後，也就是一五〇八年的冬天，馬丁被轉到威登堡的奧古斯丁修會姐妹修院。此處，在好勝的撒克森選侯親自監督之下，一座新的大學正要成立。選侯想建一所大

45 原註40：Dok., No. 184.

46 原註41：L.W. w. A., XXVII, 126.

47 編註：布納芬杜拉（Bonaventura, 1221-1274），義大利哲學家及紅衣主教。

48 原註42：Scheel, II, 124；參見 TR, I 644.

49 原註43：Dok., No. 275.

學，希望它強過撒克森公爵管轄下的古老萊比錫大學。我不清楚那時威登堡到底算是荒漠還是學術前哨重鎮，無論如何，這未來宗教改革的搖籃，在馬丁第一次見到它時，根本還不能算是個市鎮。它只有二千名居民，而五分之四以上的人還不必納稅；主要的工業是釀酒，貿易幾乎微乎其微。城堡、名叫諸聖（All-Saints）的聚會所、大學講堂與聖瑪利教堂，是鎮上最重要的建築，傲視著那市場像「一堆牛糞」的可憐小鎮。

在威登堡，馬丁認識了許多人文主義者，他們後來都變成他的至交。他未來的保護者，智者腓德力，也逐漸發現馬丁是項很有價值的投資。但對馬丁眼前的未來而言，最重要的事是他逐漸與施道比次博士的相熟。施道比次博士是本省的代理主教，也是馬丁二十五歲到三十歲之間如父親般的監護人。他希望馬丁傳教、教書。精神病學家說他只是想給馬丁「一些事情去做」，這多少低估了博士的意圖，雖然博士的確隨隨便便地這樣說過。老式的職業治療法中，就有一派使用嗜好來治療，事實上，施道比次還訓練馬丁以便接受他自己的講座。當時，奧古斯丁修會在威登堡只有兩個講座，施道比次又因行政與外交的事務繁多而常疏忽講座的職責。因此，他能把他羊群中一位傑出而危險的成員的特殊需要與挑戰性的社區特殊要求結合在一起，實在可說是一位真正的教育治療者。他認識到馬丁必會成為一位偉大的《聖經》演說家與詮釋者，並且控制住了他幾近暴烈的反抗，這證明他不但有治療的勇氣，還有管理上的精明。在他們經常聚會的「梨樹下」，馬丁說叫他當教授是在「殺他」，他的回答是：「也好，上帝在天堂裡也需要你這種人。」[50]對馬丁侷促不安的猶豫，他似乎常做出這種令人和緩下來的回答。他用這種只有他的地位才能有的直接與博學的世俗性，幽默地教給馬丁一項新的藝術。譬如，「他說他早已放棄做個特別虔誠的人，他這樣長期欺騙上帝，但總是不成功。」[51]因此，與其說施道比次是個教士或教師，不如說他是個管理者或政治家。他很有修養，經常旅行；很像一位聰明而和藹的大學校長，不淵博高深，但卻具備讓年輕人覺得被了解的罕見才能。他知道他可以相信馬丁。事實上，馬丁也忠實地持續了三十年的講座，雖然不無騷亂。後來，馬丁也毀滅了施道比次修道的領域，這件事可以說是肇因於施道比次的短視，但也可以說不是。這位藝術的、安適的人，很可能也已經發現了馬丁身上未經開墾的處女地。他向馬丁保證，他特殊的誘惑會帶給他超乎尋常的命運。他還向馬丁揭露自己早期的誘惑與他對教書、演講的恐懼。就施道比次當時對聖職早已習以為常的情況而言，這種相對的告解真是叫人驚訝，但它卻有治療的功能。他避免使用記事本。有一次，讀到《聖經》中一長串名字時，他突然卡住了，就對教友們說：「驕傲就是這樣受到了處罰的。」[52]

50　原註44：Dok, Nos 230, 444 and 485.

51　原註45：TR, IV, No. 4868.

當然，施道比次完全沒有預料到他幫助點燃的竟是一場造成浩劫的大火。去猜測這位老人為什麼會使這位他並不真正了解的年輕人恢復信心，實在是一件有意思的事。我覺得，施道比次很可能像其他許多安逸的日耳曼神父一般，很懷念他年輕時自認為擁有的創造力與潛力，他們惋惜於自己為教會政客與政治家所做的犧牲。因此，他樂於照顧路德身上那些真正具有宗教意味的東西。而路德也以完整的與堅持的正面父親情感傳移回報他，甚至時常高估了這位上司的聰慧。他開啟自己的心靈聆聽他的話，以與他真正父親的話相抗衡。施道比次對他說的話從未在路德心中變質，就像其他所有的權威人物的話那樣。相反的，路德後來還說他的神學許多是來自施道比次；他稱他為「傳道者的父親」（father in the evangelium），雖然這樣的稱呼施道比次勢必會反對。

宗教改革開始以後，施道比次安靜地留在教會裡。他轉到另一個修會，最後在奧國的提洛爾（Tyrol）安逸地死去，而路德不斷地感謝他在誘惑中拯救了自己，並向自己提示了全面性新神學中最基本的要領所在。他說，施道比次告訴他，人並不會因著對上帝之愛的期待而真正地悔罪，人悔罪是因為人擁有上帝之愛。這句話倒轉了時間次序的觀點，路德後來卻相信《聖經》裡可以找到支持它的充分證據。施道比次可能說過這話，別人確實也說過這話，但這話之所以那樣帶有先知的意味，實在是因為這位好人在非常恰當的時刻，說出了一句話支持馬丁思想中正發芽的激進成分。當時，傳統的方法只能確認與日俱增的孤獨感，施道比次卻能激起馬丁心中的信賴，使他能對自己內心深處的思想進一步做實驗。這是一種治療的槓桿作用：治療者知道如何在適宜的時機說出對的事情，正中病人出於需要而對外開放的部分；在馬丁的個案中，這個要害是早在他嚇人的良心之前即存在的嬰兒時期的信賴。治療者像好父親一樣核可了對母親的信賴，因此也認可了那從開始就是好的東西。但現實世界也得支持治療者的聲明；馬丁後來也的確在《聖經》中找到證明，證實那上帝等了一千年才用馬丁的聲音宣稱：「我有信心，因此我必會被赦免。」全世界皆迴響著這句話。

施道比次還說了許多很普通的話，但因他們的關係不同，這些話便牢記在馬丁心中。前面我曾提起，在遊行中馬丁走在高舉十字架的施道比次後面幾乎昏倒的事，當時施道比次否認是基督嚇著了他。這可能是個神經病的症狀，因嬰兒式的對無情父親的恐懼而爆發。而施道比次早先較正面的勸誡卻更重要。他說：「好好地看看這位名叫基督的人。」[53]這句話就神學家來說真是平凡得很，它顯示出施道比次平凡的本性，但巧的是他可能在最適合的時間與地點說了這話，很可能就在那梨樹下，他給了馬丁長久渴望的仁慈父親的感覺。這句話的

52　原註46：Elmer Carl Riessling, The Early Sermons of Luther and Their Relation to the pre-Reformatiom Sermon (Grand Rapids, Zondervar Publishing House, 1935), 38.

53　原註47：TR, I, No. 526.

意思對馬丁來說，是叫他應該停止懷疑，開始觀看，用他的感覺與判斷來捕捉那像他一樣身為男人的基督，向上帝的兒子認同，而不要再被名稱、影像或光圈所驚嚇。也許，施道比次甚至根本沒說過這些話，他很可能只是那種令人相信並願意記得曾說過好話的人。

遊行中的焦慮發作，指出馬丁與施道比次的關係就是臨床醫師一般所謂的曖昧的父親情感傳移作用：他學到去相信他，但卻不得不把他織進他早先對基督的責罰與復仇的情結之中。在這情結裡，信賴與信仰從來沒有控制的力量，這情結事實上也一直跟隨著馬丁至死。他對施道比次的曖昧感覺，也在他在奧古斯丁會領域裡反對施道比次的政治鬥爭中表現出來。他後來客觀地判斷施道比次是個冷酷而平淡的人。但路德總是認為施道比次是下面兩種思想的「父親」：第一個思想是，信心是最重要的；第二是，我們可以面對上帝之子，並把它當成一個人。我們不該忘記，施道比次在擔任馬丁的長官時有辦法叫馬丁發笑；而幽默正是代表自我（ego）從壓抑的良心中奪回一些領土的時刻。最重要的是，施道比次讓馬丁說話，叫他傳教與演講，而馬丁是那種沉溺並服從上帝話語的人；這種人從來不知道自己在想什麼，除非他們聽見自己將之說出來。他們也不知道自己有多相信自己說的話，除非有人反對他。

除了老師慣有的機智，是什麼東西引導著施道比次呢？在他臨終之前，據說他曾說他愛馬丁，遠遠超過他對任何女人的愛。

馬丁擔任了一年道德哲學的講座（一五〇八—一五〇九），然後他被叫回耳弗特任羅馬特使。從羅馬回來後，他又被派回威登堡。一五一二年，他獲得神學博士學位。但在我們丟開馬丁的懸宕期，讓他變成傳教家、演說家的路德之前，我們還必須先檢討那怪異的休止符，也就是馬丁這位未來的宗教改革家與拉丁基督教世界中心的會面，那暴風雨前的寧靜。

【第六章】

「真意」是什麼意思？

它因此不害怕死亡，它根本就沒有死亡的觀念。但它害怕對負面良心、驅力與現實失去控制。對自我來說，在這三種戰場中任何一種戰敗，就是活生生的死亡。

一

在哥德的時代，日耳曼與北歐人文界與科學界的人一向喜歡把他們的生活分成兩段，一段是在第一次去義大利旅遊「之前」，一段是去義大利「之後」——好似一個人人文主義的覺醒，只有在合併了北歐的訓練與思想和地中海的風格與感性之後，才會真正地成熟。

路德也去了羅馬。但就我們所知，馬丁對這次旅遊的反應，不只顯示了他嚴守修道院的自我克制戒律，也對南方的文化與本質像鄉下人般無知。十年後他是教皇最大的反叛者，但當時他還沒沒無聞。一五一〇年的秋天，他開始步行前往羅馬，當時他是撒克森教會奧古斯丁修會派往羅馬代理主教辦公室陳情的兩位修士之一。這些修會反對教皇根據奧古斯丁總會長各那扎諾（Mariano de Genazzano）的推薦，下令剛就任撒克森總管的施道比次重整當地二十九個修院的計畫。二十二個修院同意這項計畫，七個反對，其中包括最大、最具影響力的紐倫堡與耳弗特。這兩個修院沒有與施道比次商量，就自行派了兩位代表前往羅馬。正式的發言人可能是那位來自紐倫堡較年長的修士。他的夥伴（奧古斯丁修士不可獨自旅行）是來自耳弗特的路德神父。我們不知道為什麼馬丁被選中，是由於他的政治原則、絕對的服從、對地方的忠誠，還是他個人的曖昧態度，抑或是這幾種原因的混合，現在已經不可考了。

正由於外表看不出什麼出人意表之處，馬丁的羅馬行實在是件奇怪的事。這位未來的宗教改革家以老修士伴隨的身分，在惡劣的天氣裡橫越南日耳曼與北義大利，步行爬過阿爾卑斯山與亞平寧山脈，終於「抵達義大利文藝復興的重鎮」，卻什麼也沒看到，就好像也沒有人注意他有什麼特殊一樣。

他經過佛羅倫斯，在那裡，米開蘭基羅的大衛雕像豎立在佛羅倫斯舊宮（Signoria）的門前，代表著年輕人自黑暗的巨人中解放出來，但這只不過是個新生的事物。十年之前，薩佛納羅拉[1]才在佛羅倫斯被燒死。他是個極端真誠的人，像馬丁一樣，他試過學術生活，但覺得這種學術在思想上非常貧乏；他離家修道，做了很久的傳教士，終於在二十九歲時突然開始攻擊教皇為反基督（Antichrist）。他後來不但是當地政治運動的領袖，更是北方叛徒一項國際運動的領袖。路德後來稱他為聖人，但我十分相信路德去羅馬之時，這些文藝復興的五光十色與熱情的英雄主義，對他來說主要仍是陌生的義大利產物。薩佛納羅拉的社會領導

1　編註：薩佛納羅拉（Savonarola, 1452-1498），義大利道明會修士，他以反對文藝復興藝術和哲學，焚燒藝術品和非宗教類書籍，毀滅被他認為不道德的奢侈品，以及嚴厲的佈道著稱。他的佈道往往直接針對當時的教皇亞歷山大六世以及麥第奇家族。

地位與基督教的烏托邦主義，就馬丁當時對新教義的企盼而言，都是非常遙遠的。他在佛羅倫斯注意到的，是那伴隨著吵雜華麗的復興而來的專注、安靜的改革。他仰慕無名貴族對窮人的服務，也注意到醫院與孤兒院裡的衛生措施與民主的管理。

他與同伴盡速完成他們會外的義務（如同修士該做的一般），然後利用這次旅行（像當時一般人做的一樣）在這基督教世界的中心做一次總懺悔。他第一次看到這個城市，是在古老的卡細亞（Cassia）街上，就像他之前及以後許多遊人與朝拜者一般。他進入人民關口（Porta del Popolo）之後，立刻搬入當地接待修院之中。安頓好以後，他就像地方公司或工會代表，隨著長官去聯邦首都拜會都會首長商談一件完全沒有希望的事情一樣，去執行他的工作；他花了許多時間來往於旅館與部會之間，花了更多的時間坐在接待室裡，他從未見到部會首長，也不知道陳情的結果如何就離開了。但同時，他看到許多令人印象深刻的事，也聽見許多閒話。回家後，他必會傳播這些內部消息。但整個首都的運作，對他們而言是非常神祕的。

但至少有一方面，馬丁與其他旅客不同。他在旅程中十分清醒，但對某些旅客常遊的名勝，卻有著朝聖者般極度渴望的狂熱。閒暇時，他還參加羅馬商業性的典禮儀式，顯示他想用典禮與聖功來處理內心的不安。這是他在這方面最後的努力。

那些想像乞僧們為古老羅馬的華麗傾倒、為教皇的奢華憤怒的讀者，必沒有料到當時的羅馬只是一片荒土，馬丁每天從人民聖母聖殿（Chiesa Santa Maria del Popolo）附近的奧古斯丁修會步行到市中心時，必須經過許多廢墟。自一〇八四年諾耳曼人焚燒古羅馬之後，這個城市迄未重建。最生機盎然的建築是修院、獵人的旅舍與貴族的夏居，而最生機盎然的人是土匪的馬隊。這座中古城市，人口只比耳弗特多一倍，卻毫無耳弗特商人在台伯河平原上嚴肅的精神。教皇治下的羅馬是一座行政首都，內有行政部門、公使館、銀行、旅舍。但當時大部分重要的人員都跟著教皇打仗去了。每個修會在羅馬都有辦公室與總修院，但那些負有公務的修士不會比修會主管更接近梵諦岡。馬丁見到幾個官僚、說客、奸滑的律師、一些替各種官員服務的人與各種男妓女妓——那些騷擾所有人的人。

至於文藝復興的光彩，也還未在城市的建築上顯示出來。街道有計畫，部分也實施了。幾座華麗的皇宮，外表雖然簡單嚴肅，也屹立著以便容納正要進入羅馬的文藝復興。但無論在生活方式或藝術上，文藝復興的風格還只侷限在這些皇宮的內部；街道是中古式的。米開蘭基羅當時正在西斯汀教堂的屋頂上工作，拉斐爾也在裝飾教皇內廷的牆壁，但這些區域都是不公開的，貴族也許可以看到，但一般人民或沒沒無聞的外國人當然是看不到的。聖彼得教堂正在重建，但許多老建築已被夷平，以供這至尊的龐大建築之用，而這教堂在一百年之後才真正完成。當時流行的只是復興古老的凱撒時代。就一位忙碌的日耳曼修士而言，這種風格無疑是極為義大利的。他若對藝術品感興趣，也只不過是因為有著些許古怪的歷史環境，或是因為它們巨大的比例或驚人的現實主義技巧罷了。那些無法熱愛新風格的人總是會對這些事情感到印象深刻。

馬丁以鄉下人的熱切盡量吸收了羅馬的性靈成份，他拜訪了七座教堂，一路齋戒，為了要在聖彼得教堂領聖體；這是他最後也是最重要的一站。他也完全沒想要捨棄當時蓬勃的聖跡事業，他熱切地朝拜聖安娜的手臂，它被安放在一座教堂裡，與她其餘的遺產分開。他也看到了聖彼得與聖保羅遺體的一半，另一半藏在另一個教堂之中；這些遺骨都仔細地秤過，以免對其他教堂不公。教堂對這些聖人的殘肢很引以為傲，有些後來的聖人靈魂一出竅，遺體立刻被仔細地烹煮處理，以便運到那些出高價收買的教堂去。許多教堂藏著這些聖跡，好似開永久的展覽會一般。人們付了門票，就可以看到耶穌在大理石上的腳印，或猶大的一塊銀元。而看一眼這塊銀元，人類可以免於受難一千四百年之苦。一個人若是從拉特蘭（Lateran）教堂到聖彼得教堂的神路上走一遭，就好似去耶路撒冷聖墓朝聖過一般，對他來生有很大的好處，而且還比較便宜。

有人會說，聖跡只是讓人民朝拜之用，而教會的知識分子則會努力調解信仰與理智之間的問題。但路德卻一直是人民中的一份子，就像任何聰明人不會向政府的宣傳或經濟系統的廣告挑戰一樣，馬丁對最壞的商業主義已經十分習慣了。威登堡的腓德力也曾展覽過某些聖跡，如天使向摩西顯現的燃燒荊棘叢木的一根樹枝、荊棘冠中的一根荊棘，或馬槽裡的一些稻草，甚至還有聖母瑪利亞的一根頭髮與一滴乳汁。後來，馬丁憤怒地攻擊商業主義與這些「發臭」習慣的空洞：但在羅馬時，他仍然很想當人民之中的一份子，以致於完全沒有從中古世紀昏暗的世界之中解放出來。唯一被激起的，是他強迫性的病徵。他徒勞無功地像「瘋狂的聖徒」一般跑遍所有的教堂。最後他跪著登上拉特蘭教堂面前的二十八級台階，每上一級階梯，就唸一遍主禱文。他相信每一遍主禱文可以救贖煉獄中一個靈魂（他後來批評自己當時並沒有先問問那些靈魂有沒有什麼意見），等登到最上層，他變得只能想一件事，那就是：「誰知道這事是真是假？」而在爬上去的途中，他已有了最典型的強迫性思想，他「幾乎」希望他的父母親當時已死亡，這樣他才可以利用這個好機會拯救他們。

也很典型的是，他當時最煩惱的事是冒犯了引起他終身最大猶豫的儀式——彌撒。他聽到日耳曼娼妓嘲笑地說，羅馬教士常在她們懷中說：「你們是麵包與酒，你們永遠都是麵包與酒。」這時他簡直是嚇壞了。事實上，這些教士匆匆忙忙的舉止對這位虔誠而緩慢的日耳曼人來說，實在是太過明顯了。對他來說，在傳統的聖壇前舉行毫無瑕疵的彌撒並從中獲得最大的價值，是最重要的事。他不喜歡聽人說：「快點、快點！」但他卻在西巴斯善（Sebastian）的集會所看到七個教士一個小時之內在同一聖壇上舉行彌撒。最糟的是，他們根本不會拉丁文，那種粗心、鬼鬼祟祟的、毫無訓練的舉止，簡直像是在耍猴戲。他最期待的是星期六在神聖的教堂入口處做一台彌撒，他相信這樣會拯救他的母親。但是，唉，大家是那樣匆忙，使得有些母親，包括馬丁的母親在內，永遠都不會有這機會。因此，他去吃了一條鹹沙丁魚。然而，這些阻礙與紛擾對馬丁來說，都只不過是義大利民族性的表現，並不能代表教會的衰頽。羅馬只有一座教堂使他有回家的感覺，那就是那稱作聖瑪利亞靈魂之母堂（Santa Maria dell' Anima）的日耳曼教堂，他對那裡的聖器收藏室記憶非常深刻。

路德後來只提過這七十天旅程中的幾件事（就我們所有的紀錄所知），而這些事都是功利方面的事。他欣羨羅馬壯觀的供水系統，又稱讚佛羅倫斯貴族管理的孤兒院與醫院，但他略去了其他貴族們自以為了不起的功蹟。他覺得聖彼得教堂的音響效果，和科隆圓頂建築及烏爾木的教堂內的效果差不多一樣差勁。他喜愛波河肥沃的山谷，但瑞士對他來說卻是個「充滿貧瘠山脈的國家」。

因此，路德完全忽略了文藝復興的活動，他甚至沒提過任何一座雕像或繪畫，或任何一位畫家或作家的藝術成品。這是一個歷史性也是個人性的註腳。一個心中有牽掛的人，不可能在短時間內就了解那個萌芽的時代所具有的一致性，雖然在後來的歷史書籍中，這個時代非常明確可辨。就算在今天，我們已像新聞記者一般自覺，但我們對許多重要的趨勢與事件仍視而未見。因此就算路德沒有注意文藝復興，並不表示他不是文藝復興的人物。伊拉斯姆一年以前也來過羅馬，還接觸過教皇內廷裡的人，但他也沒提過米開蘭基羅或拉斐爾。而馬丁當時只不過是個自我中心的宗教人物，他不懂得如何向人或上帝說話，更不用提使用在文藝復興中復活的方言迷人地說話了。他當時只是個學過拉丁文、希臘文與希伯來文的撒克森人，也還沒有根據他火爆的需要創造出那向自己人民說話的日耳曼文。

然而，今日的遊客仍可在佛羅倫斯的烏菲茲（Uffizi）美術館所收藏的文藝復興繪畫中，發現一張老克拉納[2]所繪的路德肖像，一張小但細膩而嚴肅的畫像。

二

在這時節，人很容易陷入與聖湯瑪斯[3]同僚類似的錯誤，而注意到那隻啞牛[4]（就這個個案而言，甚至是一隻日耳曼牛）沒有說的話。有人開始懷疑這樣的人怎麼可能在幾年之內就變成一位偉大的宗教改革者。另一些人則說他在攀越寒冷的阿爾卑斯山時，心中已沸騰著憤忿。但他在旅行中的行為與後來對此的描述，卻可以用來支持馬丁是個中古世紀人物的說法。他對文藝復興好像盲者一樣，完全沒有受到影響。

---

2 編註：老克拉納（Lucas Cranach the Elder, 1472-1553）是德國重要的文藝復興時期畫家，撒克森選侯的宮廷畫師，曾為路德的重要著作繪製插圖，也完整繪製過路德家族的肖像。

3 編註：即聖湯瑪斯．阿奎那，見第三章註30。

4 編註：聖湯瑪斯因為沉默寡言而被同學取了個綽號：「西西里啞牛」。

在表面上看來，他的確沒有接收到什麼。但我的解釋是這樣的：路德那時還未走出他的創造潛伏期。一位創新的思想家在接納印象與表現自己的反應時，常常需要很長的一段等待時間（佛洛伊德對「音樂的噪音」完全無法接納，達爾文看到高級文學就作嘔。直到接近三十歲時，佛洛伊德才變成一位精神分析學家，達爾文才變成進化論者）。在這時，他活在前意識（preconscious）之內，以語言之外的方式保存他接納的印象，並盡量不在情緒上做不成熟的結論。我們可以說，路德強迫性地保留他接納的東西（retentive），我們甚至可以說他患了精神上或心理上的「便祕症」，就像他終生都未解決的身體的便祕症一般。但這種保留的傾向（不久即轉變成爆發的傾向），是他裝備中的一部分。如果我們假定性心理的能力可以昇華，我們也必須承認，人可以也必須從他心理、生理與性心理的模式中，發展出他自己創造性適應最重要的模式。此外在馬丁被保留傾向緊緊控制的形象之外，我們必須加上另一個形象，那就是他一直努力控制自己的情緒與言語，直到他能一鼓作氣地說出他真正想過、真正想說的話為止。為了知道自己在想什麼，這種「全面性」的人需要合併思想上的意義與內心真正的意願。我的理論是這樣的，一旦路德達到內心真正如此意願的境界，他說出的訊息（如他最早的講詞所示）便的確含有真正的文藝復興味道。然而，既然文藝復興開始時只是一項抗議運動，我們必須先簡短地討論路德與他同時代的人在反對的是什麼？以及他早期演講中肯定、復興或拒斥的是什麼。

我們的中心議題是，宗教教條與習俗如何影響了一個時代的認定感。所有的宗教都假定，那較高的認定感隱身在某種不可知之中。不同時代與地區的人係由他們自身存在的（existential）的認定感，來描述這較高認定感的形態。我稱這種自我確定為存在性的，是因為它取決於每一個靈魂與靈魂的存在之間的關係（在這裡，我們不該被那些減損個人認定感的修道禁慾技巧轉移了注意力，因為它們很可能是測驗人是否有穩固認定感的最大考驗）。基督徒把這較高的認定感變成一個有絕對道德感的造物主，一位在天堂裡比較像人而在地上比較專制的父親，卻因此逐漸使中古世紀的人失去宗教提供的存在性認定。

在序言裡，我說這件事不是完全宗教性的，雖然中世紀教會的確壟斷了當時的官方意識形態。這個問題總是與當時真正影響了世界形象的事件、制度與人物有關，這種影響力不論是否為人察覺、是否是人的意願、是否為官方認可或是否為官方強力執行，都深深地影響了人認定感的需要。這問題是心理歷史的問題，而我也不僅止於暗示這一點而已。這問題也有兩面：在某一特定的歷史時刻，什麼東西會使某一種意識形態變成「真正」有效的意識形態？而這些影響了個人的效果，其本質是什麼？

讓我們想想我們這個時代——這個以科學真理塑造自我確定並以這種認定感為傲的時代——其中的偉人，達爾文、愛因斯坦、佛洛伊德（我得省略馬克思，因為他是個蓄意創造意識形態的匠師），在當時會否認他們蓄意去影響我們時代的社論、字彙或禁忌，雖然他們的影響力直到今天仍是非常明顯的。他們甚至可以駁斥那些一般人以為來自他們的觀念，駁斥它們事實上與他們原始的思想、方法、個人哲學與行為毫無關係。達爾文沒有將人貶為動物；愛因斯坦沒有鼓吹相對論；佛洛伊德不是泛性論哲學家，也不是道德的自我中心主義者。當佛洛伊德說世界不會原諒他揭露人的意志依賴無意識動機，從而改變了人的形象時，就如同世界不會原諒達爾文指明人與動物的關係，或哥白尼說地球不是宇宙中心一樣，他便已清楚地指出這是個心理歷史學（psychohistorical）的問題。但佛洛伊德沒有料到更糟的情況，那就是，這世界會把這個大震撼分解成許多小小的半真理、不相干的誇大或慧黠的曲解，使它成為對原先設想的諷刺之後，才把它吸收進去。這種大震撼總會影響許多人內心的平衡，這影響力不是因為人們了解這些偉人，而是人們感到他們代表人對宇宙的看法與人在宇宙中所占地位的看法的轉變——這些轉變同時也由政治與經濟發展所決定。偉人的悲劇是，他們同時身兼這些思想過程的領袖與受害者。

有時，一個大組織會企圖壟斷、穩固與控制這個思想的過程。教會就是這樣的大組織。在下面，我要討論那些影響路德的儀式行為與學習的主要思想。

基督教，像其他大型運動一般，有它偉大的時刻，許多後來的人不斷地用它做為神祕性的辯護，但很少人能真正再度掌握它。

有關保羅時代早期基督徒的知識帶給我們一種印象，使我們認為他們是生活在大暴風雨之後乾淨而清新的空氣裡。這暴風雨，當然，指的是耶穌的受難。他為人類而死，對他的跟隨者而言，人類的戰爭與和平、慶典與狂歡、興奮與悔恨的循環所帶來的毀滅與復甦，一下都停止了。耶穌的軼事使他們覺得有一種完全的存在與絕對的超越，那是人類最少有但最偉大的力量。一些簡單的話語再度穿破這世界的假面具，這些話語同時也是孩童的稚語、無意識的語言與所有性靈傳統未腐化的核心的語言。個人靈魂的可滅性，再度成為靈魂性靈力量的支柱。這個脆弱的新開始允諾它將來可以移山倒海。死亡，一旦被完全接受之後，就成為地球上最高的認定感，它超越了對較小認定感的需要，並保證了人無論貧富、無論健康病弱、無論無知或博學，至少有一點是平等的。那些沒有繼承權的人（沒有財產以及社會認定感繼承權的人），尤其希望一再聽到這些使他們已經停滯而死亡的內心能再度與那被遺忘的回聲共鳴的話；這種渴望使他們相信上帝從外太空，在某一歷史時刻，選定某一個人替祂說話。由於這位救世者用過上帝之子的寓言，他們相信這位人子有一種可追溯到上帝的神聖超越性。但是，唉，由於這位人子不能成為上帝，他們只好使這位父親變得過於像人類了——尤其是對這人子而言。

早期的基督徒很可能像兄弟姐妹一樣，毫不嫉妒地一起吃飯，並遵照囑咐而一起分享聖體。他們可以忽略那些儀式的強迫性戒律，而創造出信仰建議他們該有的儀式與行為——因為人子聖潔的自我犧牲不是已被那所有父親的父親肯定了嗎？歷史已經死了。他們可以忽略世俗組織的橫向聯繫，那些不同貨幣間的交換——那骯髒的、矛盾的、欺騙的貨幣交換。他們可以集中全力注意那連接人的靈魂與天堂中較高認定感的垂直線。這垂直線將慈善帶來世界，將信仰帶去天堂。在世界史中，我們可以找到像早期基督徒那樣的社群，這些社群現在也有，他們像一座花圃一樣，但就像保羅一般，沒有人會把其中任何一個人只當成一朵百合。那賦予這些社群比他們所有人總合還要大的光圈的東西，就是那知識的超越所帶來的認定感。「我們知道，所以我們就會永遠活在永生中。」保羅這麼對他們說，好似他在對孩子們說一般：「因為你們都可以一個一個地做先知講道，叫眾人學道理，叫眾人得勸勉。」[5]這種認定感雖然很衰弱，但在直接的信念裡卻是不可毀滅的，這信念裡有一種好的改宗者（proselytizer）與好的殉道者共有的現實感。

二十年以前，我在美國西南部一個印地安小村落中短暫看到一個這種神聖之愛（Agape）歡樂的小例子。這村落因集體不服從而被逐出羅馬教會，但他們當時卻在準備過一個宗教節日，我想大概是復活節。男人在修理教堂的牆壁，小孩列成一隊在搬運水桶，女人則穿著鮮艷衣裳在擦洗教堂。有張椅子，原本是聖壇的，上面坐著一個老人，臉上都是皺紋，聰慧而尊貴。他是最老也是最新的教士，正在監督聖母雕像的塑造：彩布做成的巨大球形身軀，上面安置一個小小的、戴著皇冠的頭，她球形的胸前躺著一個小小的、粉紅色的娃娃。這女神旁邊放滿玉米莖，而不是一般的蠟燭，極為壯觀。這和諧一致的歡愉使人覺得，這些人團結在一起是因為他們正在創造一個新宗教，這宗教綜合了老的和新的，更是他們從律法的監督解放出來的反應。被驅逐出教會後，他們卻在歷史真空中重新得到了歡愉的能力。當然有些人覺得很憂傷、憤怒，而躲在屋裡。教士缺席了，他已被律法程序當做犧牲而謀殺了。

這些早期的基督徒的確肆意破壞井然的世界——那事物在時間與空間中的橫向關係。他們以一種沒有歷史過往、沒有階層架構、沒有條件限制的態度，將猶太父系法律、羅馬世界公民以及希臘身心和諧的身分認定，皆視為空物、糞土。所有的人類秩序都只存在於這個世界的，而這個世界馬上就要結束了。

基督教也有它早期組織的時代。它開始時是個性靈革命，其中心思想是解放底層勞苦階級的人，讓他們在這即將消亡的世界結束後，得以在另一世界取得勝利。但一如以往，消亡總是延遲到來，因此官僚組織必須讓這世界維持在準備就緒的狀態。這就需要雙重公民身分的管理計畫與理論基礎：一個是天上地下垂直關係的公民身分，適用於末世降臨時，一個則是地面橫向關係的公民身分，隨時適用於當下。第一位想到在垂直與水平之間建立交集的是聖保羅，他從已然過度屬於大城市的猶太長老、羅馬公民與希臘哲學家等身分認定衝突當中

5 原註1：《哥林多前書》第十四章第三十一節。

脫身，改而皈依基督，不想成為一個帝國創建者與學說創建者。四處旅行佈道的他被逮捕押送到了羅馬之後，卻遭致斬首，但他關於教會組織的書信結合了基督揀選的傳人——那堅強的彼得——終究在橫向伸展的羅馬帝國首都之上，為所有人的垂直身分建立了一個地上的永久錨定總站（路德在神學方面最早的重新論述中，就認同於保羅的福音理念：直到被迫接受之前，他還不知道自己已充分準備好認同於保羅的管理狂熱與傳教士的身分認定）。

基督犧牲的血中原本活躍著早期的靈知認定感（gnostic identity）[6]，但它卻也逐漸在教條之中犧牲了。因此，那稀有的昇華，那超越的神聖之日，也就是那消滅水平力量的東西，遭到褫奪了。就哲學或教理來說，這其間主要的問題，是如何重新定義這犧牲，以使它的魔力能繼續把更多的人團結在一起。它不僅要團結那些軟弱而單純的人的信心，更要包含那強壯者的意志、那野心者的主動性與那好思考者的理智。而在這些不同的人當中，雙重的公民身分也指分裂的身分認定：一個是永久的但懸疑不定的，一個則伴隨著固定的地上財富階層。但為了所有這些群體，一個全面性的神學必須建立起來，也必須不斷地被重建。

哲學家因此有了工作：神學把垂直身分定錨在水平身分之中的方式，使水平的認定感依然彼此聯結組成一個階層秩序，而這秩序將不斷地接受教會在價值與作風方面的指導。教會為了使自己屹立不搖，必須在思想上壟斷，讓所有它創造出來的定型角色，從核心的官僚與儀式到周邊的戰鬥與防衛前哨，所有角色都有一種精神充沛的獨立性，卻不致減弱他們對集中於一個源頭的共同至上認定感（Super-Identity）的承諾。羅馬教會比任何教會組織或政治組織更成功地使它的思想教條成為地上**任何**認定感唯一的條件，它用中央統制機構建立、防衛及強制成立這些教條。它又用恐怖政策把這種全面性的聲明變成專制式的。在這情況（以及其他情況）之下，恐怖政策可能並不直接施加在那些戰慄的人民身上，它可能只是一種對未來的預測，使人不知什麼時候、什麼人會遭殃。當一個人已經或可能犯下致命的壞事，但卻不知這壞事是否會毀掉他死後的永生，這種狀況使這人的地位以及內在狀態都不得不完全依賴救贖的壟斷者，並使自己只剩下罪人認定感。所有的恐怖統治之中，中央機構總會宣稱自己對那些執行的偏差不能負責任，它甚至會說自己已經透過定期的宣告勸阻使用恐怖手段的成員。但這些話從來都不能下達底層，而底層赤裸裸的嚴酷生活逼使人們彼此迫害，對孩子的思想訓練只是個開始。

因此，這便牽涉到一個哲學上的問題，那就是如何定義垂直身分在教會裡的地面定錨點，如何為它在天堂的終點站以及它來回交流的內容下定義。這是個人如何在上帝隱藏的臉

6 編註：靈知（gnosis）在希臘語原是指透過個人經驗所獲得的一種知識或意識。諾斯底主義者（gnosticism）相信透過這種超凡的經驗，可使他們脫離無知及現世。對基督教諾斯底主義者而言，耶穌之所以能帶來救贖，不在於道成肉身，也不在於十架的代贖，而是在於他所傳遞的神祕屬靈知識（資料來源：台灣聖經公會）。

中找尋認定感，與上帝如何在人的臉中顯現的問題，也包括了人可不可能透過黑暗的玻璃與微笑的陰影，找到相互認識的蛛絲馬跡。哲學家不會躲避具體與實質的問題，而我們提到的那些概念，只是些我們想像得到的類似物。在這事物世界（this world of things）中什麼是人？他有什麼工具使他能夠與上帝接觸，使上帝聽到他說的話，甚至被賜予訊息？誰是上帝？祂在哪裡？為了祂對地上生命的投入（不管那是什麼），祂用什麼工具參與那地上的生命？認為基督由神變成人，死後又回歸上帝左右，這種思想在基督死了幾個世紀之後才變成教條。這個問題在當時又與開始萌芽的科學好奇心（那時完全由哲學引導）糾纏在一起，而科學要的答案結合了靈知的直接、哲學的臆測與自然的觀察——這些全都必須服從於教會的教條。

柏拉圖絕對的善與純粹思想的世界，對有思想的人來說，是人格化上帝觀念最大的挑戰。它的另一個極端是絕對的惡，也就是個別相貌以及世俗牽連的世界。基督教吸收了這兩種觀念，同時也抵抗了柏拉圖與亞里斯多德的挑戰。因此，相對較大的認定感（the relatively greater identity）的問題，以及兩個世界主動性如何區分的問題，就變得非常顯著。學會辨識更真實的東西的人，是否他自己也會更為真實——並且更道德？而在這之中，誰有主動性？是上帝在等待我們行動，還是祂使我們行動？我們有採取主動的餘地嗎？假如有，我們要如何知道這點，又如何學會運用它？什麼時候我們又會失去它呢？

有人說，笛卡爾的「我思故我在」這句名言代表著中世紀哲學的結束。中古哲學是由聖奧古斯丁開始的，他認為人有能力去印證上帝的存在，也有能力去印證上帝的恩寵。奧古斯丁認為人的「內在的亮光」是，可以使他們實現感召的自我確定感（caritative or infused identity）。正是因為奧古斯丁把信仰當成他神學的重心，路德才會稱他為十二使徒以降最偉大的神學家。奧古斯丁（像後來的路德一樣）對人的完全迷失不肯做任何讓步，他也堅信上帝才是唯一的存在。他說：「事物既存在也不存在。它們存在，是因為它們從上帝得到了存在；它們不存在，是因為它們只**擁有**存在，但不**是**存在……它們不會同時存在，而是接替在死亡之後繼起，它們總和在一起構成了一個完整的宇宙，然而它們本身只不過是宇宙的一部分。」[7]沒有恩寵的人表面上沒有什麼不同，他們也會死亡。然而沒有恩寵，人的認定感只不過是繼承他人。但上帝給了人心靈與記憶，因此也給了人認定感的基礎。

> 在我內在的廣大記憶場裡面，我做了這些事；因為天、地、海以及那些我記得以及忘掉的事，都存在於我之中。我也在那記憶場和自己會面，回想我在何時、何地，以什麼感覺做了什麼事。無論藉我自己的經驗或別人的信賴，我記得的東西都存在那裡。在那裡，

7 原註2：Anne Freemantle The Age of Belief (New York, Mentor, 1954), 26-27.

> 我不斷地將我經驗過或相信的新鮮事或近似新鮮的事，與那過去的我混在一起；也在那裡，我推測未來的行動、事件與希望，我想像這些事彷彿現在就發生的事一般……祢當然也在那裡，因為自從我開始知道祢之後我就記得祢，當我想到祢時，我就會找到祢。[8]

奧古斯丁對人類的前途很悲觀，他認為人類終究會全部毀滅，但他在記憶中與自己會面時卻很愉快。然而，是上帝的聖愛（caritas）讓他與自己會面，因為保羅這樣說過：「使你與人不同的是誰呢？你有什麼不是領受的呢？」[9]在記憶中與自己會面，卻不知道感謝上帝，就是自戀（narcissism）——也就是奧古斯丁說的先覺（to feel beforehand, praesumptio）。先覺與驕傲（pride, superbia）合起來就構成自大狂（egomania），也就是人類最大的罪過。因為人一旦生為人，就喪失了自由意志，因此生來就不健康（morbus originis）。由於基督的犧牲，人可以經由洗禮洗刷過去幾代的罪惡，但他仍有色慾（concupiscentia）的負擔，也就是「罪惡的火種」（fomes peccati）。人只不過是個自然人（homo naturalis），但人的確有機會因為上帝恩寵的注入而心靈獲得改造，也就是說，他可能成為一個有性靈的人（homos spiritualis）。

對奧古斯丁來說，色慾是一種貪婪，因此性慾本身雖不是罪，卻是構成罪的成分；在人的**同意**之下，它就變成罪。上帝因為愛人，使人有能力**不**與這種驅力認同。就算人犯了罪，上帝還有無限的同情（misericordia indebita），祂甚至會同情那最沒有價值的人。因此，無論我們現在是怎樣的人，將來會變成怎麼樣的人，無論我們能做什麼事或想做什麼事，都是上帝的禮物。但是，儘管奧古斯丁反對自由意志，他那通往天堂的垂直路上仍滿佈成功（fruitio）與完美（perfectio）的路標。他的神學與後來的神學比起來，也是充滿母性的。在他的神學裡，可憐的人總是得到保證，藉著基督的犧牲，他生來就有機會成長、成功，甚至變成完美的人；他也可以期望分享上帝更多的恩寵。

聖奧古斯丁包容並轉化了柏拉圖主義，使教會不致因之而毀；聖湯瑪斯對中世紀再興起的亞里斯多德主義，那受到醫學的或神祕的阿拉伯人與猶太人裝飾過的亞里斯多德主義，也做了類似的事。傾向於思想成分的柏拉圖主義經由聖湯瑪斯的傳遞，又增加了對自然事實與力量的傾向。上帝，那首善（prima veritas），在創造之中就變成了最主要的計劃者與建築師。他是首因（causa causans）；人雖是次因（causa secunda），但由於他既是創世中被計劃的一部分，也是世界的思考者與理論者，他可以感覺自己是必要的。

亞里斯多德保留了柏拉圖的精神，但也做了一些補充：上帝是唯一的恩惠（sola

---

8 原註3：*Ibid*, 28,33

9 原註4：《哥林多前書》第四章第七節。

gratia），而什麼東西是來自上帝的愛，什麼東西又是人可因天賜的理智與自由意來志完成的，這兩者之間的區分仍仰賴上帝，上帝是唯一的存在，「所有存在的存在與原因」。祂是祂自己的必需品。但很清楚地，亞里斯多德也給理智與意志更多活動的地區，它們可主動地參與「創造物的創造活動」，而使人的認同可以用一獨立的方法獲得證明。就神學的名詞而言，這過程就是在上帝顯現於世界上的秩序（ordo）中看到上帝的美善。人可由思考形式、相似物、形象與觀念中，練習自己觀察的能力；他也可以建立因果關係並加以實驗，使自己變成上帝的助理計劃者與推動者。在聖奧古斯丁的學說中，在兩個世界垂直通道上流通的是信仰與愛。聖湯瑪斯又加了人可觀察到的形式與秩序。上帝的訊息可在神聖的秩序（ordo divina）之中觀察出來，人也有觀察這秩序的工具，人內在的可造性更有預定的秩序在內。因此，人可以在這許多秩序中協調。人還有幾樣器官：直覺、由信仰而來的觀察力，與由理性而來的認知能力。人的理智又是事物秩序中相當有地位的東西，以至於人甚至會想用理智來解決善惡。這可能只不過是確定的臆測（certitudo conjecturae）而已，但無論如何，聖湯瑪斯在信仰與希望之外，又留了一些空地給合理的臆測。在這樣的哲學裡，人不但是個思考者，還有一個新的認定感，那就是「理論家」（theorist）。所以，我們可稱湯瑪斯主義為以理性認定感（rational identity）為中心的主義：人用理智觀察到神聖的秩序，這種觀察又證明這種認定感。

經由湯瑪斯主義，神學將亞里斯多德對觀察與猜測的努力納為己有，這些觀察與猜測就變成文藝復興時期最重要的力量。但是人觀察與理智的能力仍有待神聖的鼓勵，以使這能力可以持續（perseverantia）利用兩個世界之間的合作（cooperatio）。人還無法想像到在理智與信仰之間，也就是古代思想與基督教思想之間，取得更大的綜合。它造成的直接結果，是崇高的虔誠、無瑕的思考和符合整個時代階層及儀式風格的完整宇宙觀。然而，路德的問題卻在於：在這樣的綜合之中，良心的問題是否不該放入理智的層次中，而不是理智是否該併入信仰裡。

聖湯瑪斯不但是個建築思想家與在秩序中見上帝訊息的闡揚者，更是中古認定感最崇高的代表：這認定感表現在當時巨細靡遺的風格設計（stylization）上，例如為永世建立的教堂與那大大小小各種場合暗示著上帝的秩序的儀式。儀式使一個團體依循一種帶有象徵意味的裝飾性行為來行事，藉以代表有秩序的宇宙。每一份子在和其他部分互相依賴之時，也創造了自己的認定感。同時在這儀式風格設計之中，垂直的世界與水平的世界交合了。教會對階層設計的天才也從聖體儀式傳到宮廷、市場與大學，而成為中古人認定感之中色彩、形狀與聲音的基準。中古世紀的典儀專家也想把人放進象徵性的秩序中，也就是放進固定的財產關係與階級之中，他們設計了許多繁複的行為法規：人因此就在角色與服飾區別中有了自己典儀的認定感，而這些認定感可以使人參與那巨細靡遺的宇宙秩序。

然而我必須加上一句，在這儀式的小宇宙中，只有教會與世俗貴族那一小群人，才享有主動的自我不朽（self-perpetuation）與自我證實（self-verification）。群眾不能在一旁觀看，接受到的也只是反射的反射。當統治階級過度的傳統風格化不再能對付時代的危機，如瘟疫、梅毒、土耳其人與教皇和君主之間的不和，此時這種寄生性的儀式認定感就失去了它心理上的力量。同時，物質與心理戰役的既存秩序（它在人借貸而來的神聖感之中永遠是個保證的因素），也因火藥與印刷術的發現而被推翻了。

路德在大學與修道院中接觸的思想與宗教生活中，有三個最重要的主義：哲學上相對立的實在論（realism）與唯名論（nominalism），和宗教的密契主義。

實在論假設思想真的是個實質的存在。它很不哲學地接納對遺跡偶像式的崇拜（fetichistic adoration of relics，如天空隕石的碎片常被當做另一世界派來的使者）。這種崇拜最佳的例證，就是當聖湯瑪斯死了之後，他的夥伴立刻把他的遺體拿加以煮沸處理，使會腐化的肉體與那可交易的骨頭分離。實在論對教條主義的路德沒有什麼影響，但在路德日常語言中，這時代精神（Zeitgeist）卻時常出現，特別是在他有關魔鬼的想法之中。我們知道路德一輩子都為魔鬼思想所困擾，雖然他設法使這種思想不要觸及他的神學思想及科學判斷。魔鬼的屁股對他而言是個真實的存在；由於他的思想與宗教本能在另一層面運作，這種存在幾乎已到了類似一種妄想症（paranoid）的地步，假如它不是同時也代表中世紀時代潮流的話。惠欽格曾這樣說：

實在論征服了信仰的領域。我們要了解，它代表的是整個時代的心理狀態，它不僅是個哲學的意見。就這較廣泛的意義而言，它存在中古世紀的文明之中，也控制了思想與幻想的表達……。[10]

中古世紀的實在論造成一種神人同性論（anthropomorphism）。由於思想被認為是一種真實的存在，人想親眼看到它。為了達到這個目的，人只有把它人格化。寓言（allegory）就產生了。寓言與象徵主義（symbolism）並不相同。象徵主義表現的是兩個思想的神秘關聯，而寓言卻把這種關聯活生生地表現出來。象徵主義是心靈最深刻的功能之一，寓言卻很膚淺。它幫助象徵性的思想表現自己，但同時卻用一個物件來代替活的思想，而使得思想陷入危境。象徵的力量常會在寓言中消失……。[11]

教會的確清楚地指明罪惡不是東西或實存的物件。但既然全部事物都有這樣暗示，教會又怎麼能避免這個錯誤？人原始的本能就把罪惡看成會弄髒或腐化東西的物件，而人也

10 原註5：Huizinga，第三章原註15所引書，204。

11 原註6：*Ibid*, 205.

可以洗清或毀滅罪過。現在再加上對罪惡的系統化、對它詳細的描繪，以及教會悔罪技巧，這些本能就更加強化了。加爾都西會（Carthusian）的德尼（Denis）曾提醒人們，他稱罪惡為發燒、感冒或墮落的心境，只不過是比喻罷了，但這些話是白說了——一般大眾是看不到教條主義的人所受到的限制的。[12]

下面一節描述也表現路德對身體器官感覺區（zones）與運作模式（modes）的注意，有其中古世紀的背景：

> 上帝恩寵的注入，常被描繪成吸收食物以及盥沐的意象。修女可能覺得被基督流的血沖倒而昏厥。五傷溫熱般紅的血曾從聖人亨利．蘇瑟（Henry Suso）的嘴裡流到他心裡。瑟納的聖加大利納（Catherine of Sienna）曾從基督身側的傷口喝他的血。其他人，如聖人伯爾納鐸（Bernard）、蘇瑟與雅蘭拉若（Alain de la Roche）都曾喝過聖母的乳汁。
>
> 雖然雅蘭拉若對天國象徵性的描述很虛假，他對地獄的描述卻充滿了醜陋的真實感。他看到代表不同罪惡的野獸身上帶著恐怖的性器，同時還射出火柱使地球上煙霧瀰漫。他看到背教的妓女生出背教者，有時把他們吞下吐出，有時又像母親一樣親吻愛撫他們。[13]

惠欽格的分析幫助我們了解赦罪（indulgences）的問題。實在論替超自然的現實披上一層塵世的灰土，更使恩典的本身有了金錢上的意義，並為那無意識與密契主義皆交替指稱為黃金或塵土的至高曖昧的神祕實質，建起一座垂直的運河。由分外之功（supererogation）建造天國財富是個古老的思想，但資本主義式對儲備金的解釋，也就是教會可以販賣這些儲備金的思想，卻是一三四三年教皇克勉（Clement）六世時才確立的。他確定在地上廣施財富可以增加人的功勞，因此也會使他的財富不斷地增加。在這個教條中，實在論表現的形式就是路德最反對以現金交易的赦罪方式，好似銅幣一落進奉獻箱，它的響聲馬上就會影響到煉獄中靈魂的狀況。

這混亂的實在論與流行的魔鬼信仰聯手起來，對人認定感的傷害是非常明顯的。另一世界對人的影響力變成一件可以討價還價的事，人也可以學習用巫術般的念頭與行為來控制那種影響力。但巫術對壓迫性超現實的短暫勝利終究不能幫助人發展他的道德感，也不會加強他在這世上自我確定的實在感。

日耳曼密契主義的哲學內涵很狹窄，而路德在發展出自己神學系統以前也沒有讀過那

12 原註7：*Ibid*, 219.

13 原註8：*Ibid*, 199.

最有系統的密契主義學家陶樂（Tauler）。陶樂闡揚的主義是性靈的各種可能之中最固定、最極端的一種。對他來說，所有範疇與區分結束之處才是上帝開始之處；上帝是未出世的光（Unborn Light, ein ungeschaffen Licht）。為了到上帝的居處，人必須發展出一種完全被動的狂喜狀態（raptus）。那時，他沒有名字，沒有特徵，也沒有意志。他必須到達一種完全靜止的狀態（Gelassenheit），讓所有的事物隨意來去。這種狀態也包括基督徒接納自己完全罪惡的情況，但並不會因此而特別地懊悔或憂愁。人因此而回到內心的完全黑暗與混沌（nebulas et tenebras），那創造性靈的子宮與靈魂土地（Seelengrund）。這裡就是婚禮的會合處（das Hochgezeit），而上帝剎那之間變得十分活躍起來。他在一瞬之間降臨，穿越了世界所有的交通要道。但你得小心，這上帝眼中的光不會傳到那試圖注視上帝的人，只有那些處在完全接納的地位、毫不抗拒的人，才會得到它。[14]

這個系統完全自靈知的領域退卻，也自嬰兒式的信賴中退卻。它回到與母體共棲（symbiosis）的狀況，那由性靈臍帶滋養的飄浮統一體。我們可稱它為被動的認定感（passive identity）。它與其他東西方密契主義系統的平行之處與不同之處，對我們來說並不重要。路德從遠處崇拜它（他為陶樂的書寫過序），但在思想與性格上，他卻和它格格不入，甚至還有些畏懼。

一般把事物當成事物、把思想當成思想的認定感，主要是由奧坎建立起來的。他使實在論轉變成「把事物看做它們原有的樣子」（things as they are）的概念。奧坎主義在信仰帝國快分裂成各種過於具體、過於人格化的東西時，很快地被意識形態化（ideologized）。那時，大家相信上帝的心思好似放高利貸的人、律師或警長；大眾也相信聖人家庭，就像聖人伯伯與阿姨一樣，會和人進行交易，使人不必再向那遙遠的天父祈求；而教會也變成一個國家，教皇變成一個好戰的君主；傳教士自己早已無任何敬畏之心，更不要說去激勵別人了，他們變得很容易了解，因此也變得很可鄙；戒律在垂直線上的地球這邊，是由現金來衡量，在那另外一邊，則由永恆的煉獄來衡量。

奧坎，至少是奧坎主義，把垂直線與水平線之間的關係切斷了。我們幾乎可以說它把它們當成平行的。上帝、靈魂、性靈這些東西，都不是人心能了解的。上帝沒有可識別的特徵，也不奠基任何我們能「思考」的公理原則。我們不知道祂的意願，也不知道祂有什麼義務。祂的潛力是絕對的，祂的廣度也是無限的。我們不可能因為有善良的習性，甚至聖潔的習性，就能勉強祂做什麼事。我們只能希望當最後審判來臨時，我們會被祂接納，而賜與我們較寬鬆的法律（extenuatio legis）。我們現在能做的就是服從教會（但奧坎自己卻沒有服

14 原註9：Wilhelm Link, Das Ringen Luthers um die Freiheit der Theologie von der Philosophie (Muenchen, Chr. Kaiser, 1940), 319-21; 324-25; 340.

從教會），並做一個明理的人，因為我們可以假設，就算是上帝的法律也是合乎邏輯的。葛森是一位有名的法籍奧坎主義者，也是路德最喜愛的作家之一，他的牧靈作品也是所有修士的必讀著作。他甚至說我們可以相信，上帝在最後審判時不會過於不合理。

至於這個現世世界，單一的事物的確具有具體而直接的實在感，就如同人本能的知識看到的一般。但事物的象徵卻只不過是一口氣（flatus vocis）罷了。思想，或一般概念（universals），除了在我們腦力運作中有意義之外，事實上是不存在的。我們沒有權利賦予它們事物的性質，然後又根據我們的幻想胡亂增加它們的數量。「沒有必要就不要增加數量」這句名言建立了儉省原則（the law of parsimony），這個原則磨利了自然科學的探討，現在它又追捕著心理學，想把人也變成幾種少數力量與結構組成的模型。

總而言之，奧坎的唯名論是中古形式的懷疑論與經驗論，也是啟蒙哲學的先聲。有些史家認為（奧坎）思想成熟的程度，已可稱為笛卡爾的數學的先聲。但我們可很清楚地看出，為什麼有些天主教思想家會認為奧坎主義信徒比伯拉糾主義信徒還要壞。在許多方面來說，奧坎是個流產的路德。他曾稱教皇為反基督；他支持君王高於羅馬教廷的說法；他也信仰基督教早期的絕對主義，也就是一直叫教會受窘的聖方濟共產主義（Franciscan communism）。但奧坎打心坎裡就是個經驗哲學家。以路德的聰慧，他欣賞奧坎的懷疑論，但馬丁最難忘的，是奧坎所謂水平線永遠無法接觸垂直線的說法。奧坎說信仰是一種個人的經驗，但它卻在教堂建築、教會階層組織、生活的儀式化與思想的公式化之中消失了。那可預知的垂直線錨定在有秩序的水平線之中的美夢已辜負了最有信仰的人，而那些沒有信仰的人只能陷入當代最大的危機之中。

相對於這些中古思想的傾向，文藝復興時代的人又怎麼想像他在這行星上相對的實在呢？

首先，他把人從那第十一個天堂中的牢獄中解救出來。他拒絕再活在世界舞台的邊緣上，或再當上帝怪念頭控制下借來的實體。他相信人類是世界的中心（anthropocentric），人類經由自己的實體存在於世界上——他也許會機械式地加一句，人是上帝創造的。這實體是他執行的中心。由於他自身的努力，他發現人的地理中心位在太陽星系的邊緣，但在人重新獲得中心感之後，宇宙缺乏均衡性又有什麼關係？費西諾（Ficino），一位主張在偉大的羅倫佐（Lorenzo the Magnificent）[15]統治下的佛羅倫斯建立柏拉圖學院的人，就這麼說：「人的靈魂帶有所有低等生物的理智與模式，好似它自己就是自己的創造者。它是所有東西的中心，它也擁有所有的力量。它可以轉向這樣東西並刺透它，卻不用離開那樣東

15　編註：即羅倫佐·德·麥第奇（Lorenzo de' Medici），義大利政治家，也是文藝復興時期佛羅倫斯的實際統治者，他生活的時代正是義大利文藝復興的高潮期。

西，因為它是事物真正的連接者。因此，它實在是自然界的中心。」[16]米蘭朵拉（Pico della Mirandola），《人的尊嚴》（*On the Dignity of Man*, 1494）一書的作者，則讚揚：「人崇高美妙的幸運！……人選擇什麼就會得到什麼，想做什麼就可以做什麼。一旦降生為人，上帝就賦予他各種各樣的種子，各式各樣生活的珠寶……誰不羨慕這樣的變色蜥蜴？」[17]

根據這人本主義的說法，人生舞台是由每個人天賦工作的才能界定的，無論他是畫家、雕刻家、天文家、醫生或政治家。就達文西來說，這才能就是他那訓練有素的、專注的眼；它知道「怎麼看」、哪裡是「自然的中心」，在那裡「我們半球的形象與天體中的星座同進同出，在那裡它們相互穿透而融為一體。」「這些就是奇蹟……已消失的形式又會在很小的地方混在一起，它能重新創造構成。」[18]米開蘭基羅則在他手裡發現這個中心，在他思想的指引之下，他能把「隱藏在大理石當中的概念」解放出來。[19]

這個觀念又再度把人的認定感放回人體器官與功能的階層組織之中，尤其是當身體為心靈服務之時（或身體就是心靈之時）。文藝復興式的感性（相對於中世紀在禁慾與放蕩之間的徘徊），企圖使身體變成現實的工具，直覺而訓練有素；它不許身體為罪惡感侵蝕，也不許心靈為教條羈絆；它堅持人的感覺與直覺必須與世上的現象、事實與法律充分地交流。達文西這樣說：「沒有經過感覺的心靈事物（mental things）是無用的，除了害人，它不會帶來任何真理。」[20]但他所指的是受過訓練的感覺，也就是「精確的幻想」（exact fantasy），使我們運作的本質，必須仰賴於上帝賜予的心靈機械裝置與上帝讓我們置身的世界產生交會，才會獲得證實。只要我們器官的重要部分與一部分上帝創造的世界持續互相確認，我們就不必去證實祂的身分認定，也不必去證實我們的身分認定。這就是在自然界內在運作的法則。

費西諾把這個觀念發展到極限，他的說法在許多方面仍是我們現在檢驗並限制我們自身世界意象的思想憑藉：「誰能否認人擁有與天國創造者類似的天才？誰能否認人多少可以創造天國，只要他有創造天國的材料與器具？」[21]

那些比較熟悉精神分析理論的讀者立刻會發現，文藝復興就是絕佳的自我革命（ego revolution）。它大大地恢復了自我的執行功能，特別是感官的享受、權力的實行與對良心

---

16 原註10：Giorgio de Santillana, The Age of Adventure (Boston, Houghton Mifflin Company, 1957), 13-4.

17 原註11：Pico, "On the Dignity of Man," The Renaissance Philosophy of Man, ed. by E. Crosirer, P. O. Rinsteller, and J. H. Randall (Chicago, Phoenix Books, 1956), 225.

18 原註12：Santillana, Age of Adventure, 83-84.

19 原註13：*Ibid*, 155.

20 原註14：*Ibid*, 69.

21 原註15：*Ibid*, 15.

的培養，通通都從教會有系統而恐怖地利用人的負面良心（negative conscience）傾向之中恢復過來。在馬丁的時代，拉丁教會保證人只要以負面而外在的良心的絕對權力做為代價，就可以從身體解放出來：它是負面的，因為它的基礎是人的罪惡感；它是外在的，因為它是由唯一知道道德原則與背叛結果的懲罰機構來決定的。文藝復興把人從負面良心中解放出來，因此人的自我也被解放出來以從事各種活動。自我虛榮心（ego vanity）的地位超過超我道德感（superego righteousness），因此也建立了一個思想的烏托邦。這烏托邦在費西諾的話裡已十分明白。文藝復興的人可以自由成為佛洛伊德所謂的聖餐壇上的神（god of protheses）。至於如何安置這神的壞良心，就成了神學與精神病學上最重要的問題。

路德在撒克森的同鄉尼采，曾因身為文藝復興日耳曼發言人與歐洲放蕩的道德主義者而自傲。他不知道路德的羅馬之行，又誤認路德的《九十五條論綱》是日耳曼農民對文藝復興的反動，所以埋怨路德的介入斷送了麥第奇（Medici）灌輸教皇文藝復興精神的大好時機。尼采覺得路德把教會逼到採取防禦的地步，使它不得不發展並增強改革過的教條，變成只可勉強生存的平庸。早尼采四百五十年的伊拉斯姆，也抱怨路德毀了人文主義的美夢。路德的確對文藝復興華麗的視覺展現與精緻的感官感受一無所見；他對伊拉斯姆的思想也十分懷疑，寫信回應說：「你完全不知道真正的虔敬是什麼。」[22]在歷史上，路德有幾年的確顯出某些文藝復興人物的光彩，但到他生命結束之時，他無疑地仍是個肥胖的地方性人物。

但我們仍可以說，就算馬丁跋涉回耳弗特時，已準備進行某些文藝復興的工作，也就是把文藝復興中個人主義的原則運用到教會防禦堅固的後院裡，那原則就是平民（ordinary man）的良心。文藝復興給那些人文與科學家許多活動的空間，只要他們能以工作成果證明他們在美學、邏輯或數學上的成就。它也解放了美術家、演講家、學者與建築師。但它並沒有建立一個新而穩固的生活方式，或新而可用的道德觀念。對大多數人而言，這些美術、言語與物質的建設在內心世界上的成就很有限。我們不該忘記偉大的羅倫佐在死前把薩佛納羅拉叫到床前。他退隱到鄉間以便將餘生專心投身於「以尊嚴享受休閒」，卻可憐的英年早逝。這個死前的舉動表現出，他覺得只有那最有原則的靈魂批評者才能聽他最後的告解。費西諾年輕時曾告訴學生他「熱愛柏拉圖」，四十歲時他卻變成一位修士。米蘭朵拉，那位《人的尊嚴》的作者，二十歲時就完成他的名作，死時卻是薩佛納羅拉的信徒，他也曾考慮修道。這些人多少太愛女人，或者太愛他們自己的男性氣慨。但他們和那些沒有女人的男人，如達文西與米開蘭基羅，都深深地認識到男性自我的失敗。存在的絕望沒有比那面臨永恆詛咒的西斯汀人（Sistine man）[23]表現得更嚴厲，人類的悲劇也沒有比米開蘭基羅的聖母

22　原註16：引自Preserved Smith，第二章原註11所引書，206。

23　編註：此處所謂西斯汀人，或許指西斯汀教堂壁畫中神造出的第一個人類亞當。

抱嬰像表現得更有尊嚴。我們必須看到文藝復興時期其他的聖母抱嬰像，才能體會到這點：其他的聖母身邊〔例如羅比亞（Robbia）、薩多（del Sarto）或拉裴爾的作品裡〕，耶穌是個快樂的小男孩，一心想要自己站起來走向外面的世界；而在米開蘭基羅不真實、不根據歷史的雕像上，聖母是個年輕的女人，她手中抱的卻是個成年兒子的屍體。因此，一個人對永恆的答案，不是在他某時某刻說的一句話裡，而是要依據他一輩子所有說過的話來綜合判斷。就心理學上而言，文藝復興人物包含著所有人都有矛盾。歷史把最適於新征服（對物質的征服）的任何新思想教條連繫在一起，而把人摔落在路旁。

路德接受的使命就是去征服那未被征服的悲劇良心，這良心又由他個人的需要與無上的天賦來決定：「良心是我們與上帝必須學習像夫妻一樣共同生活的內心世界。」[24]他在《詩篇》的演講中這麼說。就心理學上而言，這是自我與超我會面的地點；我們或則與正面的良心和諧地生活，或則與那負面的良心疏離。當路德說到「假的基督」時，我們好似聽到「你又沒做到我叫你做的事」[25]的聲明，那被他內化成負面良心的憤怒聲音，沒有比這更能明確表現為耳朵接收到的威脅；而這句話說明的是負面的認定，它更在靈魂上烙下一塊絕望的黑色烙印：炙傷的良心（conscientia cauterisata）。

漢斯的兒子就是為了這項工作而生，但他並未創造這項工作。它的起源是我們猶太與基督傳統根本中過度增長的負面良心。路德這麼說：「基督已變成比摩西還要可怕的暴君與法官。」[26]但只有人極想追求自己的自我確定感時，這負面的良心才會變得過度增長。

我們必須知道這普遍而怪異的負面良心就是路德工作的重點。假如接受這樣的說法，我們就會發現他的工具正是文藝復興的產物：那種尋回原版經文的熱誠，那種以人為宇宙中心的決心（在形式上，它可能是以基督為中心），與那種對自己天賦與技能的信念，也就是那對本國語聲音的信念。

三

馬丁從羅馬回來之後，就被調到威登堡修院。有人說他是被耳弗特的奧古斯丁會趕出來的，有人則說他是被施道比次的吸引力拉到威登堡的。事實上，他的朋友約翰・朗（John Lang）也和他一起走了。幾年之後，路德的影響力遍及全省，他甚至可以把約翰・朗派回耳弗特當院長。

24 原註17：L. W. W. A., III, 593.

25 原註18：Erich Vogelsang, Die Anfaenge von Luthers Christologie (Berlin, De Gruyter Co., 1929), O. 80, fn.l，並參見L. W. W. A., XL, 1, 562.

26 原註19：Dok., No, 1892., 參見L. W. W. A., XL, 1, 562.

馬丁在威登堡開始熱誠地教書與傳教，直到他逝世。最開始，他向同院的修士與旁聽的鎮人傳教，他後來又當了聖瑪利教堂的主任司鐸（Pastor）。在教職方面，他向高級班的修士與大學生授課。在這些工作的強迫之下公開演講，他也才發現自己擁有非常豐富的字彙，面對自己矛盾的性格，他也多少贏回一些勇氣。他學會兩種不同風格，分別向心佈道、向頭腦演講。佈道時，他的目的是提昇人當時的情緒；演講時，他卻逐漸而系統地發展成為一位思想家。

傳教士路德與修士馬丁是兩個不同的人。傳教士路德的身姿雄偉而挺直，談話緩慢而清晰。這時的路德並不像他晚年那樣肥胖圓腫。他瘦瘦的，兩頰上有縐紋，下巴固執而突出。他的眼睛是棕色的，小小的，但從別人的印象來看，那必是十分迷人的。那雙眼睛有時大而突出，有時又小而隱晦；有時深不可測，有時又似星光閃耀；似禿鷹般尖銳，似閃電般嚇人，或似鬼纏般地瘋狂。他的臉充滿了強烈的衝突矛盾，在臨床醫師看來，可能很像一位天賦極高、狡猾而強硬的人會有的強迫性特徵，很可能隨時會爆發不可控制的害怕與憤怒。正是因為這種矛盾，路德的溫暖、聰慧與稚氣的坦白才會那樣叫人解除武裝與敵意。他的人格修養不錯，只有在非常少有的時刻，他才會做出沒有修養的事。有人說路德不喜歡人家看他的眼睛，因為他知道他在思考時，眼睛最會顯露出他的情感（也有人這樣說佛洛伊德，他自己也承認他在進行精神分析時的姿勢安排，就是因為他不喜歡別人「盯著」看他。）

馬丁的行為舉止逐漸與修士謙遜的要求互相矛盾，他的身體常往後傾，使他的額頭仰向上天。他的頭長在短短的頸子上，雙肩寬闊，胸部厚實。有些人非常佩服路德，如斯巴拉丁（Spalatin），那選侯的教士與顧問。有些人卻在他的面前覺得不大自在，如選侯腓德力自己。有人說路德與選侯從來沒有「面對面談過話」，雖然選侯有時和他住得很近，也是因為選侯狡猾的外交與武力的保護，路德後來才得以活下去。但選侯的確經常聽路德佈道，甚至偶而還會聽到路德反對他與其他王侯的言論。

路德在傳教或演講時，常把對神學的真誠與世界文學中的名言混在一起。他的風格是來自人文主義對根源的專注、經院學派對定義的熱愛與中古譬喻的傳統（對我們來說，這些譬喻真是糟透了），但他從來不會顯得過於華麗。事實上，他不久就顯得十分粗率而魯莽，使得他人文主義的朋友覺得他有些過分，因為他們喜歡用比較文明的方法振聾發聵。但可怕的路德卻是個真誠的人。譬如伊拉斯姆就不會喜歡這個在各種動物譬喻與寓言中偏偏選中牝豬的路德。而晚年時，路德多彩多姿的鄉土氣息有時甚至像色情文學[27]一般。他傳教時常會受到神經病症（nervous symptoms）的騷擾，在演講之前、當下或之後，他又常常會頭昏。德語的頭昏用的是Schwindel，這個字是雙關語，它也指騙子的欺騙行為。而路德最典型的惡

27 審訂註：原書中此字為porcography，可能為pornography誤植。

夢是他面對著一屋子的會眾，卻不能從上帝得到任何指令。

精神病學家認為演說帶給路德成功，但內在的病症卻使他不能成為平衡的人。但我認為這樣的說法是錯誤的。畢竟，路德並不是個路德派信徒，或者，如他自己所說，他只是個很壞的路德派信徒。在良心的領域裡，骯髒的工作永無止境，欺騙的老謊話永遠不能解決，而新的純潔永遠是微弱的。一旦路德發展出自己佈道的方式，他就精力充沛地進行佈道，甚至有點近似強迫性。每隔數日，他便佈道一次。旅行時，他在醫院或市場佈道；晚年時因病痛或焦慮而無法外出，但他仍會把妻子、孩子與房客叫到跟前來佈道。

對路德而言，那受鼓舞的聲音，那真誠的聲音，那親身溝通的聲音，就是新的聖禮。它是神祕的聖體聖事的同伴，甚至可與之相比。他很明顯地覺得自己多年來的痛苦使他有了某種實質的東西，而他必須把這東西拿出來拯救世人。他也發展出全方位的口才，因此他不想和其他專業演說家競爭。他只想向人民說話，使那最低賤的人都能了解他。他說：「你要傳道，就像母親吸吮她的孩子一般。」當時，沒有其他態度更能吸引各階層的人——但他在一五一七年針對沒有代表權就不納稅的演說要除外；那篇演說使他成為全國性的人物。那時，他已控制了當代新發明的傳播工具。十年之內，十二個城市的三十架印刷機一獲得他的演說講稿之後，立刻就印刷出來。他也是最受歡迎的佈道家，學生尤其喜歡他。諸侯與貴族的慶典上，他更是常客。

路德教書時卻與他佈道或修道不同。他拿手的領域是聖經釋義學（Biblical exegesis）。他曾研究過古典教本（Glossa, Ordinaria, and Lyra）與奧古斯丁學派早期學者的作品，對當時人文主義學者的研究，以及伊拉斯姆就希臘經文與勞伊克林（Reuchlin）就希伯來經文提出的訂正，也牢記在心。他可以像語言學家一樣挑剔用語來閃躲重點，文字也像人文主義者一般華麗。在早期的演說中，他讓自己的思想初試啼聲；有時他自己也陷入迷惑，有時他會四顧尋找同伴，但最後他終究飛昇向自己孤獨的道路。他入迷的聽眾不知道發生了什麼事，直到他們發現自己身邊竟有個舉國轟動的醜聞。那時路德的角色變得十分政治性與思想性，以至於他早期的演講都被人忘得一乾二淨。直到十九世紀末期二十世紀初期才又被找到。由於路德喜歡把他的神學成形以前的歷史濃縮在一五一七年他變成世界聞人的事件之中，我們也直到這個世紀才了解，他變為歷史性人物時，他的神學綱要其實早已經完成了。其後，他的神學只不過是政治與宣傳，而路德又變成我們大家所熟知的那樣。

我的興趣是馬丁關於「聖經母體結構」（matrix of the Scriptures）思想的萌芽。聖經釋義學在當時，是指透過學術、苦刑或幻想，來證明傳統認為《舊約》預言了基督誕生與死亡的認定。他們相信世界的歷史早已包含在《聖經》的話語當中：《創世紀》不只是解釋創造而已，它更是整部《聖經》的寓意性索引，隱含了使《聖經》更完整的基督受難事件。聖經的釋義學允許教會根據新的神學思想重新解釋《聖經》對歷史的預測，它是思想與語言訓練上很高的表現，也讓經院派的活力有表現的機會。但它也有些基本的規則，只有某些教育與機智才會使事情步向正軌。

中古世紀有四種解釋《聖經》的方法：字句的方法（literaliter），重點是經文在歷史上的意義；譬喻的方法（allegorice），重點是把《聖經》中的事件當成基督歷史、教會創造與教條的象徵；道德的方法（tropologice），也就是把《聖經》的素材當成有信仰的人的行為指標；推論的方法（anagogice），也就是把素材當成來世的表現。路德使用這些方法達到他自己的目的，雖然他一直想做得十分誠懇與一致。例如他認為，《舊約》中的割包皮禮預言了他對外在功勞不足仰賴的新洞見，但這種解釋也表現出割包皮儀式著重在謙遜，因為它攻擊的是男人虛榮的執行器官。但路德在道德方面的尋求逐漸使他放棄其他釋義的方法，而集中在道德這一種方法之中，《聖經》對他而言就變成上帝對有信仰的人此時此地的勸告[28]。

《詩篇》是這位新任《聖經》教授在一五一三至一四年演講的主題。依傳統的解釋，大衛王這位《詩篇》的作者應是位不自覺的先知（unconscious prophet），他的詩歌預先描述了基督將向上帝與教會說的話，以及別人將對基督說的話。而我的目的是要描述，路德主義如何自過分成熟的混合了新柏拉圖主義、聖事、密契與經院學派的解釋之中發展出來，但我們必須牢記他個人衝突與神學異端是堅實地立基於當時的學術技藝與負責任的教學之上。這句話最好的證明就是，當馬丁說就他看來，他所說的是好的神學，並將之奉獻給他在教會中的新職位，並沒有人覺得有什麼不妥。而且，儘管早期的路德主義不肯承認，但路德在佈道與演說時對工作十分專注，只有在對神聖信仰的事情上，他才讓自己的個性展現出來。當他討論到懺悔的深層問題時，他會簡單地承認：「我自己也沒有達到這個境界。」[29]他去沃木斯會議會見皇帝的當天早晨還照樣佈道，也沒提起他即將趕赴一場歷史性的會議。

他每週一次的演講，持續了兩年。他對教授的工作更是極為認真。他小心地記錄每次改變主意的時刻，並解釋自己在修改講辭時才會為自己的意見找到對的字眼。他對聽眾說：「我自己也不完全懂這是什麼意思。」[30]或「上次我講的沒這次好。」他懇求大家：「我們寫作或講演時，必須努力使自己變得更好。」[31]他也不隱藏自己的武斷：「我只是讓抽象的與具體的互相呼應而已。」[32]他偶爾有些絕技：「對那些包著硬殼的經文，你能做的事就是

28 原註20：L. W. W. A., III, 531.

29 原註21：L. W. W. A., III, 134.

30 原註22：L. W. W. A., III, 257; III, 14. 參見 Vogelsang, 6, fn,2.

31 原註23：L. W. W. A., IV, 330.

32 原註24：Vogelsang, 58, Fn. 1.

不斷在石頭上敲打它，使它內部最柔軟的核心露出來。」[33]在這些話的旁邊，他還加上一些讚美自己的話。這種誠實，與當時經院哲學雅緻的武斷及其合理化信仰與理智之間距離的方式相較起來，實在差別太大了。路德的武斷是他努力準備講稿的一部分。他掙扎與修改的痕跡都十分明顯。他對《詩篇》第一部分的講稿看來好像只完成了一半，而他的理論直到一五一五至一六年講保羅致羅馬人的書信時才成熟。但既然我們真正關心的問題不是他的神學，而是他漫長的（extended）認定危機，我們將專門討論《詩篇》講稿中逐漸顯露的路德主義。

四

雖然一般人常把路德神學理論的形成訂在日期尚無法確定的「塔中啟示」事件當天，但在路德的這些講稿之中，我們找到很戲劇化的證據證實路德早在那塔中啟示之前，就已經發明了他的理論。路德在復習《羅馬書》第一章十七節最後一句話時，那句話突然變得那麼清晰，使他整個人好似天堂之門為他打開一般被充滿了。這句話是：「因為神的義正在這福音上顯明出來；這義是本於信，以至於信。如經上所記：『義人必因信得生。』」這句話的力量，在於它帶來了一個對生命與永生在時間與空間上的全新感知。路德發覺上帝的正義並沒有移交給那未來的審判日，並非在那時祂才根據我們在地上的紀錄審判我們的命運。取而代之地，這正義此時此地就存在我們心中，只要我們感覺到它的存在，上帝就會給我們信仰，讓我們憑藉，而我們若了解基督的語言，就會感到這正義的存在。下面我們會討論如何才會有這種感覺。現在我們先得討論它與《詩篇》講詞的關係。

一九二九年，佛哲桑（Erich Vogelsang）發表了一篇驚人的研究。他說路德那些早先被歸於塔中啟示時期或更晚的新見解，實際上早已出現在這些《詩篇》講詞中。這是不是指實際上並沒有一五一三年末塔中啟示這件事，是個我不想介入的神學爭論。我主要的興趣是路德在三十歲的時候，也就是一般有晚期認定危機而天賦又很高的人最重要的時期，路德神學的整體性終於在他全面評價的片段之中浮現出來。

佛哲桑的研究很驚人，因為他從路德充滿了前人引言的文字中找到路德自己想法的思路與高潮。他同時研究了平時被忽略的原文，那在威瑪版本中看不到的原文。例如，中帶有「考古」的層面，那只有在演講的初稿紀錄、謄錄與稍後加入或貼上的內容中才會發現的思想層次。他研究路德用的稿紙與墨水，注意筆跡的變化，與路德自己如何用劃線與自我讚揚來批判這些講詞的重要性。他發現，在《詩篇》講稿中路德內心經歷的旋風：「當路德企

33 原註25：L. W. W.A., III, 12，參見 Vogelsang, 26.

圖為他的聽眾解釋這篇經文時，他想到的是如何藉著上帝的正義拯救自己（deliver me in thy righteousness）。這項工作對他來說是個個人的抉擇，它像雷電一樣打擊著他，也驚醒了他內心最強烈的欲望。後來他一想到這件事，就會禁不住地發抖。」[34]

成年後的路德也承認這件事：「我第一次讀和唱《詩篇》時，讀到上帝藉著祂的正義拯救我（in justitia tua libera me），就感到十分恐懼，我也很痛恨這些字眼：上帝的正義、上帝的審判與上帝的工作。我只知道 justitia dei[35] 的意思是嚴酷的審判。祂是否要藉由嚴酷的審判來拯救我呢？如果是這樣，我是永遠不會得救了。但後來我了解 justitia dei 的意思是祂藉著基督的正義這項禮物帶給我們正義，我才真正了解它的文法，才真正品味出《詩篇》的內涵。」[36]

佛哲桑曾在書目與筆跡中找到路德掙扎的證據。他說：「在路德《詩篇》手稿中，每一頁都充滿著個人絕望的痕跡，就像《詩篇》三十篇第一節一般（詹姆斯版本第三十一篇）。每一位熟悉這些講詞的人都會發現，它們充滿了別處找不到的暴力與熱情。『求你憑你的公義搭救我』，這樣決定性的句子，使路德恐懼而焦慮，也使他忽略下面帶有保證性的話：『我將我的靈魂交在你手裡；』（詹姆斯版本第三十一篇第五節）」[37]謝爾早先也說過，馬丁在主持第一台彌撒時出現憂鬱症。他似乎對基督是我們的調解人那些章句視而不見，而專找那些觸發他基本絕望的章節。佛哲桑又繼續說：「這是因為他沒有真正的信心。他馬上跳到：『上主，垂憐我們』（他的筆跡在這裡十分混亂；也劃上許多線），並用顫抖的良心覆述《詩篇》第六篇（詹姆斯版本第七篇）而祈求。正當《詩篇》即將以『但上主我信你』（in te speravi Domine）呼喚他離開自己的誘惑之際，他卻將討論猛然轉回《詩篇》第六篇的字句。」[38]

雖然佛哲桑沒有進一步討論這點，我們必須注意到這些詩篇是大衛在詛咒他與上帝（他自己這樣相信）共同的敵人。在這些詩篇裡，大衛一面希望上帝處罰他的敵人，一面又希望祂憐憫他們。除了佛哲桑提到的那些句子外，路德還忽略了其他的句子，如《詩篇》第三十一篇：「求你救我脫離人為我暗設的網羅，因為你是我的保障。」[39]與「我恨惡那信奉虛無之神的人；我卻倚靠耶和華。」[40]路德當時在耳弗特也有敵人，但他還有另一個敵人，

---

34 原註26：Vogelsang, 32.

35 審訂註：原文 iustitia 與前面 in iustitia tua libera me，其中 iustitia 字首的 i 可為 j 的誤植。

36 原註27：TR, V. No. 5247.

37 原註28：Vogelsang, 32-33.

38 原註29：*Ibid*, 33

39 原註30：《詩篇》第三十一篇第四節。

40 原註31：《詩篇》第三十一篇第六節。

那將謊言視為虛榮，並密佈羅網來捕捉馬丁的敵人；他的父親不是因自己對兒子的計畫失敗，就詛咒他的性靈生活，預言他後來必遭誘惑，甚至預言他未來的背叛嗎？在馬丁掙扎求取赦罪當中，他一方面在良心上尋求從他那嫉妒的父親獲得解放，一方面也尋求在思想上從中世紀神學解放，他對上帝正義遍在的新洞見，必須在處置了這種心理上鬱積未發的怨恨之後，才能以一種啟示般的經驗達到完滿的解決。下面我們討論路德與基督認同時，還要談到這點；因為《詩篇》作者對敵人的抱怨，提醒了我們基督受難時的社會背景。基督不是也被人嘲弄，要他證明自己是上帝的兒子嗎？「他倚靠神，神若喜悅他，現在可以救他；因為他曾說：『我是神的兒子。』」[41]

路德講到《詩篇》七十一篇第二節時，又看到「求你憑你的公義搭救我」這個句子，而這句子之前又是「願那些對我說阿哈、阿哈的，因羞愧退後」（《詩篇》七十篇），但此時他的心情、看法與用字卻完全不同了[42]。他兩次引用《羅馬書》第一章第十七節（也就是塔中啟示的文句）而做出結論道：基督的信心就是上主的正義。後面又跟著一連串佛哲桑稱之為狂熱的新教理論，下面我便要特別討論這些理論。這些理論的重心，就是路德最後終於承認基督調解者的地位（mediatorship），他對人類成為上帝之子也有了新看法。

這是一項突破。只有在這些講詞中，路德一共四次提到聖奧古斯丁對他自己醒悟的解釋。第一次是在第一堂講詞；第二次是在《詩篇》第三十一篇所導致的中斷之時；最後兩次在講授《詩篇》第七十一篇時。

因此，塔中啟示很可能是發生在路德寫這些講稿的時候。這種啟示也可能不只一次，而是一連串的危機。第一次可能可以從《詩篇》手稿中找到痕跡時，最後一次可能在路德的記憶中，因為學者一直無法確定它的日期。

這件事在馬丁的心中和一段絕望的時期連結在一起，那時他又再度想到早夭。事件發生的地點使它被曲解。路德曾提過的地點，包括修士的祕室、苦熱的小房間，以及廁所。根據謝爾的說法，這些提及的地點是來自路德一五三二年餐桌談話的紀錄。據說，他曾說：「聖靈在 Cl. 中交付與我這項藝術。」[43]羅爾（Rorer），那位謝爾認為最可靠的紀錄者，說 Cl. 指的是廁所（cloaca），但謝爾卻不相信他。的確，沒有其他的話比路德這句話更叫成熟的人感到侷促不安，或令嚴肅的學者感到輕視懷疑的了。精神病學家承認它是指廁所；但他驕傲地認為，重要的事件在哪裡發生，不關任何人的事。

但這個房屋位置上的問題，**正是**因為有某種精神病學上的意義，才值得我們去注意。

41 原註32：《馬太福音》第二十七章第四十三節。

42 原註33：Vogelsang, 50-51.

43 原註34：Dok., No. 238.

首先，廁所這個地點是為了我們某項身體的需要而設置的，只要這個身體的功能正常，這件事就沒有什麼情緒上的意義。但正如精神病學家早先說過的，路德一生都患有便祕症與閉尿症，就算不考慮這種體質傾向可能的原因或結果，我們仍該了解這些功能本身與保留和排泄的器官模式有關，這在背叛性特強的小孩子身上最為明顯，在成人則形成各種矛盾的行為。因此我們不應懷疑，就在這個時刻，也就是馬丁說話的能力自幼兒與青少年時期的束縛中解放出來的時刻，他也從一個很拘謹的人變成一個爆發性的人物；他發現了一種前所未有的自我表達方式，也由於這個方式，他發現了自己性格多面的能力。

那些反對路德精神上的啟示是發生在這種不潔環境之中的人，忘記了聖保羅的癲癇症，那種常帶來括約肌失控的突發症；他們也否認身體與靈魂全面性的介入，但唯有這種介入才會使得情緒與性靈上的經驗是真實的。學者們比較喜歡相信這件事是發生在他們自己獲得啟示的地方——書桌面前。路德卻說他坐在別的地方，這暗示著在這創造性的時刻，他日夜苦思的緊張突然放鬆是遍及他自身存在的現象——而沒有人在讀過路德私下言論之後，會懷疑他自身的存在也包括了他的腸子。而且，路德那時的人比我們更公開而具體地談論這些主要身體功能的情緒意義。我們允許自己在低級粗俗歌舞表演或其他可以一笑置之的場合中了解它們；但要我們在熱誠懇切的狀況中也承認它們的存在，卻讓我們十分難為情。因此，談起這些事時，我們總是擺出一副高傲的態度，好似它們早已被遺留在後面一般。但這些被壓抑的意義終會在非理性的自我防禦中背叛自己，因為我們以情緒否認的東西和灰塵與糞便不可區分，至少在無意識中是如此。聖保羅就曾公開說，他為了基督而放棄的所有發光的東西，「不過是糞便」。

一個啟示，也就是內心突發的光耀，總是與拒斥、清洗與剔除連結在一起；如果路德身體上經歷到這種拒斥，也這樣坦白地談論它，就實在與他在這些事件上的重大解放完全符合。在他身體「另一端」的泄殖腔，常帶給他機智與痛苦，有時更像活生生的「骯髒處所」，在那裡他與魔鬼相會，就像人在那產生純潔生命的靈魂土地與上帝相會一般。

路德晚期的表現，更加深了這件事在精神病學上的意義。這時他語言上的解放常惡化為粗話的特許證，比早期玩笑式的粗俗還要過分。在悲哀時，他常用與肛門有關的字眼來表現他對自己的拒斥：「我好像熟透的大便一樣，」在一次晚餐講演中，他突然陷入一陣絕望，說（而他的聽眾熱切地把他的話記下來）：「這整個世界也像一個龐大的屁眼一般。遲早我們得放鬆彼此。」[44]我們沒有權利忽視一項路德絕不會否認的事實：在早期以靜默來控制自己叛變與毀滅性的本性之後，他終於學得怎樣放鬆自己，也在那時，他不僅解放了那當世最偉大的講演家，還有那最懾人的脾氣與那丟擲泥土般憤怒的能力。

---

44 原註35：TR. V, No. 5537.

真正的問題不在這些事情的特殊性與病態性，而在我們不可能擁有這個路德，卻去掉另一個。在結論中，我還要回到這點。在這裡我將根據我們對路德高貴的良心與暴烈的脾氣的了解，進一步去認識他如何在講演中尋找平衡與自我確定感，以及他如何用這樣的平衡與自我確定感形成人與上帝和自己關係的新理論。

下面我將用我在精神分析的觀察來討論路德的講詞。熱愛神學的讀者會懷疑，路德把神學自哲學中解救出來，是否只是為了讓心理學來利用神學；而熱愛精神分析學的讀者也許又會懷疑，我是不是想在心理的結構中為路德式的上帝找一個立足點。但我的目的卻更為平凡。我只想證明路德對人的處境的再定義——也就是他神學最主要的部分——在內心動態的轉移上，與心理醫師在從痛苦中復原的病人身上發現到的狀況非常相似。簡而言之，我想指出的是，路德在為「成人的宗教性」建立基礎時，也表現出了他自己艱苦掙得的成熟的特徵，他信仰的復甦也表現出他自己的自我的主動復甦。為了證明這點，我想集中討論三個問題：第一是確認聲音和言語是信仰的工具；第二是在基督的愛裡重新體認上帝的「面貌」，第三是對正義生活（a just life）的再定義。

一五〇五年之後，路德開始毫不猶豫地攻擊「陳腐的亞里斯多德主義」對神學的毒害，他說經院哲學使他失去信仰；而因為聖保羅，他又重獲信仰。他並且用人體器官來描述這個問題，他稱經院式的爭論是牙齒（dentes）與舌頭（linguae）：牙齒堅硬而凶惡，說出的話又凶又狠；舌頭柔軟也比較有說服力。魔鬼就是用這些器官來喚起純粹智識的幻覺[45]。但言語若要進入並充滿內心，就必須經由耳朵[46]，因為言語的本質在於它是要被聆聽的。就另一方面來說，信仰來自聆聽，而不是來自觀看[47]。因此，基督與基督徒最大的優點是他們有良好而開放的耳朵[48]。只有同時被感知到是慈愛的、道德的與有思想的東西，才能是聖潔的：因此，人在觀看之前必先聆聽，在了解之前必先相信，在吸引人之前必先被吸引。信仰就是靈魂的器官與基座[49]。從前也有人這樣說過，但路德強調的不是奧古斯丁的「融合」，或唯名派的「服從」，而是文藝復興時代真正的方法，也就是從上帝賜與的內在「裝置」（apparatus）中去證實自我。這裝置自有其尋找的方法——只要它發展自身的被動性（passivity），就必會成功。

矛盾的是，許多年輕人（與頑固父親的兒子）只有學習如何被動地讓他的能力向自己說話之後，才會變成他自己領域中的偉人。佛洛伊德曾寫信給弗里斯說：「我必須等著讓

45 原註36：L.W. W. A., III, 408.
46 原註37：L. W. W. A., IV, 9, 18.
47 原註38：L. W. W. A., III, 227, 28.
48 原註39：L. W. W. A., II, 28, 13.
49 原註40：L. W. W. A., III, 651.

它進來以便我看見它。」[50]這句話聽起來很女性化，路德也的確坦白地指出這是一種女性心態的態度[51]。但男人之所以稱這樣的態度女性化，是因為父權社會使我們脫離了這原始的女性主義。這些形式實際上是所有有機物體的天賦權利（birthrignt）。我們各個部分與整體的機能都是主動性與被動性的新陳代謝（metabolism）。男性化的男人總想假裝他創造了自己，或沒有任何簡單的女人可能生下他。許多成年禮〔如美國西南部印地安人在半地下圓穴（kiva）[52]中的重生〕，戲劇化地使男人從一個性靈上的母親再生，這些也只有男人才能了解。

路德被動性的神學與心理學，就是人在祈禱狀態（state of prayer）中的神學與心理學。在那情況中，他一心一意地對上帝說：我犯罪了，但我犯的罪跟任何人或機構都沒有關聯，只跟上帝——我的上帝——有關連。

因此，透過祈禱而重生的被動性有兩個層面：它一方面指的是對上帝天父的投降，另一面也指自《聖經》的母體（matrice scripturae）中再生[53]。「母體」的意思很類似男性化男人稱呼的「媽媽」（mater）。但他幾乎不記得也不願意承認，早在他發展出這些受到挑釁的父親壓制卻反而變本加厲的固執模式之前，他的母親曾教他用口與感官來接觸這個世界。被動性在男性化男人的發展過程中好像是很難得的特性，但他其實只不過是重新找回他最久、最被忽視的模式。這樣說來，路德公開教導被動性的同時，也發覺演講者應像母親餵孩子一般地餵他的聽眾，難道只是一種巧合嗎？我們所謂的被動性的本質，不僅在被哺養的記憶，更在與母性哺養者的認同：「美好事物的榮耀在於它流向他人。」[54]我認為路德終於在《聖經》中找到一個他可以承認的母親：他在《聖經》中發現了慷慨，面對這樣的慷慨，他可以開放自己，也可以傳達給別人，他終於又成為一個母親的兒子。

路德用的拉丁文字眼是 passiva 與 passivus，「被動」（passive）是最正確的翻譯，但他也常用德文的 passivisch，這個字英文的翻譯是 passific，也就是比較主動的被動。我想被動與主動最古老的區別，在於前者是一種經驗（erleben）的狀態，而後者是一種動作（handeln）的狀態。而 passivity 這個字卻又失去了所有有意義的內涵——這些內涵包括善於接受感官刺激的生活態度，樂意接受自己本能呼喚的「折磨」，以及如同基督受難的生活方式：一種全面的被動性，人在其中經由自我犧牲與自我超越，重新獲得他面對虛無時的主

50 原註41：Sigmund Freud, The Origins of Psychoanalysis (London, Imago Publishing Co. ltd., 1954), 236.

51 原註41：Johannes Ficker, Luthers Vorlesung ueber den Roemerbrief Herausg (Leipzig, Die Scholien, 1930), 206.

52 編註：此種圓穴為該印第安部族舉行宗教儀式及會議之處。

53 原註43：L. W. W. A., IV, 234

54 原註44：L. W. W. A., V, 149.

動位置，因此得到拯救。這是不是就是「愚拙的十字架」（foolishness of the cross）[55]的智慧之中的心理謎題？

對路德這位佈道者與祈禱者來說，人是否真心真意，應由他全面的情感（affect）來衡量，而這又可用來衡量他信仰上帝話語的深度。也許人沒有真心誠意，就不可能有情感；但我們很清楚看到，許多儀式典禮與表演的確都喚起短暫的情感，但這情感只在那些場合中穿戴上，過後就把它與禮拜大禮服一起掛進衣櫥。人因此像在心理上自動化（automatize）一般，儀式化了許多原本具有最深虔敬與絕望的標誌與行為。然而，情感若要深遠長久，如同路德所形容的充滿情感而道德，就必須是一種極為懾人的經驗，也必須由自我（ego）來確認那是一種有效的經驗，好似為上帝特選一般：當人的情感是真心誠意的，這種經驗就是有意義而重要的。這就是我們自我與良心的相對本質。當自我在聽到絕對良心的非難聲音之後又重新獲得鎮靜時，我們才會對我們學會相信的事變得真心誠意，我們的情感也才會變成正面的良心：信仰、信念、權威與義憤——這些都是強烈自我確定感在主觀方面的特徵，也同時是強化他人自我確定感不可或缺的工具。路德談論信仰時，好像認為經驗愈為強烈、明顯，對人就愈有利。如果這些經驗很冷靜（frigidus），人不但無法從中獲益，還會受到減損：因為沒有強烈信仰的人就像擁有毀滅技術的機器人。

這些理論在當時很具革命性，在今日講壇卻是老生常談。它們是演講技巧中最時髦的基礎，無論教堂、講台、政治宣傳或口語廣告，我們總聽見人說真理是人用真心誠意說的話與做的事。我們這些新教的後代也把真意當成習慣與藉口。德語原意所謂的滿懷信仰（Brustton der Ueberzeugung），也演化成許多具有權威性吸引力的形式，最近電視播音員乖巧的真誠就是個很好的例子。這些都指出路德是開發我們內心永恆疆界的先驅者。雖然人們已經藉著他的名字毀壞他的話，但這正是我們該努力繼續奮鬥下去的起點。

心理治療家以及情感與道德的職業教育家都知道，人很少真正清楚自己想說什麼。他想說真話，卻說了謊，就像他想說謊，卻說了真話一般。這是心理學上的真理。精神分析學的方法雖沒有假裝叫人完全說真話，但經過一段長時間之後它卻能發現人真正想說什麼。這問題的中心是：在真正重要的事情上，人，尤其是孩子們，在無意識中非常清楚別人真正想說什麼，他們也遲早會以愛還愛、以恨還恨。一個家庭中的成員平日以言語上的禮節、甜言蜜語、低級的坦白與正直分離彼此，但在微小與無意識表現的情感中，他們卻彼此告密，彼此相責，更不用提他們會用身體上的不適來煩擾、詛咒、毀壞或謀殺彼此了。

真意因此不是教條上的抗議。嘴上講出來，並不就是代表信念。真意是指在重生的過程

55 編註：《哥林多前書》第一章第十八節：「因為十字架的道理，在那滅亡的人為愚拙；在我們得救的人，卻為神的大能。」

中，與一個意識形態合而為一；它代表著個人成功地昇華自己的本能慾望；它也會在一種解放的技藝中表現出來。

路德聆聽《聖經》時並不是沒有偏見。他克服偏見的方法是一方面聽《聖經》的話，一方面也聽自己心裡的回聲。他說：「你的脾氣（disposition）裡有什麼，上帝就有什麼對你說。」[56]脾氣在這裡是指你內心最在意的事情。他知道他說得出來的，就是他的真意：就他的被動性來說，上帝的言語就是最合適的活動。在這裡，「信仰與言語合而為一，變成一個不可征服的整體。」[57]

在路德《詩篇》講詞中，他一共二十五次提起保羅致哥林多人書信（《哥林多前書》）中的兩章，但在論《羅馬書》講詞中，只提過這兩章一次。第一章被提到是：

第二十二節：猶太人是要神蹟，希臘人是求智慧，

第二十三節：我們卻是傳釘十字架的基督，在猶太人為絆腳石，在外邦人為愚拙；

第二十五節：因神的愚拙總比人智慧，神的軟弱總比人強壯。[58]

上帝矛盾的愚拙與軟弱，對路德來說是個神學上的絕對真理：他聲稱《聖經》上沒有一個字可以不參考十字架（extra crucem）而明瞭的。如同保羅在另一章中所說，這是人所能

也所應了解的東西：

第一節：弟兄們，從前我到你們那裡去，並沒有用高言大智對你們宣傳神的奧祕。

第二節：因為我曾定了主意，在你們中間不知道別的，只知道耶穌基督並他釘十字架。

第三節：我在你們那裡，又軟弱，又懼怕又甚戰兢。[59]

因此，路德放棄了神學上有關十字架模稜兩可的理論。他不承認聖奧古斯丁的說法，他認為基督在十字架上大喊「以利！以利！拉馬撒巴各大尼？」[60]時，他並不是真的被離棄，因為他是上帝之子（God's son）與上帝之語（God's word），也就是上帝本身。路德認為聖保羅的話比較接近真理，他認為這是個存在的兩難，而不是柏拉圖式在本質上的融合。他堅

56 原註45：L. W. W. A., IV, 511.
57 原註46：L. W. W. A., IX, 639.
58 原註47：《哥林多前書》第一章第二十二至二十五節。
59 原註48：《哥林多前書》第二章第一至三節。
60 編註：「Eli, Eli, Lama sabachthani?」，意為「主啊，主啊，你為什麼離棄我？」

持基督那時真正覺得自己完全被捨棄，也想到自己不久即將下地獄。路德在這裡用的是充滿感情的詞句，與中古時代傾慕的詞句完全不同。他談的是個創造了與眾不同的人，但他卻活在每個人的身上，他在每個人身上死亡，就如同他為每個人死亡一般。對於各式各類聖人的安排以使人不必面對自己存在的痛苦，路德全部予以駁斥。長久以來他絕望地對那種完全被捨棄的、好似已入地獄的感覺掙扎反抗，現在他卻認為這是一項天賦的才能[61]。他現在認為，最糟糕的誘惑是沒有任何這種感覺。如果上帝看起來一點也沒有生氣的樣子，那就是祂最生氣的時候。路德警告那些好意的宗教家不要鼓勵人「盡力而為」（to do what he can）；例如用聰明的計畫來預防犯罪，用儀式來贖罪，或盡量捐獻現金，或因內心卑微與平和而覺得安全。路德把上司認為的缺點當成一種美德，那就是，一直不斷地去尋找自身犯罪的根基。他說只有這樣，人才能像上帝一般審判自己。這種服從性就是在上帝審判面前完全處於被動的地位[62]。但這種被動實際上卻是一種主動的自我觀察，在良心的前線尋找真正的罪惡感，不接受非人性或機械式的赦免，而堅持人必須處理真正的罪惡感，將之理解為「上帝判斷」，但實際上是個人自身真心誠意的自我判斷。

這些個人的適應可不可能是無意識的手段呢？馬丁這兒子曾因無法強迫父親認可他的宗教性而覺得十分痛苦，他也以過度的孝順忍受父親的言語，現在他在宗教層面上自願承受因孝順帶來的痛苦的角度，也許就是從他過於長久的兒子身分中創造出來他肖似基督

（Christlikeness）的勝利。在主持第一台彌撒時，也就是馬丁面對著聖壇——他天上的父親——同時期待著面對他憤怒的地上父親的時刻，他「忽視了」有關基督是調解人的章節。現在他卻在自己身上找到了基督，也在他內心找到一個超越神經質妥協式身分（neurotic compromise identification）的地位。他找到了祈禱者之自我認定（praying man's identity）的核心，也把基督教思想推進了一大步。他放棄了基督代替我們死亡的思想，也放棄了基督是我們應模倣、膜拜、紀念的觀念。基督現在變成基督徒認定感的核心：基督今天就在我這裡[63]。人被動地受苦變成了每日的受難（Passion），而受難也取代了別人原始的犧牲，它主動地確認了人的虛無——人也因著自己的選擇，把這種虛無的確認當成了自己存在的認定感。

為人們尊為救世主的人，面對著也描寫了尋常人應該避免自欺與剝削他人的道理。這些人用他們來自那世界一角卻萬古長新的聲音，證明了他們的重要思想。他們的熱情之中包括了選擇、征服與勝利，遲早他們也會被尊為萬主之主，他們荊棘的桂冠也會成為他們繼承者的冠冕。路德這位革命性的個人主義者，暫時把救世主從儀式、階層組織與思想警察的冠冕

61 原註49：L.W.W.A., III, 420.

62 原註50：L. W. W. A., III, 289.

63 原註51：L. W. W. A., XL/1, 537.

中解放出來，並把祂放回祂最初昇起的地方——每個人的靈魂當中。

在良心的層面上，這是不是就是文藝復興時代以人為宇宙中心的思想？路德把天堂的問題留給科學去解決，他自己則專心對付他對自己的痛苦與信仰所有的知識，這些也就是他能真心誠意說的話。他過去曾想驅逐那掩蓋住父親與天父容顏的憤怒烏雲，現在他卻說基督的生命就是上帝的容顏[64]。人所能了解的上帝，全都展現在基督的受難中：適當地面對自己的衝突，人就能從中了解自己。後面這句話總是帶有自我判斷的意思。基督的降生與死亡並不是要讓人因恐懼他未來的審判而感到更為貧困，而是要讓人現在就更富有[65]。看，路德在這些講演中就曾指出，畫家描繪基督受難時好似他們同意聖保羅的說法：除了知道基督被釘上十字架之外，我們什麼都不知道[66]。在性靈上與路德最相近的畫家是杜瑞（Dürer），他曾把自己的臉刻入基督的臉之中。

路德在神學進展上的特徵，可以拿來與人心理成熟的步驟相比：父子關係的內化；隨之而來的良心的具體化；工作者與成人身分的建立；與隨之而來的基本信賴的確認。

上帝不再躲藏在時間與空間的邊緣，祂變成「在我們心中運作的東西」。通往上帝的道路不是「努力達到力量所及」的目標，而是從內心抒發的東西[67]。現在上帝雖不是人，但就個人來談祂卻更具人的意味。祂不再是世界末日時的威脅，而是我們心中所有事物的開始。祂的兒子永遠都會重生，「因此我們也應該重生、更新、復活。」[68]「『做得足夠』的意思，總是指開始的意思。」[69]要讓水平線與垂直線的兩難產生交會，因此便只能在人分裂的本性中找到。這兩個地區，也就是神聖恩寵的現實區域與獸性的自然區域，出現在人的內心衝突與存在的兩難之中：「它們也是基督徒在現世同時得保持的兩種人格與召喚。」[70]

這兩種人格到底「是什麼」，並不太重要。神學家、哲學家與心理學家用不同的方法分割人類，試圖讓這些部分互相應對並不會有什麼用處。重要的是，路德強調人「內在」的衝突與經由內省達成的救贖。路德的上帝，只有經由人子受難的象徵手法才能了解，這個新定義指出的新方向，正是齊克果存在主義與佛洛伊德精神分析追索的東西。這兩種方法都使人有系統地邁向自己的邊疆前線，這前線也包括了宗教上的狂喜。

上面所說的神學理論，可以用更心理學的方式表達出來。我們所謂的負面良心，與佛

64 原註52：L. W. W. A., IV, 147.
65 原註53：L. W. W. A., IV, 330；參見 Vogelsang, 103, fn. 1; and 108 fn. 1.
66 原註54：L. W. W. A., IV, 87.
67 原註55：L. W. W. A., III, 529；參見 Vogelsang, 136, fn. 5.
68 原註56：L. W. W. A., IV, 365.
69 原註57：L. W. W. A., IV, 350.
70 原註58：L.W. W. A., XXXII, 390.

洛伊德所謂的超我對自我的壓迫相對應。如果壓迫力很強，一個人或一群人經驗的性質就會為某一種特殊的存在感籠罩，而主觀對時間與空間的觀念在某些方面也因此而強化。我們偶爾感覺到的壞心眼與悲哀，會讓我們認識這一點。那時我們會覺得受到很大的束縛，甚至覺得癱瘓，內心有個聲音悄悄但尖銳地說，我們遠遜於那逼近卻模糊而不可預料的末日來臨時應當具有的完美；儘管末日就近在眼前，我們卻還是罪人，不但不夠善良，也可能做得太過分了。如果想要暫時逃離這種悲哀的狀態（路德在現世愈是成功，卻愈是感到悲哀），我們只有與這內心的聲音進行交易，這交易可能讓我們希望不久我們就可以重新開始，或者希望在最後審判時，根據那不可知的標準我們會被勉強接受而上天堂——如同有些傲慢的人會質疑的，剛好吊車尾？然而，我們強迫性的顧慮卻會狠狠地啃嚼那些字眼，例如也許不久、快要、再多一些、還沒有、也許下次。當然不是所有的人都會這樣，但每個人多少會有一點，也幾乎每個人都可能被鼓動去參加某項意識形態的系統，而這項系統只允許它自身存在，它用絕對搭配的希望與絕望的象徵來裝飾自己，更用表演者、工匠與刑訊人來保衛自己。

對某些人來說，為了某些個人的原因，這種狀況卻變成一種習慣：這些人也就成為任何領域宗教人格的後備軍。整個民族可能把這種潛在的狀況變成一種對世界的看法。威廉·詹姆斯曾說，拉丁民族似乎很容易把「犯罪的壓力分成許多不同類型，而每種類型可單獨克服」，但日耳曼民族卻常把「罪惡當做單數，還把它大寫……它不但是我們自然主觀性不可分離的一部分，更不可能分離成片段以求局部克服。」[71]假如這是真的，氣候可能很有關係，北方的太陽常退隱到幾乎消失的地步，長時期的黑暗與寒冷常使人有一種找不回來的感覺（a sense of irretrievability），也使人想去適應這種可能性。由於路德間歇性的憂傷狀態一再強迫他接受絕望與疾病就是最終狀態，而死亡即將來臨，因此他悲觀地、哲學地表達出最站不住腳的觀念（如個人命運的完全預定說），正表現了那冷硬的心情，那完全的黑暗，但這對北方民族而言卻是春天的先聲：

冬天走了，
夏天就要來了，
花兒正含苞待放，
但不論誰開始這樣的過程，他必會完成它。

如果自我可以成功地控制超我，被負面良心嚴格分開的相反物便可能取得妥協；由自我控制的狀態常是全面性的，它可以讓相反的東西融合而不會傷到彼此。路德在個人

71　原註59：James，前原註21，第十章。

恢復健康時（就像從壓迫性的心理狀況恢復的人一樣），曾求助於各式各樣的全面主義（totalism），以建立自己的全面性。這完整的個人包括幾種平衡的完整狀態：路德說，我們是完全的罪人（totus homo peccator），也是完全的義人（totus homo Justus），我們總是同時被詛咒也被祝福，同時生存與死亡。無論用什麼方法，我們都不可能從一種絕對的狀態達到另一種絕對的狀態。我們能做的，只是在此時此地，用天賜的認識機能來容納人類狀況的矛盾。心理學上來說，這就是說在某一個時刻某一項言語與動作之中，我們同時為驅力（drives）與良心決定，雖然我們並不十分察覺到它。自我在我們的驅力不被過分地否決時，力量最為強大，它讓我們盡量享受我們能享受的事，盡量排斥那些我們應該排斥的事，並根據我們的創造力來昇華——同時它也適量地容納良心的絕對主義，因為良心不會因為小犧牲或小補償而受到安撫，永遠必須是整體表現中的一部分。因此，路德用他自己的話說出佛洛伊德心理學的理論，那就是，只有在表面上，我們才會完全為驅力控制（entirely driven）或完全是正義的（completely just）。因為在心裡，我們最正義的時候就是最無用的時刻，而我們為慾念與貪婪驅使時，壞良心總是還在運作。而也就是這種心理狀態使上帝（就神學來說）不再具有那馬丁最不能容忍的上帝特徵，也就是，祂只有在某些特別時刻才是上帝，而不是永遠都是上帝。就自我來說，永恆就是現在。

路德強調的是此時此地的性靈降臨，以及必須永遠把持住開始，這不僅是信仰的問題，更是精神分析學稱為「自我力量」（ego strength）的心理狀態在空間與時間上的本性。對自我來說，過去並不是個冷酷的過程，只是為了即將來臨的末日做準備。過去是現在征服的一部分，現在用忘懷、偽造、理想化而使過去適應現在，但這些方法既不是無可察覺的欺瞞，也不是故意的不誠實。自我可以忘掉過去的損失與虛假，也可以學習不去要求那不可能的未來。它享受著現在的幻覺，盡量記得那些可以支持無缺點的現在的經驗，以防止懷疑與困惑。就健康的自我來說，時間的流動保證了自我認定的過程。它因此不害怕死亡（如佛洛伊德生動地指出的），它根本就沒有死亡的觀念。但它害怕對負面良心、驅力與現實失去控制。對自我來說，在這三種戰場中任何一種戰敗，就是活生生的死亡。而不斷地贏得勝利，對它來說就好像是自己創造了自己的生命一般。神學上來說，活的東西都是自由而自願地來自上帝，而不是自然地來的[72]，也就是說它們不是用生物學可以解釋的。

路德對人類完全罪過與完全救贖的說法，實在沒有邏輯可言。不懷好意的人可說它們是用來拯救馬丁的表皮，也就是性靈興奮（spiritual elations）與憂鬱（cursing gloominess）所混合的外衣，更不用提他對權力、復仇、女人、食物與啤酒的貪婪了。但這些矛盾的存在卻有著它的心理邏輯（psychologic）——就像對它們的矛盾性的憤怒也自有其心理邏輯一般。

72 原註60：L. W. W. A., IX, 45.

馬丁神學的新理論蘊含一項心理事實，那就是，自我同時接納驅力力量與良心力量的程度，也就是自我實際增強力量的程度——只要它能滋養工作與愛情的混合[73]，因這混合是唯一能證實我們自我確定的東西。在這些情況之下，表面上的服從變成征服，表面上的被動變成主動追尋的新力量。負面良心可以為自我工作，只要我們正視它，也只有享用、認識與主動地工作，我們才能承認驅力的力量；而我們承認驅力的程度，就是我們能控制與創造性地運用驅力的程度。

如果自我達不到這些妥協，我們就會變成第三種時間空間特徵﹝也就是佛洛伊德所謂的本我（id）﹞的犧牲品。這情況的危險性來自佛洛伊德所謂的生物本能，自我將這些本能視為不足以匹配自己，而且在自己之外，但同時卻又為它們而陶醉。本我支配的狀態，就是指時間與空間只用一種方式來安排——朝向願望（慾望）的完成。我們知道，如果時間與環境阻撓慾望的滿足，緊張就會升高，而機會來臨時，我們的緊迫感也會增強。這種自己推動的願望常忽略過去的經驗與現在的感知，除非過去與現在會增加願望的目標導向。正如路德所說，本我的陶醉會全面變成毒害，特別是當人傲慢地否認它時。

有些修道方法會有系統地落入到未知的邊疆前線，而那裡必須面對一系列的自我危險——過度自大的良心會被祈禱者所安撫，驅力衝動會被禁慾主義馴服，而現實的壓力則因為被自己（self）有系統地放棄自我認定而瓦解。然而真正的修院制度是較晚的發展，而且只可能發展出一個成熟的自我。路德明瞭自己為什麼後來會說：沒有人在未到三十歲應該對修道做出確定的承諾。

路德對工作的新定義，是最被人誤解的，當然，這是將他對性的理論除外之後。在這兩個非常敏感的領域，理論與實務常被分離。為了解一個偉人理論的原始架構，我們最好找出他反對的是什麼，或他想改正的是什麼，因為偉大的基礎正是對過去的誇大加以過度的重新闡述，這些誇大可能來自他人，但最可能的是來自這位大師他自己。如果這個重新闡述能立即使我們對自己未知前線領域的感知變得敏銳，它就會延續下去，雖然這些觀念不久又會變成下個時代的誇大其詞的重心。當路德討論善功與工作時，他反對的是當時流行的看法，那種看法認為宗教的事就是問人是否做了他能力所及（包括他錢袋的能力）的事。路德反對善功，就是反對那些與奉獻工作的本質與性質毫無關係的教會工作。

路德覺得，當時的基督教忘記了聖保羅與基督所傳下來的的基督教，而變成「猶太的、土耳其的與伯拉糾式的」，尤其是因為他們那樣重視儀式的完成。我們只要記得他自己在羅馬時著迷於對收集免費或有價的天堂通行票券，就會知道他是什麼意思。他後來取笑這種態度說：「他跑去聖詹姆斯、羅馬、耶路撒冷，或這裡、那裡；他向聖女彼利其特（St.

73 原註61：L. W. W.A., III, 289.

Brigit），向這個聖人或那個聖人祈禱；他今天齋戒，明天齋戒；到這裡告解、到那裡告解，問這人、問那人——但他卻找不到平靜。」[74]他認為這是向猶太教「律法」的退化，因他覺得猶太教就是以繁文縟節來表達過度的正義感。他知道人若過度注意小禮節，負面良心就會佔了上風，它會把每日的每分鐘都切分成最後審判的縮影，而這樣得到的小救贖就被認為是美德。但這種美德對信仰不肯花時間，而且讓別人片刻不得安寧，如果它真能帶來平靜的話。無論用英文或德文，從措辭裡就可以看出許多端倪；那些**做**正義的（richtig）事的人認為他們**就是**正義的（recht），並宣稱他們**有**權利（rechthaben）高人一等。

為了反對這樣的心理過程，路德以他整套新的時間與空間配置，重新強調做事要從一開始就有為事情本身而做的精神。他說，沒有人因為做正義的事就變成正義的人，只有正義的人才會有善功（quia Justus, opera justa）。如同他以條頓精神重新闡述《聖經》上的一段話：「就算你行了奇蹟，絞殺了所有的土耳其人，卻犯了不愛人的罪，對你又有什麼益處呢？」[75]

針對性和工作方面的事，很容易出現錯誤引用的狀況。即使尼采也誤解了路德對工作的解釋，認為練習與實踐如同信仰一樣，對善功是必要的，而且常常是信仰的先驅。尼采當時反對的是叔本華的禁慾主義與悲觀主義，並且意圖將意志與行動恢復為美德。但他忽略了路德雖然反對善功，卻贊成工作；他甚至認為做堆肥、為小孩洗澡、清掃房間都是聖事，只要這些事是用信仰的心來做的。

就路德對自己的工作的態度來說，只有在他把演說當成他最主要的職業之後，他才學到了解與信任自己的思想——並信任上帝。他承接那些講演，不是帶著虔誠的熱切去進行，而是帶著悲劇性的衝突感受；但當他準備或發表時，卻變得十分熱情而富有思想。這不是善功，而是工作。事實上，在經院派講究技巧的傳統之下，他使講演這項專業變得比較真誠。他的風格表現出他相信，一件事即使表達得不文雅但很真誠，就是比較好的工作，也是比較好的溝通方法。

路德的新理論中還隱含著一個心理學的真理。「自我功能運作良好」的人如果「真心誠意」想做事，就會把該做的工作做好（無論是為了什麼原因或為什麼人工作）。但這樣的狀況並不容易，我們也不應該輕易用「強烈的自我」這個詞。有許多人根本不應該做他們現有的工作，就算他們做得還不錯，因為他們做得不錯很可能是因為他們犧牲了太多的自我。所謂做得不錯，很可能是就效率而言，但它們很可能是壞的善功。重要的不是事情做得有沒有效率，而是這件事就他的生命、他的思想世界而言，對他有沒有益處。工作對個人的好處會

74　原註62：L. W. W. A., VI, 207.

75　原註63：我找不到這句話的出處，但公平的讀者應不會懷疑這句話是我自己發明出來的。

由技術上的好壞反映出來，而技術好壞並不是對每個步驟熟練的總和。路德堅持工作精神的重要性，在這方面，他是馬克思的先驅；但當然他無論在政治上或經濟上，都沒有料到這種新思想的出現，雖然他幫助了人們在這方面的解放。他的看法是工匠的看法，他認為無論哪一種技藝，對人都可能是通向完美的好道路，但也可能是通向終生受縛的壞道路。

我們永遠都生活在三個層面的時間與空間裡；有人注意某一層面，有人注意另一層面，這就是我們彼此不同的地方。我們都可能會有時被驅力驅使，有時卻為良心驅使，但我們總會使自己生活在自我所控制的時間與空間裡，儘管性靈、刀劍或金錢的極權主義力量很可能強加某種世界形象在我們身上。每一個歷史時代都有它認同感與風格的空隙，每一個世界也都有它的張力與瘋狂，從而證實了它在驅力與禁忌上的過度表現。人從來不曾完全生活在自己的時代之中，雖然他也不能活在自己時代之外。有時他的認定感能與他時代的思想相配合，有時他的認定感卻必須掙扎以求取生存。但只有當負面良心的力量大到與馬丁的負面良心相當，並與路德的敏感與強烈的驅力相連接，新的正面良心才會產生，而為歷史變遷的新軌道種下思想的種子。這些新開始也許與我想描繪的自我性質非常相似。

路德的神學帶有一個未解決的個人問題，這個問題用精神分析學比用神學更好處理。這個未解決的個人問題，在後來他生命路程遽然轉變，危及到他佈道者與演講者的認定感時，變得明顯起來；甚而到了中年危機之際變為更加明顯，此時他又開始厭惡自己，而且對不服從的疾言厲色、不假寬容又開始出現——這原本在宣講聖經《詩篇》時，在路德的演講者認定感中已獲得協調。

上帝本身也加入了這仁慈父親的形象。路德解釋《詩篇》第一〇二篇第十三節：「你必起來憐恤錫安」時說：「這起來的意思是說上帝最甜美最美妙的部分變成人，祂這樣來我們這裡，因此祂可以將我們帶往祂那裡。」[76]

路德早期的講詞顯示，當他醫療自己強迫症時，幾乎不自覺地表現了以宗教與內省的方法掌控人生的基本的原則。如同他在《羅馬書》的講詞中所說的，「完全的自我了解就是完全的謙卑；完全的謙卑就是完全的知識；完全的知識就是完全的性靈。」[77]這句話他說得幾乎如同一位教授那樣完美，如同一位教條主義者那樣清楚。但同時路德也改變了上帝的特徵來幫助自己療養憤怒帶來的傷口；上帝並不像地上的父親一樣充滿情緒變化，讓兒子難以捉摸，祂的憤怒實際上是一種慈愛。路德就用這個觀念，最終能夠寬恕了做為一位父親的上帝，也接受了祂的清白。

76 原註64：L. W. W. A., I, 200-210.

77 原註65：L. W. W. A., V, 85.

只有一個很獨立的心靈才會因此重新提起羅馬時期以前的基督教原則，也只有正直純樸的人才會讓自己相信如果他讓羅馬教會生存，羅馬教廷就會讓他傳教。甚至當他在威登堡教堂大門釘上《九十五條論綱》時，他還這樣自欺著。但環境卻利用他卑視善功的理論發動了一項經濟革命。整個北日耳曼抓住這個機會，以神學的理由限制羅馬收稅；在爭論中，日耳曼人開始聆聽爭論的聲音，而這聲音正是他們長久一直等待的聲音。

路德得意地成為這位改革者。而他如何改變原有的自我確定——這位否決父親企盼他做世俗領袖的期望，並選擇修院的靜默來取而代之的人——這裡我們只是概略描述罷了。但我們已很清楚知道，被馬丁父親家長式的撫養方式所嚴重惡化的負面良心，一直在等待（負面良心經常如此）機會把別人對待他的方法加諸在其他人身上。

【第七章】

信仰與憤怒

我們應當就路德童年壓抑的殘餘來討論這些特徵。揭露這些殘餘的存在，甚至是存在於偉人身上的，不會帶來任何成就感：我們早已知道偉大之中也充滿著巨大的衝突。

一

路德三十餘歲，還是教授與傳教士時，潦草記下了許多啟示性的筆記和註釋，但是因為某種原因，它們一直埋藏在他堆積的手稿之中。直到二十世紀初期，一些堅決而幸運的學者才在德國的皇家圖書館和梵諦岡的宗座圖書館中找到它們。路德講授《羅馬書》的手稿在柏林皇家圖書館玻璃展覽櫃中被「發現」時，屬於「作者不詳」的作品，經過考證後才發現它的作者。路德竟任由他在一五一七年事件之前的史前時期消失到這種地步。有趣的是，佛洛伊德致其友人弗里斯的書信，也是遲遲才在納粹德國時期留存下來的舊書店找到，這些信裡含有許多他的智識內涵與個人狀況的證據，都關係到他思想的起源。佛洛伊德曾希望並假設它們早就被毀掉了，後來很勉強才答應把它們留存下來。

這些路德早期講稿的重要性，在於它們不但證實了他的自我復元了，也證實了在他突然成為贖罪券爭論中的聞人之前，早已懷有新神學的思想。就天主教學者來說，他在神學上的創新不值一哂，認為那不過是把他否認的那個修會拆解成庸俗化的碎片；就新教徒來說，他的神學卻充滿了力量與新的道理。但就歷史心理學家而言，他想問的只是，在某一特定歷史時刻，一個思想體系到底有多少功效。很明顯的是，當這位修士開始講話時，他說的話與說話的神情使社會各階層的人都覺得他是對的，而他說的東西也都是他們想要的。他對自己及其他改革者的教會、他自己及其他國家，甚至對天主教反對宗教改革的思想，都有很大的影響，這影響遠超過他所宣揚的神學道理的重要性。

對路德在宗教改革這偉大運動中的重要性，歷史學家有各種矛盾的看法。這些看法都受到黨派影響很深。有人說他是最有創見的領袖，有人卻說他類似威克里夫（Wycliffe）或胡司（Huss），只不過聰敏地掌握了時機；有人在他倖存與竄起之中發現神的旨意，有人卻說他敵人的猶豫給了他機會，才讓他得以完成這項革命，否則以當時的標準，他有再多條命都不夠賠；有人尊他為靈感之聲，有人卻說他只不過是粗暴的經濟力量為了擦上一層傳播福音的粉而加以利用的工具。但無論怎麼說，路德都是一個正在形成的時代的前鋒，我們也仍處在這時代裡。這是個教育普及與啟蒙的時代，代議政治的時代，自由契約的時代；這更是個印刷術的時代，人試圖說出他們真心想說的話，也真心想實踐他們說的話，更想自力更生地建立自己的認定感。

當然，馬丁出生一世紀以前，英格蘭的威克里夫與波西米亞的胡司曾尖銳地討論過許多信仰問題，教會中的名人與學者也不斷地爭論他們提出的問題，譬如：聖事，尤其是告解，是不是該由耳朵骯髒的教士來主持；彌撒該不該由雙手骯髒的教士來奉獻；同樣這些骯髒的手也用來勒索金錢，奉獻金錢原先只是教士主要工作——懺悔——的附屬品，現在卻成為他們主要的工作；最後，那所有問題的核心問題，也就是那遙遠而陌生的羅馬教皇是不是永遠不會錯？甚至當他宣稱這些教士可以完全不受俗世批評的約束時也沒有錯？早在路德出生以前一百年，威克里夫已把《聖經》譯成英文，使英格蘭人不再受羅馬的壟斷，可以自行聆聽上帝最初的聲音。胡司反對崇拜偶像與善功，他還用民族主義的眼光把《聖經》翻譯成捷克在地語言；像路德一樣，他也堅持反對者應在《聖經》中找到證據來證明他這樣做是錯的。

識字能力與說母語的欲望，是我們今日認同感的支柱，但這支柱的建立已經很久了。古騰堡－期待著路德，所以當路德用這新的大眾傳播工具來傳揚他的神學時，他個人的魅力吸引了整個民族。未來永遠屬於那些能把新的普世意義與新的技術結合在一起的人。教會的影響力早已為各地民族君主制的發展所損傷，但教會卻堅持它在日耳曼的投資，因為日耳曼位居歐洲的中心，也一直是協調世界各種重大主義的中心。

由於我們只討論過幾件使路德成名的事件，無法涵蓋史書或電影一而再傳誦的故事，也無法解釋那些教條的道德主義、外交上的腐敗或大眾的愚蠢言行，也就是路德這年輕修士大力口誅筆伐而獲得勝利的對象。我們更無法說明路德後來內心衝突與他外表上的領袖地位之間的關係。我只能把馬丁從認定危機跨到中年危機的階段予以重點描述。這中年危機發生的時刻，正是一位創新的人第一次停下來發現他在別人身上發生的影響的時刻。

路德三十歲到五十歲之前的大事表

一五一三——一六年　開始教書，發表最有名三部演講，分別講授《詩篇》、《羅馬書》與《加拉太書》。

一五一七年　在威登堡教堂門前釘下反對贖罪券的《九十五條論綱》。

一五一八年　因教皇威脅驅逐教會的詔書而上訴。

一五二〇年　公開焚燒教皇詔書。發表他重要的宣傳理念小冊，以《論基督徒的自由》（*On the Freedom of a Christian Man*）將一連串發表推升至最高潮。

一五二一年　出席沃木斯會議。帝國發出禁制令，逃往瓦特堡躲藏。

一五二二年　德文版《新約》出版。

一五二五年　發表反對農民起義的文章。結婚。

一五二六年　兒子漢斯出生。

1　編註：約翰尼斯・古騰堡（Johannes Gutenberg, 1398-1468），歐洲第一位發明活字印刷術的人。活字印刷術的發明被廣泛認為是現代史上的最重要的事件之一，被認為在文藝復興、宗教改革、啟蒙運動與科學革命中都帶來重要催化作用。

一五二七年　患病並出現憂鬱。撰寫《強大的堡壘》（*A Mighty Fortress*）一書。

一五四六年　逝世，享年六十三。

贖罪券這個問題啟動了路德心中蠢蠢欲發的定時炸彈。幾世紀以來，教會發展了一套性靈財政系統，好似天堂有一自然增值的存款，供大家來享用。教會聲稱有些聖人為獲得救贖的存款已大大超過他們個人所需，而教會自然成為這些積蓄的代理人，將之分配給有資格的人。這種存款在教會中綽綽有餘，但在教會壟斷之外，根本沒有救贖的可能性。這系統中的交易——雇員彼此之間的交易，與他們和顧客之間的交易——卻逐漸為地上財富的思想所控制。這商業化最令人憐憫的展現，是眾多窮人丟入奉獻箱中的銅板，這原是儀式中附屬的一部分，後來卻變得好似金錢本身會直接影響到教會在垂直線上的會計處。

一五〇〇年的大赦更為全世界贖罪運動提供了一個藉口。為此而捐募來的錢原是要完成聖彼得教堂的建築，使它成為垂直線的錨定處，勝過水平線上其他帝國的首都。修士到處收集贖罪金，有時還帶著銀行的雇員，因為有些奉獻款要用來償還與此運動無關的欠債。但路德如同以往，一直沒有指責贖罪券，等到這運動推行到他家鄉，他才開始反對。

他的主教，布蘭登堡的阿布雷契特（Albrecht von Brandenburg），在教皇許可之下，曾用贖罪金來還個人的債款。早先，布蘭登堡曾向奧斯堡（Augsburg）佛吉（Fugger）家族借錢奉獻給教皇，以取得他第三主教管轄區的官印，而教皇因此允許佛吉取得眾人為拯救自己或煉獄中的親人而奉獻的銅板的一半。但當特索（Tetzel）這位最沒有原則的銷售商領銜的收集奉獻金隊伍來到撒克森邊境時，路德與他的選侯都豎起了耳朵。

這位選侯早已不甩納了稅卻沒有代表權那一套。先前，他把威登堡民眾為獲得精神力量而參觀選侯的聖跡收藏所奉獻出來的金錢，全部收歸己有，當然也絕對不會用這些錢繳交付給羅馬的天上代理人費用。他收集來的錢是要建築他引以為傲的威登堡大學，我們不知道路德贊成還是反對這種把對上帝的奉獻挪用到他所屬學校的做法，但當路德的教眾紛紛聚攏，除了為自己的利益而參與這樁喧鬧的盛事之外，還帶著一種歡樂氣氛前來，而特索這位多明尼克修士所給予的承諾卻漫無節制，使路德十分憤怒。特索有時甚至完全取消了告解，還出售針對可能犯下的罪的贖罪券；更糟的是，他告訴那些可能成為顧客的人，他們可以隨意選擇告解的對象，躲開那些在大赦年還主張嚴格刻苦的神父。這實在太過分了；因為它大大地削減了路德在威登堡的教徒尋求個人虔誠的心理基礎。

此外，路德也逐漸了解，他的教導及佈道與他所代表的機構處理金錢的方法與形象，是不能相容的。就像以往的決定性時刻，他的行動從來不徵詢那些會阻擋他的人的意見，早先他進入修道院便是這樣，後來他結婚時也是這樣。那天，他親近的友人完全不知道，正當前往參觀選侯聖跡展覽的大批民眾佈滿整個城堡廣場時，路德卻在城堡教堂門上釘下他的《九十五條論綱》。在教堂門上釘下論綱的習慣，在當時是表示他想要眾人公開辯論這個問題，但通常一般民眾不知道，教會高層也不知道。然而這次，路德送了一本拉丁文的副本給主教，他希望主教公開給他一個答覆。但答覆卻從四面八方而來。這些論綱的德文版馬上引起非常廣泛的強烈共鳴：一般民眾支持他，因為他們反義大利且愛國；沒有財產權的人支持他，因為他們反對資本主義且愛好平等；小財閥支持他，因為他們反壟斷；君王支持他，因他們排外且主張對領土的管轄權；受過教育的人支持他，因為他們反對教士且主張世俗化；騎士支持他，因為他們主張條頓主義與無政府主義。這種極具個人性與民間性質的鼓勵，真可用美國俚語：「好小子！修士！」表現出來，而受過教育的人的反應，如伊拉斯姆與杜瑞的反應，幾世紀以來一直依然沒有變：「當路德雄壯地隻手推翻上帝為每一個人建立借、貸帳戶的觀念時，他伸展了人的想像力，也把神學從幼稚中救出來。」[2]

眾人爆炸性的反應，立刻讓路德與教會警覺到，稅收的問題已點燃了各式各樣反抗的欲望。路德幾度想撤銷他的控訴，教皇也幾度做出驚人的讓步，公開解釋教會職員所宣布、暗示或默認教皇為神、人之間的仲裁力量的說法的確有點過分。但路德與教皇都彷如聽見自己怒吼回聲而畏縮的野獸一樣，都因對方的畏縮而受到鼓勵，不久卻發現彼此陷入苦鬥之中。一旦見血，彼此就都不肯再退縮。論綱發表一年之後，路德還寫信給教皇：「最有福的父親，我把我自己與我所有的一切伏臥在您神聖的腳下，隨您鼓舞、宰殺、召喚、罷免、認許、責罵。我將認您的聲音為在您身上講話的基督的聲音。如果我該死，我也不會拒絕去死。」[3]但當教皇召他去羅馬時，他卻拒絕赴召；事實上，選侯在皇帝囑咐「好好照顧那修士」的命令之下也不肯讓他去。但不久，路德卻開始稱教皇為「反基督」，而教皇也稱路德為「撒旦之子」。

後來路德再度向教皇屈服，但不久他又用法律的藉口打破沉默，與經驗豐富的神學家艾克（Eck）展開公開辯論。艾克把他逼到死角，叫他承認自己和異教徒一樣懷疑上帝賜予羅馬教皇在基督教世界的崇高地位。雖然（也許是因為）路德發現自己辯論能力及不上艾克，他卻逐漸發展出某種表演的才能。不久局面便再無轉圜餘地了。他公開反抗，甚至宣稱他已準備好用主教與教皇的「血洗我們的手」[4]。我不想引用許多曾經安靜又痛苦的路德用來攻擊「罪惡淵藪的羅馬」的單調無味且過分的話語。我只想引用路德在一五二〇年七月十日寫給斯巴拉丁（Spalatin）的信：「我已經投下骰子了……我永世都不會和他們和解。」[5]

2 原註1：James, Varieties of Religious Experience, 348.

3 原註2：Charles Beard, Martin Luther and the Reformation in Germany (London, Philip Green, 1896), 231.

4 原註3：L. W. W. A., VIII, 203.

5 原註4：Enders, II, 432-33.

幾天之後，教皇發佈詔書威脅要將路德驅逐出教會。路德知道他已無法避免這封最後通牒，於是開始公開攻擊早先威克里夫與胡司曾攻擊過的幾點基本道理，例如懺悔與聖洗聖事，最後也攻擊了聖體聖事。他的神學看法一直都是早期講詞的延伸，但一五二〇年之後他又有了一個新的角色：他變成日耳曼的先知與思想界的領袖。他發表了三本德文小冊子，書名都好似在虛張聲勢一般：《致日耳曼民族基督徒貴族》（*To the Christian Nobility of German Nationality*）、《論教會巴比倫式的囚禁》（*On the Babylonian Captivity of the Church*），與《論基督徒的自由》。

從早期有關《詩篇》、《羅馬書》與《加拉太書》的中，路德發展出一套新的、垂直向上祈禱的神學，他在每個人的內心掙扎中重新找到了基督的受難。而這些一五二〇年的小冊子描繪的，是一種新的平行位置，一種讓祈禱者可以生存的平民宗教改革。我只想提他的幾點理論，如：基督徒皆平等；每位基督徒因洗禮與接受《聖經》而皆具備神職資格；需要選舉議會來真正代表所有信仰的人。更有趣的是，他主張修士發願應在三十歲以後——也就是當性衝動開始消退，認定感已建立穩固，而思想易受影響的狀況已結束之時。教皇在一五二〇年九月對路德發出禁制令，而路德卻把教皇的詔書及其他印刷品帶到威登堡教堂門外燒掉。學生愛透了這個舉動。年輕人很少有機會參加像威登堡教授及學生參與的類似歷史性事件。第二天，路德宣布，除非跟隨他脫離羅馬，否則人們永遠不會得救。

他告訴施道比次說，他一輩子沒有比這舉動煽情的時刻更快樂的時候了。甚至聽到自己那些招來禁制令的話語，看到自己放的火，似乎更助長了他的背叛性。從此以後，在言語與行動之間、說服與怒火之間的鬥爭就開始了。他說的每句話，都激發他的同胞們去行動，而每次同胞的行動又更堅定了他的信念：「藉由《聖經》的話語，世界已經被征服了，藉由《聖經》的話語，教會已獲得拯救；藉由《聖經》的話語，教會將重新建立秩序，而反基督……會不戰而敗。」6

他冗長的言論鼓動了足以掀動屋瓦的唱和（如哥德所說）；但每次精神的鼓舞也必伴隨著屋頂的毀滅。他自己也不知道他說出許多暴力的話。對他自己來說，這些話只不過是憤怒的詩節；但對他的群眾來說，這些話卻等同於必須執行且獲得正當性的具體行為。

他最具決定性的演說，是他一生最著名的時刻。史書與電影對他在沃木斯會議的描繪，卻往往改變歷史場景來匹配他雋永的話語：大廳、高貴的聽眾與他聲音的宏亮回響。可惜的是，歷史並未掌握到那難得清晰的聲音中所帶有的戲劇性，那戲劇性既超越演講者內在的焦慮，也超越周遭騷亂的緊繃狀態。蓋茨堡演說應該可以提醒我們怎樣去想像未經預演的歷史場合；雖然在沃木斯的確有一大群人擠著去聆聽、觀看這位焦點所在的演說者。

6　原註5：Enders, III, 73.

路德持有帝國護照，但他被警告不要出席會議。他進城時由一群無視道義的商業大亨保護。他在第一次會議時由於恐懼與不適，連話都說不出來。但在晚間時，朋友、啤酒與睡眠使他完全恢復過來。第二天早晨，他的聲音變得十分清楚。他用德文討論他良心的語言，那些他在內心掙扎中得到的新啟示。他面對放逐與死亡，並不是因為信條或祖先與傳統的束縛，而是因為他個人的信念，那來自內心衝突也導致更多衝突的信念。他所說的良心不是教條化道德的內在沉澱，而是一個人單獨在天堂、地獄與俗世之間所能知道的最好的東西。也許路德沒有親口說那句最出名的話：「這是我的立場。」（Here I stand），這可能又是來自傳聞；因為這新信條是屬於那些決心以自立自強來建立認定感的人，不只在性靈上如此，在政治、經濟以及智識上皆如此。而無論後來發生什麼事——一些恐怖以及極為瑣碎事情的確肇因於此——路德對個人良心的強調已為平等、代議與自決的觀念做好準備，在緊接而來的世俗革命與戰爭之中，這些觀念也成為為所有人爭取自由的基礎，而非僅為爭取某些人的尊嚴。

路德並沒有真想用武力革命：「如果我真想製造動亂，我很可以讓日耳曼流血。是的，我可以在沃木斯發動一場這樣的小小競賽，使皇帝都感到不保。但那會變成什麼？一場愚者的競賽。我交由《聖經》來處裡一切。」[7]他也可能做出使他變為大反動家的事。歷史辯證法拒絕承認大革命家的心靈也可能帶有大反動家的種子，但心理辯證法卻必須假設這事不但可能，也大概會發生。

新皇帝當時只有二十一歲，他顯然對事情的變化感到很煩惱。他最後堅持了**他的**認定感：「我的祖先一千年來都是基督徒……一個修士反對有一千年歷史的整個基督世界，必定是錯的……從此我和他再沒有任何關係。」[8]他也對這位僧侶發佈禁制令。但選侯卻安排人綁架了路德，並把他藏匿在瓦特堡，距離艾森那克與哥達斯只有一哩之遙。

除了他父親的房子之外，這城堡是路德一生最不幸的居所。他仍是個僧侶，承諾服從、祈禱與守貞。但在這城堡裡，他沒有修道院也沒有儀式可言，沒有兄弟也沒有長上。他可以從窗子觀望外面廣闊的世界，而那世界卻充滿了他的名字與惡毒的威脅。這世界需要他的領導，就如同他在突然驚醒之後已準備好成為他們的領袖一般。但就在他準備好的時候，卻被強迫變成回到籍籍而無所作為的狀態，被強迫閱讀朋友哀悼自己的輓詞，而那些人原是想和他一起搞改革與革命的。

由於缺乏機構的日常例行作息，他變成自我雙重威脅的犧牲者：一者來自他的本我，一者來自他周遭的暴徒。他在瓦特堡的書信，表現出一個成熟的人在修道痛苦中成長之後又

7 原註6：Works of Martin Luther (Philadelphia, A. J. Holman Co., 1916), II, 400.

8 原註7：Bainton，第三章原註7所引書，186.

突然被剝奪領袖地位時，是如何為欲望所折磨。在無法有所行動的狀況下，他大肆享受食物與啤酒，也因此更加重他便祕的傾向，而這又反過來增強了他對下半身有如魔鬼信仰般的專注。年輕時促使他逃往修道院的憂鬱，又回來困擾這位成年人與潛在的民族領袖。他對權力的欲望轉變成對自己、環境與魔鬼的憤怒。我們已經說過他的幻覺，但若是沒有魔鬼，若是不能把自己怪異而惱人的兩難情況化做人格化的東西，他又能做什麼呢？——這東西也不是他發明的，而是經過風俗傳統確認，因此「真實」到幻覺可以投射到其上，最重要的是，偶爾還能讓不凡的人物藉此調劑憤怒。路德在瓦特堡有時很像監獄中的心理病患，而這種狀況喚回許多他嬰兒時期無法解決的衝突，後來當他無法抱怨監獄高牆使他面對「魔鬼」之後，這些嬰兒期衝突就演變成了一陣陣的憂鬱症。

儘管他藉著向朋友告白時發出悲嘆（就像其他類似的演說家一樣，也是個動輒哭泣的人），他仍可以工作，也實際在工作。在這種情況之下，他完成了《修道誓辭》（*On Monastic Vows*）的小冊子，也就是前言為致父親書信的冊子。這冊子的主題將那父親對這兒子預言當成一種普遍原則，也就是性本能是不可能克服的，除了少數天生傾向於獨身的人之外，而且人也不應該壓抑性本能，以免整個人受害。而解決的答案，他認為就是結婚。然而，他父親終究還是錯的，因為只有上帝才是對的，也只有馬丁變成僧侶之後才會發現這點。

他同時開始將伊拉斯姆希臘文本的《新約》翻譯成德文。這也成為他本人與日耳曼民族最完整的文學貢獻。這多面的人格與豐富的在地語言結合起來，創造出一種不是只有少數人能欣賞的詩歌，而是鼓舞整個民族生活的語言。正如尼采所說：「日耳曼散文的傑作就是日耳曼最偉大的傳教士的傑作：《聖經》是日耳曼語文中最偉大的書。與路德的《聖經》相較，其他的書都是『文獻』，也就是並非生長自日耳曼，也不像《聖經》一樣生長在日耳曼人心中。」[9]日耳曼語言學的祖師格林（Jacob Grimm）[10]也說過，沒有路德的作品，後來日耳曼文學的開花結果是不可能的事。「由於路德德文奇蹟般的純度與深遠的影響，它可說是德語的核心與基礎，任何滋養這語言、復興這語言、使它能創造詩歌的東西，都是來自路德的功勞。」[11]這人早先在唱詩班中幾乎被擊倒，現在他卻把向上帝的禱詞翻譯成德文，使日耳曼人都覺得上帝原本就是用德文來思考的。除了仇恨的惡罵與猥褻之外，他寫出來的抒情

9 原註8：Nietzsche，第三章原註32所引書，VII，216.

10 編註：即知名的《格林童話》作者格林兄弟中的哥哥，也是法學家。他鑽研印歐語系，從中發現此語系變音的規律，而提出了格林定律。兄弟倆還編纂一部德語辭典，雖未完成，但其對德語的重要性如同牛津辭典對英語的影響。

11 原註9：Jacob Grimm, Vorrede zur Deutschen Grammatik 1,1822, 11（引自Bornkamm，第二章原註31所引書，176-77）。

詩卻像民歌一般的簡單有力。

「一個小小的字可以傾覆惡魔。」路德不但治癒了他的瘖啞，民族日常用語的培養也變成日益茁壯的民族主義的一部分。這也是文藝復興在口語上表現的一部分。文藝復興的原則之一，就是人為了確認自己在地上的認同感，必須能用母語說最值得說的話。無論如何，路德用語言做為工具，而成為蘭克所謂的歷史力量，也就是成為「一種道德的能源……有勇氣以自由活動穿透這個世界。」[12]路德自己也這麼說：「上帝賜給我們各式各樣的好東西；但抓牛得先抓角，你也得做你份內的工作，這樣上帝才能有機會賜予，並且有掩飾。」[13]

在此，我們的故事結束了。剩下來關於人類如何解釋路德的見解與學說的故事，可以留給群眾心理學家或政治哲學家。路德人格從此不再繼續發展，這可以歸諸於內在或過早老化的原因。但完整的認定感只是人在危機中的勝利。

路德在瓦特堡的書信指出了他未來行動的心理基礎：他既然已公開地向教皇、皇帝及他們所代表的世界秩序挑戰，也克服他表達挑戰的阻力，現在他已完全了解自己是多麼的饑渴，自己的正義感是多麼離經叛道，而他在別人身上激起的力量是多麼具有革命性。他再次又因地方性的事件被推向世界性的行動。別人告訴他威登堡與耳弗特皆已粉粹瓦解。修士解散並還俗結婚。更糟的是，修士與學生在路德友人的領導與群眾的擁護之下，毫無計畫地更改彌撒的步驟，毀壞聖像，禁止教會音樂。就這樣，革命性的清教誕生了——奇異地混合了反叛的個人主義、美學的禁慾主義與殘酷的正直，從而成為新教大部分的特徵。路德幾乎已無法辨認這是他造成的東西。不顧所有的命令與勸告，他急忙趕回威登堡，整整一個星期天天講道，施展他的力量、節制與幽默。他說如果我們必須毀滅可能被濫用的東西，我們也得毀滅女人與美酒。他最後那一句話怎麼逃過這撒克森釀酒業的注意，我也不知道，但他的確把話說清楚了。他也在朋友之間製造了第一個敵人，那人罵他是個反動家。

這時，一邊是路德個人與地區上的生活，另一邊是普遍的社會脫節、反叛與變遷，都充滿了天真的熱切、無意識的諷刺與正義的醜惡，直可與蕭伯納式（Shavian）的戲劇相比擬。威登堡奧古斯丁修院已被修士們遺棄，選侯就把它交給路德個人使用。路德結婚後，這棟建築住有他的妻子、一位還俗的修女與他們的子女——這組合對路德教派第一個牧師公館來說，實在是個諷刺。而且不久之後，當他即將安頓下來時，他的革命詩歌卻在此時帶來報應。全日耳曼的農民都起來反叛了。他曾這樣批評教士與主教：「他們最應得的報應就是一次猛烈的叛變，以把他們從地球上掃除；如果這事真的發生，我們會微笑以對。」[14]他又

12 原註10：*Ibid*, 40.

13 原註11：L. W. W. A., XXX, 1, 436; The Righteousness of God (London, Hodder and Stoughton, 1953), 293.

14 原註12：L. W. W. A., XXVIII, 142.

說：「在基督教的世界中……所有的東西都是公有的，每個人的東西也都是別人的，沒有東西是專屬一個人的。」[15]還說：「平民一直在財產、身體、靈魂方面受苦……如果我有十條命，我會代表這些可憐人把十條命通通處死。」[16]

農民發表了《十二條宣言》，並把宣言寄給路德[17]。農民從前也造反過，也被屠殺過；但這次他們已形成一個階級，有領袖，還有一本書——一個新的身分認定。他們說的話很簡單但很有尊嚴：「基督以他的血救贖了我們，不管我們地位的高低。」他們彼此約束，除非有人能用《聖經》中的話語——也就是那唯一神聖的憲法——來解釋他們說的話，否則絕對不撤退。此外，他們也要求每個人的工作報酬必須「滿足生活所需」。我們現在很容易同意他們的手段雖不和平，但要求卻相當溫和。路德早先已警告過這種暴力，現在他又在〈忠誠勸告所有的基督徒不可造反與背叛〉（An Earnest Exhortation for all Christians, Warning Them Against Insurrection and Rebellion）一文中再度警告。他用節制的語言強調：「不論原因是什麼，造反都是錯的……我永遠同情那些被造反的對象。」[18]他反對政治與經濟的自由；他說性靈自由與農奴制度很相合，而農奴制度與《聖經》也很相合。這個觀念當然是來自中古世紀，當時認為個人一出生即附屬於某一地產；他希望改造人對上帝的祈禱關係，但並不想改變人在俗世財產的制度。路德後來說服人們，性靈自由和人的社會地位互不相涉，而這二分法的理論到現在還困擾著新教的哲學。因為財產、權力與召叫若如他所說是來自上帝賜予及引導的，那他應如何解釋自己改革者與革命者的天命？況且他燒過教皇詔書，也號召過叛變。他早年言行一致的理論早已離他而去了。

農民也用馬丁的話辯駁路德。他主張妥協，但這位漢斯的兒子卻發現沒人服從他、注意他。他不能原諒農民，後來他也不能原諒猶太人，因他原以為他可以用《聖經》歸化這些教會都不能歸化的人。一五二五年，他發表《反對搶劫與謀殺的農民群眾》（*Against the Robbing and Murdering Hordes of Peasants*），建議公開與祕密的屠殺，而他用的字眼實在可用來裝飾現代警察與集中營的大門。他說那些冒生命危險來鎮壓暴動的人，必在天堂得到報償。其中有一句話，最能表現這位一度因不服從而被痛打的兒子所經歷的完整過程：「不用和叛徒爭論，他們反正也不會接納。對這樣的嘴，最好的回答是一拳把他鼻子打到流血。」[19]這話是不是老漢斯在痛揍他兒子身上殘留的農民性時所說的話？

路德自家人都覺得他太過分了。他的妹婿問他是不是想做「地主的先知」，還痛罵他懦

15 原註13：Will Durant, The Reformatian. (New York, Simon and Schuster, 1957), 378.

16 原註14：第四章原註6所引書，206-207.

17 原註15：“The Twelve Articles,” *Ibid*, IV, 210-216.

18 原註16：*Ibid*, III, 211-212.

19 原註17：L. W. W. A., XVIII. 386.

弱——但這句話實在不公平。路德反對農民時，正是他們像壓路機一樣向他滾來的時候。在他最需要君王時，他卻拒絕奉承君王。如果我們了解到，他過分的言詞總是指向那些故意不服從的人，這樣就比較容易了解他了，雖然他直接的影響力並不會變得比較可以接受。若非如此，他其實是相當寬容而主張自由的。他懇求君王允許不同黨派意見自由討論；他為傳教士立下「無論代價如何，絕不沉默認可不義」的原則[20]。如果他真變成地主的先知，也是因為他不肯依照群龍無首的狂熱分子的要求去重新開始一段政治歷程。就歷史的眼光來看，我們說這位反動分子立下某些個人主義與平等主義的幻像，也因此立下未來左派或右派的革命思想問題，應該是相當公允的。

一五二五年五月，農民在富蘭克豪森（Frankenhausen）遭到屠殺，先是被炮火，後是被兇暴的步兵，總共死了十三萬農民。六月，路德寫道：「大家都忘了上帝經由我為這世界做的事……現在所有的地主、教士、農民都反對我，拿死來威脅我。」[21]但宗教改革已開始了，路德也安全地住在威登堡，擁有整座空修院，擔任教授與牧師的薪水也增加了。

七月，他突然結婚了，新居安頓在他的公館。他說他結婚是他父親的意思。有人覺得這話真不可思議，就把它當成笑話看。但他的父親的確在他猶豫時鼓勵他傳遞香火，因他的兄弟們多半早死。而婚姻也是他與父親遲來的認同（identification）中很重要的一部分，這時與父親公開或私下的認同也開始決定路德大部分的生活。此外，他無疑也很喜歡小孩；他最愛的是小孩與家庭音樂的結合，這也使我們必須假定他童年是快樂的。一旦在家庭與名譽中安頓下來，他的確也當著孩子的面說了許多可怕的事，而且不是用拉丁文來說。但這只是他多嘴的一面罷了；他曾寬容地稱自己為「多嘴的人類」（Homo verbosatus）。這些事實顯示，儘管他謹守修院戒律與童貞，卻有極大的彈性，以至於在四十五歲時仍能開始一段看來很幸福的婚姻生活。他的言談中常提及發洩性的性慾，亦即人必須排除身體的分泌物，這可以部分說明他仍舊很關心身體的排泄物。接下來就要討論這個問題，但我們要注意，如同對其他事情，他只是比別人更坦白、更不浪漫地表現了那些控制普通男人性慾的東西，這也是使有教養男人覺得和他們的禮儀與愛情互相起衝突的東西。除了這些，他也談過婚姻中深刻、甜美、幽默而新鮮的事。

一五二六年，他的兒子出生，聖名漢斯。

就在這暴風雨後的寧靜時刻，路德卻再度陷入嚴重的焦慮之中，這次的焦慮幾近於長期而沉重的憂鬱症。精神病學家問：怎麼可能呢？這時不正是路德影響力的顛峰，並且婚姻美

20　原註18：L. W. W. A., XXVIII, 286.

21　原註19：Smith，第二章原註11所引書，165.

滿，生活也很安全嗎？他應該沒有理由哀傷，也沒有比其他時候更應該哀傷；因此他的「精神疾病」必是內在的、源自生理的變化；除此之外再去尋找其他的原因，顯得很愚蠢。社會學家的意見卻與精神病學家相反；他認為路德很有理由比外表看來更煩惱：「他能實現這樣的徹底轉變而良心不受打擊，可見他並不覺得自己背叛了最基本的原則。」[22]事實上路德在面對他的演說所帶來的所有後果時，的確是站在一個新的危機前面——他的體質在此決定了他的病癥——這危機把他的哀傷帶到一個全新而不協調的環境中。

路德現在已是一個父親，青少年後期的自我認定早已被拋棄。這在歐洲，尤其是日耳曼，並不是反常的現象[23]。路德逐漸認為，除了極少數假想中的基督徒之外，大部分的人如果不是貪婪的野獸，就是相當危險的孩子。唯一安全的人是那些小公國的孩子（Landeskinder），他們的領袖被稱為公國之父，其他小國與教會的首領也有這樣的稱呼。一五二八年，路德說摩西十誡中的「尊敬你的父親」應適用在這些君王身上，因此它也就相當於禁止政治叛變的誡令[24]。他的話非常著名，但也惡名昭彰：「世俗的箭必是紅色而沾滿血的，因為世界將是也必是邪惡的。」[25]就普通常識而言，這句話很有道理；就路德政治哲學中假定君主權力是與生俱來且獨有的而言，這句話也很有道理。他既是基督徒，就應該遵守禁令，反對天職為個人所濫用，也應該服從祈禱的指引，就像其他職位的人一樣；他承認，若非如此的話，自己可能「為空心的核桃發動戰爭」。[26]儘管如此，別人還是該服從他，雖然在服從之際他們大聲抗議。

這普通的男人於是向普通的君主投降了；他已失去了大部分路德早期演講所代表的東西。路德早年自羅馬權威主義中解放出來的人類靈魂，現在卻必須臣服在統治家族、經濟習慣與君王領域中盛行的宗教信條（這是領土認定感之法律不久即下令規定的）之下。在基督教國度裡，路德建立了宗教會議（Consistorial Councils）來領導宗教團體。這些會議由當權的君王為首，下設兩位神學家與兩位法律家。他們可以囚禁人們，禁止人們工作，下令抵制，以及剝奪公民權，新教革命因此變成日常生活、工作都由教會國家（church-state）嚴格管理的生活方式。路德早先斥責「摩西的律法」，現在他卻為它解釋：既然基督徒不但有靈魂，而且也有身體，那麼他就應該「順從摩西」[27]。為了確定人能夠感知到所有上帝計畫的徵兆，祈禱的人除了該注意自己良心的決議之外，甚至還該注意統治者的決議。這上帝的新

22 原註20：Pascal，第二章原註27所引書，178.

23 原註21：*Childhood and Society*，有關希特勒的那一章。

24 原註22：L. W. W. A., III, 1, 70.

25 原註23：Pascal, 187.

26 原註24：L. W. W. A., XXXI, 1, 196.

27 原註25：L. W. W. A., IV, 274.

面貌，在祈禱、《聖經》以及公國之父的決定中可以看到，它於是成為一個新階級的生活取向，也成為宗教虔誠向新的努力——重商主義——配合的取向。因此，儘管路德激烈地反抗贖罪券與高利貸，他卻為西方世界經濟自利思想與教友身分之間不相襯的聯盟，做好了準備工作。馬丁現在變成他父親階級的形上學法官。

這也就是現在社會學家如韋伯（M.Weber）[28]與佛洛姆（E. Fromm）[29]，最常談到的路德。他們往往匆匆談過路德的生平之後就跳到整個宗教改革運動，如喀爾文與諾克斯（Knox）個人化的改革運動，或其他制度化的基督教派別。陶尼（Tawney）認為路德與喀爾文非常不同；喀爾文年輕時曾讀過路德的著作，但他才是新教真正的創法者：

> 路德在社會道德方面的言語好似火山突然爆發一樣，在煙霧火焰之中只有幾點閃光，想在其中尋找統一的理論必是徒勞無功的……他對社會問題的道理與宣傳小冊會叫幼稚的人信服，但他好似一個衝動但學問不足的天才，拋棄了法律與邏輯，想在他自己火熱但粗糙的意識中創出一套社會倫理系統一般，這部分由於它們是環境的產物，是在革命的風暴中產生的，但部分也由於路德最反對的就是精緻的法律與邏輯……他過於恐懼與憤怒，而無法有任何好奇心。企圖說明其中的結構只會讓他生氣；他只會重覆說這裡面有魔鬼，而好的新教徒不會去胡攪罪過中的神祕性。但他的憤怒中還是有個方法。它不是來自無知，

因路德熟知經院哲學。它是來自認為知識渺小而有害的觀念。[30]

年輕的路德仍舊是普世反叛的化身；年長的路德——那經常「恐懼而憤怒」的路德——的宗教改革卻僅是區域性質的。他的神學宣布了一個世俗的教會，凡是上帝認為有信仰的人都可以參加，但他的改革卻造成全能的教會國家。他的理論中有命定論（Predestination），但他的改革卻為小資產階級的樂觀主義帶來希望。他的神學基礎是人內心的經驗與真意的表達；他的影響長期下來推展了毫無幽默感而喋喋不休的「正確思想」（right thinking）表達。他主要的護身符是在祈禱中體認到的《聖經》；他自己法律的嗜好卻讓《聖經》成為使各式各樣妥協合理化的法律條文。一直到其他憲法開始與《聖經》競爭，並保障了路德違背自己意志而世俗化的個人權利，新教才對免於恐懼的生活方式有所貢獻。然而，與這些貢獻同時發展出來的趨勢，卻是像齊克果那樣的道德哲學家永遠不能原諒路德的原因，雖然他們認為路德是基督與保羅以來最純正的宗教人物。

---

28 原註26：Max Weber，第二章原註29所引書。

29 原註27：Erich Fromm, Escape from Freedom (New York, Rinehart and Co., 1941).

30 原註28：Tawney，第二章原註30所引書，88-89.

極為敏感的齊克果也是個憂鬱的丹麥人。他住在那最小、最富足、最善良也最自足的新教小王國之中，這王國不會輕易洩漏它潛藏在法定快樂下的長期憂鬱。哲學上，齊克果必須重新做一次所有路德做過的事，但他卻執意做個沒有國、沒有家的哲學家。齊克果這麼描述路德：「他一生中有幾年是地上的鹽；但他晚年卻充滿了陳腐。他餐桌上的談話是這種陳腐最好的證明：他是個上帝的人，卻坐在小資產階級的溫暖之中，四周圍著的是崇拜他的隨從，他們相信路德放個屁都是天賜的啟示或靈感……路德把改革者的標準降低了，他也創造了一群喜歡扮演改革者的好心人。路德的晚年充滿了公認的平凡。」[31]齊克果認為這種不幸有兩個原因，而我們現在對這已比較了解了：其一是路德將自己投入到攻擊統治高層，並且愈來愈針對高層領導者教皇本人，因此能量從改革熱情真正的目標之上轉移出去——這是人靈魂中的魔鬼。其二，路德做為一個改革者，一直在反對某些東西，因此得到那些「不肯做這或做那的人」（如布克哈特一針見血地指出）[32]支持。齊克果說：「在某一方面來說，路德把事情弄得太容易了。他應該知道他爭取的自由（在這奮鬥之中他是對的）很容易使性靈生活比從前更費力數倍。如果他堅持這點，就沒有人會跟隨他，而他會被視為巨大的雙重危險（Double-Danger）。沒有人會因為別人使自己生活更艱苦而跟隨這人。」[33]他認為路德沒有專心精煉他在《詩篇》講詞提出的內省綱要，而且面對敵人，尤其是針對教皇之時，他個人的敵意與反對之中有太多惡意。順帶一提，路德對自己過度的復仇心態頗有自覺；但他辯稱自己至少沒有用毒針刺人，他刺人用的是豬蹄，因此不會留下什麼傷痕，而且，他無論如何都不像英王亨利八世那樣壞。[34]

然而，連丹麥哲學家都覺得，用排泄的字眼來批評路德私下的長篇大論，乃是最恰當的比喻，這豈不叫人大為驚訝？路德自己很可能不覺得是在批評他；他自己就曾很引以為傲地說，在威登堡的一陣風，如果是他放的，那麼羅馬可能都會聞到。

二

一五二七年一月（當小漢斯還是餵奶的年紀），路德卻開始了他一生最長的一段焦慮與絕望時期：他不斷地要求朋友們確認他信仰的道理，以使自己能相信自己。路德焦慮最明顯的原因是，面對著他帶來的顛覆，他覺得心裡有個聲音在問：「你一個人就能知道所有的事嗎？但假如你錯了，假如你僅是帶著這些人犯錯而且進入地獄，怎麼辦？」[35]或者試圖讓那

31　原註29：Kierkegaard，第一章原註1所引書，XI, 44, No. 61.
32　原註30：引自Bornkamm，第二章原註31所引書，57。
33　原註31：Kierkegaard，第一章原註1所引書，X, 401, No. 559
34　原註32：L. W. W. A., X, 2. 237.

聲音幽默地說：「這些日子以來聖神都留著你做為祂巢裡的卵？」[36]他有時以浮誇來克服這聲音，他說他的道理比地上的天使的判斷還要高一級，因為既然他是那麼深深地相信這些道理是對的，這些道理必然是上帝的，而不是他自己的道理。他引用《拉加太書》第一章第八節來支持自己：「但無論是我們，是天上來的使者，若傳福音給你們，與我們所傳給你們的不同，他就應當被咒詛。」而這章第一節則說：「做使徒的保羅（不是由於人，也不是藉著人，乃是藉著耶穌基督，……）。」

他接著講了一個道理；這道理在表面上並沒有什麼決定性的意義。他說，就明智（Judiciousness）程度來說，他的「判斷」也就是上帝正義的「判斷」。如此一來，無罪的人因此就變成了法官：無論神學的道理是什麼，很顯然地，正面的良心——也就是為正義而憤怒的良心，沒有它就沒有真正的領導能力與成功的教育——已變成了針對別人的負面良心；而隨著憤怒的增加，它甚至變成「沒有正當理由」的壞良心。這種發展我們在最後一章會談到，而我相信它的確暴露了一個事實，那就是，路德青少年危機只獲得不完全的解決，以至於後來又加重了他成年時的危機。當一個思想運動的領袖發覺自己的叛變——開始時他只是想把自己的幻想運用到最廣泛定義的政治之上——對想像力、現實感與群眾良心所發生的效果時，危機就發生了。事實上，社會各階層的人都被徹底改革，但他們找不到領袖，只好儘量將路德的宗教改革利用在所有方向上。他們拒絕讓路德或那幾個像他一樣的人在牧師公館裡安頓下來以代表生活中祈禱的那一面，否則就不接受他們的財產或職業是所謂的天賜。君王變得更絕對，中產階級變得更商業化，下層社會變得更神祕與激進，而路德早期憧憬的信仰世界卻變成前所未有的、狂熱而殘忍的《聖經》偏執狂（Bible-quoting bigotry）。如同陶尼所說：「在路德看來，那是對真理的醜陋拙劣模仿，而那真理不僅是神聖的而且是他提出的，這使他覺得困窘，而困窘又使他更為憤怒。」[37]

儘管如此，精神病學家還是覺得路德加劇的憂鬱症是來自「內在的」原因；因為如果不是這樣，他原可也應該是個很平衡的牧師。但我認為齊克果相反的說法比較正確；他說路德原該是個殉道者。我是指這從心理層面來看是正確的；因為路德多少覺得他需要殉道，他實際上的確為自己創造了個人的殉道，他也曉得這點。「由於教皇與皇帝都打不倒我，因此必定要有一個魔鬼存在，這樣美德才不會因為沒有敵人而凋萎。」[38]就這樣他指定魔鬼（那「地獄的皇帝」）做為他的執刑人；而魔鬼也持續地以個人化的形式迫害他這位「基督的宣揚者」與「日耳曼人的先知」。

35　原註33：L. W. W.A., VIII, 483.

36　原註34：L. W. W..A., XXIII, 421.

37　原註35：Tawney，第二章原註30所引書，93。

38　原註36：TR, II, No. 1263.

我不認為路德在中年時期這種殉道的臨床形式，也就是他的狂鬱精神病（manic-depressive state），沒有任何體質構造的原因。但我想指出，如同我在關於馬丁的認定危機時曾提過的，這個危機也有它在生命週期的背景。

這就是「創造力的危機」（crisis of generativity），它發生在人開始檢視他創造出來的東西而發覺它們好或不好的時候，也發生在他做為時代生產力一部分的工作究竟讓他覺得自己像天使一般或讓他感覺停滯。這些感覺若不是使他老年時感到整合，使他能說：「總結下來，我再活一次也會做同樣的事。」便是使他覺得浪費與絕望。這兩種情況並不完全是這一個生命階段的功能：早先的生命階段對這時的祝福或詛咒都有影響，因為生命的特徵就是這些階段從第一到最末的階層排列。就路德與父親的關係來說，他在變成他父親希望的那樣之時——具有影響力，經濟富足，成為某種大牌律師，還生了一個名叫漢斯的兒子——卻感到極端的絕望，完全是可以理解的。

就臨床醫學來說，路德的痛苦是由心臟病症狀開始，隨之而來的是嚴重的焦慮惑。他說：「我的心在顫抖。」[39]他痛得大量流汗（早先他曾說流汗是「魔鬼之浴」），並嚴重到大聲號叫。他確信自己馬上就要死了，覺得自己沒有信仰也沒有赦罪。最重要也最糟的是，他感到絕望並喪失了所有的自尊[40]。甚至在不覺得那麼痛苦時，他還是有消化不良、便祕、痔瘡與腎結石等問題；腎結石後來也常造成劇痛。此外，他還有惱人的耳鳴現象。耳鳴原是因為慢性的中耳炎，但後來卻成為他身體與心理折磨的媒介，以及他內心聲音的利器。

我們必須記得，《聖經》帶來療癒及啟發的話語只有經過「耳朵」才能傳達到路德身上；耳朵同時具備聆聽與接受感知的能力。把耳朵打開讓《聖經》的話語進來，是基督徒創造性的被動與女性的特徵。然而，這聲音現在在路德耳中卻再次代表著負面良心：「你傳講的是什麼道理？」路德只能徒然地回答說自己是「博士」，所以註定知道；或說是施道比次逼使他傳教，企圖以官方立場和地位無可質疑的職責來做為自我辯護（就像許多中年人一樣）的基礎。或者說，這是上面叫我做的事。但這些並沒有什麼用。在這時，地上的律法與天上的恩寵，也就是摩西與基督，又變得很難區分。在這新的混亂之中，路德採取了許多非常的手段。當他自己的祈禱無法奏效時，他請一位朋友用宏亮的聲音喊出主禱文[41]，這樣或許便能讓上主的聲音再次被聽見。這時，「基督來臨，用對待罪人的態度來跟你說話：『你做了什麼事？』並像摩西一樣折磨你——將他擊打至死。但若他像上帝或救世主一般說話，趕快豎起你的雙耳。」[42]這句話中，他很顯然是用施道比次在他遊行時遭焦慮襲擊之際所說

39 原註37：L.W. W. A., VIII, 482.
40 原註38：Enders, VI, 110.
41 原註39：Enders, VI, 298.
42 原註40：TR, II. No. 2655a.

的話，來讓自己安心；但施道比次早已與其他人一起離開了修院，也離開了他已瓦解的教眾。

治療路德心理疾病唯一有效的藥，是聆聽《聖經》的好話與音樂。信仰當然是最重要的；但信仰若沒有效，排山倒海似的暴怒可能有幫助；最後他還可以求助於愛情的思想。其他時候，他則勉強自己大吃，「使肚子像頭腦一般飽滿」。好似是因為在內心啃噬的魔鬼使他沒有胃口一般，他叫人帶著食物或啤酒跟隨著他（有人說啤酒會把腎結石沖掉）。還有那他認為魔鬼最害怕的肛門部分：「把這記下來：我已把大便大在褲子裡，你可以把這褲子圍在你頸子上，或用它來擦嘴吧。」[43]最後他還用極端的諷刺說：「聖撒旦，請為我祈禱。」[44]這些話暗示我們應當就路德童年壓抑的殘餘來討論這些特徵。揭露這些殘餘的存在，甚至是存在於偉人身上的，不會帶來任何成就感：我們早已知道偉大之中也充滿著巨大的衝突。

馬丁痛苦地嘗試靜默、自制與對教會權威和教條的服從，使他後來的自我表現十分具有反叛性。他回憶時曾說：「教皇唯一沒有控制到的身體部位，就是屁股。」[45]這漏網之魚卻立刻為魔鬼所控制、壟斷：「基督徒原可很快樂，但魔鬼卻在他身上大便。」[46]我們很容易以為這些粗魯的話在那個時代很普通，但這些話裡有些可能只是庸俗的嘲弄，有些卻代表這位改革者善於使用身心式（psychosomatic）的語言，也很擅長用身體或經由身體來說話。當他因腎結石而肥腫，他說自己好似「在生孩子」。恢復之後，他又說自己排了許多尿：一次有十一桶之多。他能把這些事情說得又猥褻又奇異，證明他很有彈性，因此也能在正常時把他複雜的心理與肥腫的身體那許多層面組合起來。他顯然很喜歡豐盛的食物，也喜歡喝很多啤酒；若他「內心狀況」使他吃不下，他也勉強自己大吃，以否認魔鬼已控制了他的內臟。他說這種吃法是「齋戒」，因為他只是把吃當成儀式，吃的時候一點也不愉悅。同樣的，他也喜歡打嗝及放屁，以表示他的肚子很飽，直到痛苦與便祕毀了這種獲得解放的看法。無疑地，屁股在所有身體部位中，具有惡毒的支配地位。

路德直爽地說這些事情，但在我們的時代，只有佛洛伊德在神經病中才隱約地、象徵式與無意識地認識到它們。佛洛伊德是在他的自我分析中突然發現人身體「另一頭」的重要性。這一頭製造廢物與臭氣，但我們自己看不到，而且這一頭是在我們展露給世界的臉的相反面。當佛洛伊德發覺這事在無意識中的重要性，他很驚訝它竟然與「巫術非常相近」，因為巫術是以人們的排泄物從下面及後面來影響人類。「我開始想像一種極為原始的魔鬼教」

43 原註41：TR, II, No. 1557.

44 原註42：*Ibid.*

45 原註43：Bainton，第三章原註7所引書，295.

46 原註44：TR. I, 522.

[47]。的確，魔鬼信仰與精神病學很有理由嚴肅地思考這些排泄的事情，而這些內容我們文明人只有在淫穢笑話裡才能呈現在意識中，只要我們一面說一面笑就沒有什麼關係。這位改革者卻在絕望的時候，說他自己好似立刻要從世界的肛門排泄出來的糞便。這樣的話非常接近無意識的語言，用較不詩意的眼光來看，他與精神病人實在非常相近。而他好用糞便的字眼來攻擊教皇，更變成一種強迫性的情況。在人們需要他領導而不僅是繼續宣傳時，他一度曾以「屁眼」（Furzesel）來稱呼法耐斯（Farnese）這個姓氏，還叫人刻了一幅木刻，描繪教會是個從屁股生出一群魔鬼的妓女。路德過分的淫穢所表現的是一種狂鬱精神病的特殊需要，他必須不斷偏執地攻擊外在指定的敵人，以避免犧牲或排斥自己。

我認為路德的這一面是個人化的瀆神行為（profanity），它在某些方面與祈禱相反，因為它使用了神聖的名字，但卻「沒有效果」。它音調的本質是爆炸性的，它的效用是拒斥性的，它的態度是一種退化反抗的頑固。對於那些認為自己是別人鹵莽、環境作怪與自己愚蠢的犧牲品的人，這是最快的解脫。但解脫的程度卻與使用的次數成反比。不斷咒罵的人是個無趣的人，也是個得不到解脫的強迫症病人。

上面我們已引用過路德類似詛咒的話，它們實在是神聖與褻瀆的短路：例如，他曾建議如果基督顯靈時講話像摩西一樣，這表示他的來頭很可疑，我們就該把他給殺了。我們若同情路德，可以認為這話純粹是向人民傳教的想像。但它的確是有系統的強迫病症的表現，這可由下面的話得到證明：

> 我無法祈禱，如果我不能同時詛咒。如果我想說：「祢的名將受顯揚，」我必須加上一句：「教皇支持者的名將受詛咒、懲罰與迫害。」如果我想說：「祢的國將來臨，」我必須加上一句：「教皇的國將被詛咒、懲罰與毀滅。」的確，我每天不斷在心中這樣祈禱著。48

我們的結論是，路德用排斥或排泄的字眼，是想為內心不寬容的壓力找個出口，不然這壓力會使奉獻變得不可忍受，使高尚變得可恨——也就是當他即將在反叛的高潮之際拒斥上帝，或在惡性憂鬱中想拒斥自己的時候。這壓力的退化面，以及它強迫性與偏執性地專注在一個人物上面，如教皇與魔鬼，說明了他把對父親的問題情感傳移到一些世界性的人物上，而這傳移的主題就是肛門期的反抗。

孩童時期，人的自我主要是身體的自我（body-ego），它包括主要的身體區域經驗到的

47 原註45：Freud，第六章原註41所引書，189。
48 原註46：L.W. W.A., XXX, 3, 470. 英譯見Durant，前原註13所引書，418.

愉悅與壓力。滋養的過程在幻覺裡也形成自我的模式，它被滋養，也被毒害，它吸收也排泄食物以及好的或壞的影響。祈禱與詛咒後來取代了這本能上對現實背後內在力量的兩面矛盾情感：祈禱代表可信賴的吸收（incorporation）模式——在拉丁文就是 coram Deo，與上帝同在的意思。路德很喜歡這個字，因 coram 是 cum（連同）與 or（口）的連合。詛咒則表達出排除與完全擺脫的憎恨的模式。

這種神奇的矛盾情感在某些文化與階層中，更因大小便訓練的重視而更加惡化。這些訓練很明顯地表現了人對這些原始功能的迷信。一個人對排泄物的恐懼後來會被焦慮所取代：他的焦慮在於，若不能及早控制他的括約肌，其可能後果會影響到個人後期性格與行為表現。原始迷信以及礦工將地球多變而危險的內部通道（腸道）予以人格化，很可能影響了一些馬丁對身體的觀念。早先我們也提過屁股是當時體罰的部位：在身體上來說，這地方很安全，但在情緒上來說，這裡可能很危險，因為體罰將這個部位變成父母親與孩子雙方意志的戰場，從而惡化了這個部位的重要性。害怕父母親或老師可能透過控制了這個部位便可進而控制他的意志，這種恐懼很可能為馬丁延擱的叛變定時炸彈提供了部分的火藥，也可能說明了路德晚年偏執性的反抗中過分的地方，而這偏執性的反抗與對自己的絕望正是他那時交替出現的現象。

我們不太清楚馬丁小時的衛生習慣是如何訓練。那個時代，至少在曼斯菲德，可能不會特別在意。然而那時是日耳曼中產階級地位已經穩固的時候，也是他們為清潔洗澡瘋狂的時候。馬丁受教育的時候，商業、管理與專業階級可能認為清潔、準時與吝嗇是不可或缺的美德，而這些又是漢斯迫切希望他加入的階級。也許他的衛生習慣因此而加強了。我們不知道是否如此。然而若研究中古教堂壁畫與繪畫中的魔鬼，我們會比較了解這時代將被壓抑的魔鬼人格化，是非常普遍的現象。那些魔鬼炫耀自己過大的器官；他們厚顏無恥地以為不用相信任何人就可以很安全；他們赤裸著卻毫不以為恥；他們似乎因擁有突出的眼睛、尖長的耳朵、牙齒、淫蕩的舌頭、裸露的屁股、頭角與那暴露老色狼身分像陰莖般的尾巴，而感到驕傲；他們看來像野獸，但絕不像野獸那樣無辜：他們知道自己在做什麼，也打算繼續這樣做下去。他們就是自然，也只有在為了成為有道德而必將發現自己是裸露著的人類眼中，才是邪惡的。馬克吐溫曾說，人最大的特點就是他是唯一會臉紅的野獸。他很可以再加一句：人類永不會原諒那第一個讓他臉紅的人。

路德以民俗與時代的迷信，將生命的黑暗面（背面）人格化成魔鬼，而他也可以與魔鬼爭辯、討論，或有時根本就原諒了它。我們現在認為是有意義的說溜嘴（meaningful slips），他都認為是魔鬼在搗蛋。如果有人結婚時掉了戒指，他會大聲告訴魔鬼滾出去。如果他覺得很煩，他也會說是魔鬼在搗蛋，而帶著蔑視的神色入眠。每一個時代都有自己的方法，來解釋那些干擾我們計畫與自尊的東西。

然而，路德卻不得不與魔鬼共同生活，兩者都太頑固而不會放鬆彼此，就像他早年對父親與晚年對教皇的固著（fixation）一般。我不知道他是否因此而參與並分享了新教對惡魔的執念，我在理論上也不能決定，但如果他不是這樣具有拒斥性，我們就會有比較好的路德——或根本就沒有路德。堅決有力的肯定，也許需要堅決有力的否定能力。總之，就我們近代對內在經濟學（inner economics）的看法來看，路德在這些事上的固著使他花費了太多精力，以至於無法以持續的創造力肯定他年輕時在思想上的創見；如果他可以收回這些精力，他很可能會對在別人身上引發的熱情與強迫性行為，有比較建設性的角色。

這是這座獎牌的另一面。很顯然，我描述的是一個青少年的衰落，而不是一個成年人的興起。我們需要另一本書來處理第二個問題。那本書應在生命週期的另一層面確認成年人如何在控制他所創的新環境上取得勝利，以及他如何在死亡威脅下取得內心邊疆前線上的勝利。思想運動領袖的悲劇在於，他誠心誠意地開拓，卻發現別人利用了他的誠意，但這個故事必須由同情這種苦難的人來探討。

路德在系統神學上的貢獻不在本書範圍之內，也非我能力所及。我開始討論的是他的家庭與童年，在結論中，我要用他極大的愛人能力來描述他超人的韌性（resiliency）。他把自己包圍在婚姻、家庭、朋友與傳教之中，以致於沒有時間把他得自母親的東西轉贈給別人，但他是個慷慨的父親、教士與主人。在他無微不至的教養中，他雖然有時粗魯，但也很母性。餐桌上他有時大談武力傳教，幾乎近似提倡無政府主義來對抗教皇控制的事物；他也常戲弄他的妻子而引起爭吵（如在孩子與客人面前提倡重婚），他也常說些觸怒人的髒話。但他以親身為例，支持中產階級的婚姻與育兒所，他也比陰沉的喀爾文宗教改革更重視夫妻、父母、子女之間的親密與平等。我們可公平地說，當路德沒有劇烈衝突時，他的目標是某種程度的簡單享樂主義（simple hedonism）。他告訴一位憂鬱的君主說：「我們現在知道，帶著好良心，我們會很快樂。沒人知道叫年輕人逃避快樂卻去培養孤獨和憂鬱，是多麼痛苦的事……我從前的生命都花在哀悼與悲痛之中，但現在我盡可能地尋找快樂，也接受快樂。」[49]但除了少數得意或微醺的時刻，他的快樂很容易就被內心聲音喚起的思想運動領袖悲劇感所掩蓋：他將人類意識提高到一個新高潮，但他也經由引發公眾的交代說明來處理個人的生命交代，他把宇宙看成一個預定的家庭，也在某種程度可為所欲為。在他私人與地域性的生活中（他可能是所有世界領袖中最地方性的人物），他可說是個新人、丈夫與父親的典型。摩爾（Sir Thomas More）也是這樣的人，但他比較前後一致，最後也殉道而死；然而路德有比較深刻的個人衝突，他的啟示也更革命性。最終，他對自己說：「等我病好以後，我會把事情都看得很美好。唉，如果一個人能與自己合而為一就好了——其他辦法都行不通的。」

49　原註47：Preserved Smith，第二章原註11所引書，322。

【第八章】

結語

在一般人身上，這個整合的危機是最後一個危機，但在具有宗教人格的人身上，卻是個長期終生的危機。

一

如果只將路德看做一位中古世紀信仰的時代（Age of Faith）末期混亂之中模糊的偉人，我們實在無法了解他生命真正代表的東西。他自己曾這樣說：

> 我的神學不是一蹴而成的，我曾隨著誘惑不斷更深一層地去尋找它。[1] 神學家誕生在生活，不，死亡與懲罰之中，而不是誕生在思索、閱讀與猜測之中。[2]

雖然路德常認為自己是個充滿人性與各式各樣嗜好的人，我們卻不能藉口說偉人不能過於人性化，而不去理解他這些話；這樣只是表示我們不敢像路德一樣面對時代的誘惑（tentationes）。歷史分析應幫助我們進一步了解我們自身的時代任務，而不是把它們隱藏在偉人的陰影下。

在結論裡，我不想列舉什麼是我們應當做的事。許多書花太多篇幅來檢討「應當」，以致於沒有空間來指出該做的事如何做才好。在這裡我只想重述這本書的一些假設，使它們更合於其他共同相關的研究。

路德向自己禱詞的基礎挑戰時，並不知道自己會發現一個新神學的基本原理。佛洛伊德大膽冒險地向一種新的內省分析（introspective analysis）挑戰時，也不知道自己會發現一個新心理學的基本原則。前面我曾用絕對理性時代（era of absolute reason）末期第一位精神分析者佛洛伊德的觀念，來分析絕對信仰時代（age of absolute faith）末期第一位新教信徒路德，我也提起這兩個人看似巧合的平行之處。下面我將更進一步地連接這兩個人。

這兩人都企圖將內省的方法運用在人類衝突的核心，以增加人類內心自由的幅度，藉此，他們也增加了人的個人性、正常性與對人的服務。在教會與商業無情的重商主義剛萌芽的時候，路德以祈禱來對抗善功的哲學與行為，但他以信仰來贖罪的道理後來卻為商業主義所吸收，而成為以信仰來使商業合理化的道理。佛洛伊德在毫無止境的工業化初期提出另一種內省的方法——精神分析。很顯然他想警告人，機械式的社會化可能會使人變成有效率卻神經質的機器人。但同樣明顯的是，他的貢獻不久也被運用來推展他最反對的東西：對「適應」的歌頌。因此，雖然路德博士與佛洛伊德醫師在各自的時代被視為偉人，但是不僅他們的敵人抗拒他們，他們的朋友也因缺乏齊克果所謂心靈及道德進取的功夫而抗拒他們。

1 原註1：TR, I, No. 352.

2 原註2：L. W. W. A., V, 163.

路德發明了一種祈禱的方法，以使我們清楚自己真正的意思是什麼。佛洛伊德又增加了一種技巧（對那些沒有真心誠意的人完全不適用），以使我們認識到：那些我們根據自我的夢境與症狀而堅持是自己真心誠意想說的話，其實並不是我們心底最想要說的東西。路德告訴祈禱的人向上帝懇求，即使在你祈禱之時，賜與你開始祈禱時的善意。幾世紀以後，佛洛伊德用類似的嚴格提倡真實的內省，也就是，人對待自己的誠實應該特別誠實。

路德企圖將人的良心從專制教條中解放出來；他希望帶給人信仰的全面性。不幸的是，他卻助長了威權主義。佛洛伊德企圖將人自權威的良心解放出來；他的全面性是自我的全面性，但問題是，集體制度下的個人是否能創造出一個值得爭取的全面性世界。

路德承認人與神的距離是實存的與絕對的，他拒絕與和上帝交易的褻瀆行為有任何瓜葛。佛洛伊德則建議我們在與別人來往時，應先努力研究自己在無意識中與道德及現實的交易，之後再高傲地宣佈自己的自由意志與正義的善意。

路德將我們對上帝的了解，限制在個人對誘惑的經驗與對上帝之子受難的認同之中。在這裡，所有的人都是自由而平等的。佛洛伊德則清楚指出人的「內在衝突」的結構，精神分析使其成為有意識的，並且認識到這是普遍的現象，這便是我們對自己僅有的了解——但這也是不可逃避、不可或缺的知識。一心一意持懷疑論的佛洛伊德說，人最終的責任（無論他的內省理由如何使他明瞭或使他痛苦）就是忍受生命，並堅持活下去。

這本書裡我描述了路德這位一度極為恐懼的孩子，如何在研究基督受難中，重新恢復了基督誕生（Nativity）的中心意義。我也描述了佛洛伊德內省的方法揭露了人受到童年的熱愛與憤怒所束縛，以使人能更安全地控制人性衝突。因此，路德與佛洛伊德都認識到「孩子是中心」的道理。兩人也都使內省的方法更完美，以使孤獨的人能認識到他個人的父母性。他們也再度肯定存在的另一端，也就是人與上下代之間的關係：因為只有在面對新生嬰兒的無助與希望之時，成熟的男人（女人也如此）才會認識到活著有不可逆轉及撤銷的責任。

二

現在讓我來討論什麼是世代間的新陳代謝。

每個人的生命都是在某一演化時期及某一傳統層次中開始，這時代與傳統帶來他生長環境模式與能力上的資源，同時成長於社會過程中，也對這個社會過程有所貢獻。傳統為人準備並綜合了生活方式，但由於傳統的本質，每一生活方式也不斷在解組中。我們可以說，傳統「塑造」個人，為他的驅力找「出路」，但社會過程並不是為了馴服個人才來塑造他，它塑造世代是為了世代能回過頭來塑造並創新社會過程。因此，社會不能僅僅壓抑或昇華驅力，也必須支持每個人的自我最主要的功能，就是自我把本能的能量轉換成行動的模式、個性與風格——也就是說，自我會形成具有一個整合核心（a core of integrity）的認定感，它來自傳統，但對傳統也有貢獻。個人嚮住的是自我綜合的最高點（optimum）；而社會與文化奮鬥的是社會新陳代謝的最高點。在描述個人嚮往與社會奮鬥之間的互相依賴時，便也描述了人類生命不可或缺的東西。

在以前的一本書中，我曾列舉一個研究的大綱來解釋人生命週期與基本人類制度有相當密切的關係。現在這本書則僅限於描述其中一個週期——認定危機——以及在一個由組織性宗教來支配意識型態的歷史時期裡，此種認定危機與思想復甦運動之間的內在關係。

在討論認定危機時，我們已研究了某些社會心理危機的特徵。每一個時代裡，個人由於體質、思想和情緒成長的力量而逐漸預備好去面對某一項生命任務，這些選擇與測驗都是由社會結構預定下來的傳統方式。新的生命任務帶來了新的危機，人也許能成功地克服危機，但也可能在危機中失敗，而在生命週期中造成損傷，使未來的危機更加惡化。每一個危機都為未來的危機做準備，也為成人的人格奠下基礎。以下我將再度列舉這些危機（讀者可在另一本書中找到更詳盡的描述），以總結路德生命中的問題，並為人類信仰、意志、良心與理智等價值提出其發展的根源。這些價值都是在童年結束時認定感最基本的東西。

第一個危機出現在嬰兒早期。這個危機的解決方式，決定了人最深處的情緒：最基本的信賴或不信賴。這危機的結果，除卻遺傳、孕育或生產因素之外，主要是由母親的照顧品質來決定，也就是說，母親照顧的一致性與相互性，使嬰兒對他身體急切而奇妙的世界有某種可預測性與希望。嬰兒早期信賴與不信賴的比例，決定一個人是否有單純信仰的能力，因此也決定他是否對社會信仰有所貢獻——而這社會信仰又會培養出未來母親教養新生兒信賴心的能力。我們可以說，在這第一個時期中，歷史的過程已在運作之中。史書因此應該描繪歷史事件對成長中的世代的影響力，以此來判斷他們未來對歷史的貢獻。至於小馬丁，我已經說過馬丁的母親在他嬰兒早期完全自己來照顧他，我也推測她培養了他最基本的信賴，使他能在意志、良心與理智發展之前，有一種為原始信仰奮鬥的信心。這信仰是「靈魂的童貞」。

第一個危機相對於佛洛伊德所謂的口腔期；第二個相對於肛門期。為真正了解其動力，提出這樣的對應是非常重要的。

第二個危機，也就是嬰兒期危機，發展的是後來成為人類意志（意志力或決心）的嬰兒資源。這個危機的解決會決定一個人將來會為自主的感覺所控制，或是為羞恥或懷疑感所控制。社會對強烈決心的限制，會造成個人對成人與孩子之間的正義產生懷疑。成人如何對待這種懷疑，會決定這個人未來是否有能力將未受損傷的意志與自我紀律結合起來，以及將反叛與責任感結合起來。

我們可以說馬丁很早就被他帶著嫉妒與野心的父親趕出信賴時期，也就是把他從「母親的裙子底下」趕出來。他的父親過早就教他不要依賴女人，並且在工作中表現冷靜可靠。漢斯成功了，但他也在孩子心裡埋下對父親的正當性與真誠極大的懷疑；馬丁一輩子都對他早熟的良心與實際內心狀況之間的差距感到十分羞恥，對早期嬰兒時期的信賴感也十分懷念。他在神學上得以解決——也就是在性靈上恢復信心，在政治上卻臣服於世俗法律力量之下的解決方法——似乎完全符合於他個人對妥協的需要。這樣的分析雖然不能解釋他解決方法的神學邏輯與思想力量，它卻告訴我們個人經驗是歷史時期進化不可或缺的連接處（link）與變壓器（transformer）。這個連接是屬於心理方面的，而精神分析方法也描繪過這轉變過程與轉化的能量。

佛洛伊德用動力學的詞彙來描述這些事情。在佛洛伊德以前，很少人能夠像路德那樣真誠地描述這些介於心理學與神學之間的經驗，而路德在這些經驗中得到了他宗教上的收穫，並以神學的名詞來表達它。路德描述過各式各樣充斥在童年經驗中的惡劣狀態（state of badness）。譬如，他將「羞恥」描述為當嬰兒第一次赤裸地獨自站立著並感到渺小而經驗到的情緒：「他被帶到上帝面前，覺得很罪惡而羞恥……現在這種羞恥已千百倍於從前，使他在上帝面前面紅耳赤。這就是說整個造化中沒有他可躲藏的角落或洞穴，甚至在地獄中也沒有。他必須把自己裸裎在造化的注視之下，與他的羞恥一同公開地站著，就像壞良心被打擊時的感覺……。」[3]他也這樣描述「懷疑」，這種孩子第一次被他不能了解的理由而被單獨隔離出來的情緒：「當他在責難（Anfechtung）中受折磨時，他覺得自己很孤獨：上帝只對他生氣，而且這憤怒是無法和解的：那時只有他是罪人，別人都是對的，他們也在上帝的命令下反對他。他什麼都沒有，只有那悄悄的嘆息，他雖然不知道，但經由這嘆息，聖神卻在支持他：『為什麼上帝單單挑剔我？』」[4]

路德不是那種在生命任何階段，無論是童年、青少年或成年，可以輕輕易易地就平息這些感覺的人。他衝動而直覺的形式透徹地表現了他一生情緒問題最基本的根源，是來自嬰兒時期的奮鬥。

路德最重要的貢獻，是他對信仰活生生的新理論。這使他成為最優秀的神學家，也指出了他與個體發展最早且最基本的鬥爭。他覺得他生命的任務就是給信仰與意志、宗教與法律一個新的描述：因為對世界秩序的信仰在受到宗教壟斷的情況下，那組織式的宗教性（organized religiosity）很明顯地成為一個機構，企圖讓獨斷的永恆重新肯定那基本的信賴，並再次戰勝基本的不信賴；而每一個人類都是藉著那基本的信賴從早期嬰兒期中逐漸成形的。有組織的宗教用這樣的方法固定了那支持未來世代的信仰。既定的法律規定了權利義

---

3 原註3：L. W. W. A., XIX, 216-17；英譯見 Rupp，第七章原註11所引書，108。

4 原註4：L. W. W. A., V, 79，英譯見 Rupp, 107。

務、自由與約束，以使人服從法律與秩序而不覺懷疑或丟臉，也使人自動成為秩序的代理人，去教導下一代的人服從戒律。當然，信仰與法律的關係是人類永久的課題，無論它出現的形式是教會與國家的關係，或是密契主義與日常道德的關係，或是孤獨存在和政治信仰的關係。

第三個危機，也就是主動性（initiative）與罪惡感（guilt）的危機，是佛洛伊德所謂家庭最主要的情結——戀母情結——的一部分。它牽涉到一種持久的無意識聯想，將感官的自由與母親的身體及她所施予的照顧聯想起來；將殘酷的禁制與危險的父親的干涉聯想起來；以及這些聯想在現實與幻想之中造成的愛與恨後果（我不想在這裡討論這理論的文化相對性或起源；我假設那些想誇張這些問題的人知道，他們有義務去發展家庭、童年與社會這些有系統而更能接近核心的論題，而不是回到外圍去討論這佛洛伊德最先看透的謎題）。我們知道漢斯曾強烈地干涉馬丁對母親的依戀，而他母親也私底下給了他哥德（Goethe）所謂的「愉快與閒談的樂趣」（Die Frohnatur, die Lust zu fabulieren）——歌德曾公開承認這是他母親最大的天賦。我們也曾指出，這種後來出現在路德詩歌的裡天賦，如何變得充滿罪惡感，而終於在教育這男孩成為早熟學生的過程中破成碎片。我們也談到它與路德一輩子過度罪惡感的關係。路德曾這樣描述這種罪惡感：「這是所有病痛中最糟糕的一種。良心逃不開自己，對它來說，自己永遠存在，它也知道這事帶來的恐懼，因為不敬神的人就像憤怒的海一般。所有這些恐懼中的第三種，也就是最大的並且也是所有病痛中最糟的，就是有一個審判官。」[5]他又說：「甚至當所有的人都覺得很安全或富足時，帶有罪惡感的良心卻有想逃走的恐懼，它想把所有的東西都變成災難與死亡。這就是帶有罪惡感的良心的本質。」[6]

這自主性的時期與佛洛伊德性心理的性器期相關，它把人剛發芽的意志力與幻想、遊戲、早期工作連在一起，也因而與未可限量的幻想和希望以及施加限制和威脅的良心相互之間的區別，連在一起。就社會而言，這與孩子想像中的職業與技術的理想，關係十分密切。現在孩子知道他無法像小時一樣依戀母親，也知道他無法與父親競爭，而這正是由於他在狹窄的家庭之外看到那未來理想的職業：他在遊戲中模倣這些理想，在學校中期望這些理想。我猜想，就小馬丁而言，他父親的職業早已使他失去幻想，取而代之的是悲傷地服從做為一個學者的義務。過早而嚴厲的服從訓練，使年輕的馬丁除了為學習而無止境地學習之外，無法想像其他職業，我們在他後來不順從的服從之中，可以見出端倪。

在第四個階段中，孩子開始努力有系統地學習，並與他人合作。這階段的解決，決定了人對工作的勤勞或競爭與對工具的自卑感的比例，以使人對自身工技的原理與民風習俗的基

5 原註5：L. W. W. A., XLIV, 504.

6 原註6：L. W. W. A., IV, 602；英譯見 Rupp, 109。

本要素有所準備。他要知道事情的理由，別人至少也給予他合理的說明。他學到如何使用簡單的技術及工具，以使他為自己將來在文化上的任務有所準備。就馬丁而言，這工具就是對拉丁文的知識，我們知道拉丁文如何塑造了馬丁，也知道馬丁後來如何利用印刷術重新塑造了日耳曼民族的識字習慣。他甚至可以帶著復仇意味地說，他也教他的敵人認識了德文。

但只有在漫長的認定危機之後，他才做到這一點，而這認定危機就是本書的主題。任何人勉強認同某一些人或思想，必會加倍強烈地否認另一些人或思想；任何已經建立的認定感碰到未來危機時，就會增加一個人非理性地否認別人，甚或暫時否認自己認定感的危險。

我已簡短地提過認定感之後的三個危機：也就是親密關係（intimacy）、創造（generativity）與整合（integrity）的危機。僧侶的親密關係危機，自然是在於與異性關係這個核心問題上。認定感的另一條路與險境，是認定擴散，而親密關係的另一條路與險境則是孤獨。就僧侶而言，孤獨時也有特別的戒律，因為他自願接受有組織性的孤獨，祈禱與告解就是他所有的親密關係。

路德的親密關係危機似乎在瓦特堡才得到充份的體認與解決；這是在他早期演說以及在沃木斯會議演說使他成為世界公認的演說家之後。在瓦特堡，他寫了一篇《修道誓辭》，明顯表示只要他能找到一個值得尊敬的解決辦法，他馬上就會照顧自己在性方面的需要。但親密關係危機並不僅是一個性或異性的問題：路德一旦解放之後，他曾寫信給他的男性友人，描述自己的感情生活，包括性在內。他坦白的程度，表明了他也想與這些男性友人分享親密關係。其中最著名的例子恐怕是他寫給斯巴拉丁的信。那時傳教士與出走的修女結婚的悲喜劇層出不窮，路德曾為斯巴拉丁找到了一個逃離修會的修女當對象，她也是施道比次的親戚。在這封信中，他預祝斯巴拉丁新婚之夜幸福，同時答應他在自己床上做同樣的事時會想到他。[7]

也在瓦特堡，路德將《聖經》翻譯成德文，因而發展出一種進入日耳曼民族各家庭的能力。他在傳教或餐桌前談話時，也表現了他後半輩子一直有與人保持親密關係的能力與需要。我們甚至可以就這個題目寫一本書；而在這樣的書中，也許我們不會看到最憤怒的言語，只會找到適合聽眾接受的優美溝通方式。

由於路德的認定危機過長，也由於他性親密關係太遲，路德生命中親密關係時期與創造時期幾乎不可分。我們已知道他的創造危機出現在他當父親之後不久，也是在他廣大的群眾開始在各方面貪婪、叛變、神祕地傳播他的道理之後不久。路德充份地體驗了這時期的危險——也就是停滯（stagnation），矛盾的是，有創造性的人會比其他人更深刻地感受到這個危險，而路德在這方面的經驗是狂鬱症。等他恢復之後，他繼續建築他宏偉的神學理論，

7 原註7：Enders, V, 278-79.

但他對於教友、學生以及君王的需要已視而不見。他偶然會勃然大怒地拒斥別人；這在他是心理保健的表現，但對他的群眾而言，這卻是個永久的壞榜樣。

三

接下來的最後一個危機，是整合危機。這個危機再度把人引進虛無的大門，或至少一個「已經驗過」（having been）的境界。我曾這樣描述這個境界：

只有那些多少照顧過別人或事情，也對存在既有的成功與失望做過適應，並且創造過事物、人類或思想的人，才能逐漸收成前七個階段的果實。我想自我整合（ego integrity）是最恰當的名詞。我無法對它下清楚的定義，但我可以指出這心理境界的幾種成分。它代表自我逐漸確認其對秩序與意義的傾向。它是一種後自戀式（post-narcissistic）的對人類自我（而非自己）的熱愛。這種經驗，無論代價多麼昂貴，都表現了某種世界秩序與精神感。它接納人自己的生命週期，認為它是非如此不可而不可取代的：它因此也代表對父母親嶄新而不同的愛。它是一種同伴的感情，遙遠的時代與不同的追求都形成一種秩序，正如它們在時間與追求在言語或其他簡單產品中表現出來的一般／它是一種同伴的情感，帶著遙遠時代與不同追求所規定的方式，如同這些時代與追求的簡單產物及諺語所呈現出來的那樣。擁有自我整合的人知道人類追求不同的生活方式，但他也準備好保衛自己的生活方式，以免遭受任何身體或經濟上的威脅。因為他知道一個人的生命只不過是一段歷史中一個生命週期的偶遇，但就這個人本身來說，他分享的整合形式就是整個人類整合成功或失敗的關鍵。他的文化或文明發展出來的整合風格，就成為他「靈魂的遺產」（patrimony of his soul）與他對自己道德權威的封印〔喀爾德隆（Calderon）這麼說過〕。在這最終的解決的面前，死亡已失去其針刺。[8]

在一般人身上，整合的危機是最後一個危機，但在具有宗教人格的人身上，卻是個長期終生的危機。他早年會突然比他的同學，甚至比他的父母與老師，更要老成，也總是比他們老成，他早熟的注意力集中在其他人一生只能淺嚐絲毫的問題上：人如何才能在生活中避免腐化，以及如何才能在死亡中賦予生命意義。由於這種人很早就在這些最後的問題中得到突破，他們最好這時就殉道，以便為他的道理蓋上早死的封印。或者，他們該去隱居，以期待那末世的來臨。我們不清楚拿撒勒的耶穌年輕時是怎樣，但我們絕無法想像他是個中年人。

8　原註8：E.H. Erikson, "Integrity", Childhood and Society.

由於宗教人格年輕時的認定危機與成年時期的整合危機非常接近，他個人認定的問題也與存在認定非常相近。這問題在某個程度上只是誇大了在青少年晚期很尋常的未完成狀態。我們可以說，許多嚴重的青春期後成年人（postadolescents）後來或者克服並解決了這個問題，或因這問題而崩潰，或在思想、藝術上找到媒介使自己與虛無保持距離，這都證明了這種顧慮在他們身上僅是短暫的問題，而宗教領袖卻是處理這些問題的專家。

在期待較成熟的危機來臨時，青少年後期的危機也可能回復成最早的生命危機——也就是對存在的信賴或不信賴。最早與最末的危機都集中到青少年的認定危機中，這很可能解釋了為什麼那些在宗教或藝術上有創造力的人會一度好像精神病人一般，後來卻能以超人的天賦表達人類生命全部的意義；而青少年後期惡劣的不安之中，常常藏有早熟的智慧與僭取的整合。這被選中的年輕人把自己的認定問題延伸到已知的宇宙存在的邊界，而別人卻忙著適應或滿足社會供給他們的按部就班的認定感。他讓自己永恆地面對信賴的問題，在別人身上，信賴問題卻可能殘留而變成否認、絕望或精神病。他的行為好似他自己個人的開始也是全人類的開始，他不但自覺本身的獨特性，也自覺本身的人性；別人卻藉著會員資格、職業或特殊利益，隱藏在傳統的籠罩之下。對他來說，歷史因他而結束、而開始；別人卻在記憶、軼事或書本中尋找前輩的言語或行為，來做為現在與未來的模範。難怪他同伴還年輕時，他卻像個老人，而他們最終老去時，他卻像個孩子。我想老子（Loa-tse）[9]所言也正是這個意思。

然而，最優秀的改革家的危險，卻在於他對群眾影響力的本質。在現代，我們可以在甘地的生命與影響力中看到這點。他也相信祈禱的力量；他齋戒或祈禱時，群眾，甚至英國人，都屏住呼吸。因為祈禱使他們有力量說出從社會最高階層到最低階層都會聽到的話，所以甘地與路德都相信他們可以仰賴上帝語言來約束自身，一如其激發的力量。在這樣的希望中，偉大的宗教家靠一個事實的支持——或說被誘惑——那就是，所有的人共同處在一種存在的焦慮潛流之中，因此他們會在危機中或週期的間歇空隙裡感到恢復信賴心的強烈需求，以使他們有限而歪曲的意志、良心、理智與自我認定感恢復活力。但他們其中最好的卻會在客西馬尼（Gethsemane，耶穌被出賣之地）打瞌睡，而最壞的只有在尋求無政府式的破壞或政治騙術時才接納新的信仰。如果信仰可以移山，那麼就讓它移走他們路上的障礙吧。或許，群眾也感覺，那些渴望獲得性靈力量的人即使在聲明棄絕之時，也要交代如何處理內心的權威。他也許否認他們的叛變，他自己本身卻是個叛徒。他說話也許極其謙卑，如路德說的，「他的口就是基督的口」，他的膽量仍是篡奪者的膽量。因著他，世界有了更好的遠景，但卻暫時變壞了。從最老的禪詩到最近的心理學理論，我們都可以清楚地看到「善與惡

9 審訂註：中國哲學家。

的鬥爭就是心靈的疾病」[10]。

人類最大的問題就是，如何使幼年的訓練不至於利用人早期的無助與道德上的敏感，而導致後來不可避免的邪惡與罪惡感；因為這種感覺最終會使人藉著崇高價值的名義暗中做壞事。宗教家當然會假設，由於邪惡感打都打不倒，它必屬於人的「本性」，甚至是上帝的計畫與禮物。我們對這種假設的回答是，不僅幼兒訓練制度對基本不信賴、羞恥、懷疑與罪惡感的利用方式不同，各個宗教對它們的利用方式也不同。問題最先出現在人極度害怕他們如果不用負面良心來控制本能，本能的力量會不受控制，其次是出現在人想用負面道德來創造出最適宜的環境，並用嚴格的制度來強化它。在這理論中，人對自然界的力量與邪惡的所有恐懼，都重新投射到他自己內在力量和孩子身上——孩子潛在的能力有時被醜化成犯罪的能力，有時又被美化成像天使一般。由於人需要鍛鍊過的良心，他會認為自己必有個壞良心；有時他假設自己有個好良心，但那只是個隨和的良心。我對這些問題的答案，並不是想逃避或否認孩子也有壞的地方；去否認不能避免的東西，只會更加深祕密與不可控制的邪惡感。這些問題的答案，在於人是否能為孩子創造出一個規則，從中鍛鍊出有紀律且包容的良心，與一個他能積極地行動的世界。

四

在本書裡，我們討論了一個西方宗教運動。這運動從極端強調自主性與罪惡感的交互作用，以及單獨強調神聖的父子關係之中崛起；而這些強調在後來也一直延續著。但就算在這個架構之中，母親仍是重要的對手，無論她是多麼的模糊。父性宗教（father religions）也總有母性教會（mother churches）。

我們可以說人透過黑暗中的玻璃去觀看時，會發現自己站在內心宇宙之中，而其中有三樣東西最能喚醒他的懷念。第一樣東西是簡單而熱烈的希望，想要一種與母體連成一體的幻覺，以及一種仁慈慷慨的有力物質。這期望的象徵是一張肯定的臉，慈祥地俯望著，並向那有信仰的人保證願意回來母親胸懷的那些人總是會被無條件地接受。在這象徵裡，自主性的分裂修補起來了：無條件的接納治癒了羞恥，而永恆的慷慨供應也治癒了懷疑。

第二種懷念的中心，是提供指引的良心所發出的父親聲音，它結束了童年單純的樂園，並認可充滿活力的行動。它也警告必將面臨罪惡的糾纏，並以憤怒的閃電施加威嚇。改變這

10　原註9：Seng-ts'an, Hsin-hsin, Ming. Alan W. Watts, The Way of Zen (New York, Pantheon Books, 1957).

聲音的威嚇性，是第二個成為宗教致力從事的強制要求，甚至不惜以部分投降與各式各樣的自我閹割做為手段。我們不計任何代價，強迫上帝必須指明祂為了確保救贖的存在，懷著憐憫親自計劃了罪與罰。

最後，這片玻璃也顯出了那純潔的自己，那尚未出生的創造核心，那在父母之前就存在的中心，在那裡，上帝是純粹的虛無——套用西里修斯（Angelus Silesius）的話來說。在東方密契主義裡，上帝通常就是這樣的。這純潔的自我不再因善惡之間的鬥爭而受苦，也不再仰賴哺育者以及理性與現實的引導。

這三種意象就是宗教主要的目標。它們自然會以各種不同形式融合在一起，也會加入其他次要的神性。但是，一個人若在企及可能的永恆未來時，再次從他過去最早信賴的經驗中去尋求，是否就必定是退化呢？或者宗教吸取了人的能力，即使那人處在退化狀態，以求創造性的復甦？宗教在最具創造性時，能回溯到我們最早的內心經驗，使模糊的邪惡具體化，並抵達個人最早信賴的來源；與此同時，它們也使世世代代培養的共同整合的象徵繼續活躍。就算這是一種部分的退化，這種退化也是在回溯既定的穩固路徑中，又返回到更擴增、更清晰的現在[11]。這事會不會成功，自然要靠這位接觸這面玻璃的時代之子是否具有好的信仰：他是否能在較高的層次上，尋找那種人類一開始就已安全擁有的基本信賴，或他只是在尋找童年就已失落的與生俱來的權利？每一個世代（無論其意識形態上的天堂在哪裡），都有義務為下一個世代留下一個基本信賴的寶藏。當路德說如果社會真心誠意地為嬰兒受洗，嬰兒就會有信仰，這話無論在思想上或心理上都是正確的。然而，創造性的時刻或時代是極其稀少的。上面描述的過程可能難產，也可能在停滯的制度中早夭——在這樣的情況之下，它可能也必然與神經病與精神病有關，表現出自我限制與自我幻覺、偽善與愚蠢的道德主義。

佛洛伊德已證實一些宗教的思考方式與神經症患者的思考方式很相像[12]。但我們在夢境中也會退化，夢境的內在結構與神經病的病症也很相符。但做夢本身是很健康也很必要的。做夢是否有效，要靠人已有的信仰，而不是靠人想要尋求的東西：好良心使人睡得好，而好的睡眠會把鬆脫的照顧重新縫合起來。那些使人白天覺得罪惡、羞恥、懷疑與不信任的事情，在這時被織成神祕而有意義的夢境意象，它的安排會讓人在睡眠中獲得恢復，以使人睡醒後的狀態能發揮建設性的功能。如果人做夢時受到陌生現實的干擾，或人從夢中附加的現實回到真正現實時受到了干擾，夢境就會失敗，夢就會變成惡夢。

---

11 原註10：有關 Ernst Kris 對退化如何為自我服務的觀念，見 Ernst Kris, Psychoanalytic Explorations in Art (New York, International Universities Press, 1952)。

12 原註11：Freud，第一章原註8所引書。

宗教企圖利用與做夢類似的心理機制。它用詩與藝術的集體才藝來加強這種機制，以使儀式夢境（ceremonial dreams）有類似治療的價值。但是，中古世紀的教會，那昔日的儀式幻境大師，在過度有效率推展地獄的現實感與過度成功地干擾人對現世的感覺時，很可能不但沒有對更美好世界的偉大實現產生信念，反而創造出對這現實類似惡夢的感覺。

我曾說，路德企圖恢復的原始信仰，可以追溯到早期嬰兒最基本的信賴心。我相信我並沒有因此而減低路德所謂上帝偽裝（God's disguise）的奇蹟。如果我假設宗教將嬰兒對父母親笑臉與指引的聲音的意象投射到仁慈的天堂上，我也不用向那把月亮畫成紅色的時代道歉。平靜來自人內在的空間。

五

在許多地方、許多革命與新教各式各樣天職的人格之中，宗教改革仍繼續著。

我寫這本書時正在墨西哥，住在俯覽查拍拉（Chapala）湖邊小漁村的小樓中。這漁村原始的內在秩序早在基督教以前就形成了。但教堂急迫的鐘聲在奇異的情況下仍會喚起人的記憶。教堂現在為俗人所有，只是租借給牧師的。教士的衣袍現在是制服，只有在教堂或進行聖事如拜訪病人時才穿上。但到了晚上，教堂塔上的十字架是村中唯一的霓紅燈，帶著防衛性的冒犯。教士的顧客大部分是女人，她們狂熱地崇拜村裡一座小小的聖母像；像其他地方一樣，這是一座代表童貞女與純潔母性的偶像，而非罕見的悲劇式救世主母親形象。男人們多半是旁觀者，他們讓女人把宗教當成她們世界的一部分，自己卻一心只想到俗事。年輕的男人嚮往那不太遠的瓜達拉加拉（Guadalajara）城，在那城裡，教堂已逐漸被公寓與辦公大樓的高度與華麗所掩蓋。

瓜達拉加拉很快就變成一座現代都市，工業化的生活也被北方工業大國的產品與技術所控制，但它們仍保有墨西哥名稱，管理也是墨西哥式的。革命後（postrevolutionary）的商業人士已出現了，他們反對墨西哥的男性化與主動管理方式。他們現代式的住屋只能說是清教式的；避免矯飾與舒適，線條清楚而嚴厲，房間光線充足卻顯得十分貧乏。

描繪革命的繪畫，是最明顯會排斥舊有事物的。畫家奧羅左科（Orozco）[13]在瓜達拉加拉的房子裡，用簡單筆法描繪內戰情景的石版畫旁邊，我們可以看到貶謫他自己階級的素

13　編註：奧羅左科（José Orozco, 1883-1949），墨西哥畫家，被譽為二十世紀最偉大的壁畫家之一。一九二〇年代墨西哥的革命時期，他在許多建築物上以壁畫描繪領導者藉革命的名義濫用權力，而下層階級民眾盲目起舞、看不清自己的悲慘現狀，藉此喚起人民反思何謂正義，被稱做墨西哥壁畫運動。他曾說：「繪畫最純粹和最有力的形式就是壁畫，它也是最公正無私的。」（資料來源：非池中藝術網）

描：素描中的咒罵與褻瀆直可與路德最糟糕的小冊子相比擬。事實上，一些最珍貴的革命主題的壁畫，也直追德國版畫家老克拉納為那些以文盲群眾為對象的宣傳小冊所製作的木刻版畫。但反對剝削的革命會解決「剝削」這個問題嗎？或是人也必須學習，才能培育出真正較不肯接受剝削的人——而在他們自身的生活空間中，那些人一開始便是人類生命週期與人類世代週期的主宰？

我有一次前往墨國首都時，曾去拜訪古老的瓜南盧安多（Guanajuato），也就是大學的所在地。在那裡，堅固的堡壘頂上還加了幾層華美的尖塔，以蓋過旁邊那曾經掌控教育的教堂。教堂牆上有關於死亡、審判、地獄與永恆榮耀的文字：

死亡是通向永恆的大門
審判決定永恆
地獄是對痛苦永恆的習慣
榮耀是快樂永恆之家

附近帕斯古安諾（Patzcuaro）湖邊有座巨大的雕像。這雕像建在一漁人島上。它雕的是革命英雄墨雷羅（Morelos）；他從前也是個教士。雕像中的他高高地舉起右手，極為肖似路德在沃木斯的神態。就這雕像乾淨簡單的粗線條與頑固的清教形式而言，它很可以放到北歐去。假如他另一隻手拿著的不是石劍的柄，而是一本書，它很可能就是路德。

【附錄1】

名詞對照

三劃

大阿爾伯特　Albertus Magnus
小權威主義　petty authoritarianism

四劃

丹尼佛　Heinrich Denifle
巴斯卡　R. Pascal
心身症　psychosomatic
心理史學的　psycho-historical
心理生態學　ecology of the mind
心理治療科學　clinical science of the mind
心理社會認定感　psychosocial identity
心理嬰兒　psychoinfantile
父性宗教　father religions
父親情結　father complex
父親情感傳移　father-transferences
內省分析　introspective analysis

五劃

主任司鐸　Pastor
主運動場　The sphere of prime motion
加爾都西會　Carthusian
古騰堡　Johannes Gutenberg
只出生一次　once born
史密斯　Preserved Smith
史達伯克　Starbuck
外化　externalization
尼古拉斯・托勒提尼斯　Nicolaus Tolentinus
布克哈特　Jacob Burckhardt
布里西恩　Priscian

布林頓　Crane Brinton
布朗　Brown
布納芬杜拉　Bonaventura
弗里斯　Fliess
本我　id
瓦特堡　Wartburg
母性教會　mother churches

六劃

耳弗特　Erfurt
伊拉斯姆　Erasmus
伍爾夫　Thomas Wolfe
先兆　precursor
全面主義　totalism
共同生活會修士　Brothers of the Common Life
再生　second birth
在性方面的依戀　libidinal attachment
多元決定論　overdetermination
存在　existence
安娜・佛洛伊德　Anna Freud
成長的危機　growth-crisis
托洛爾區　Ernst Troeltsch
托缽修會　medicant orders
米蘭朵拉　Pico della Mirandola
自我治療　autotherapeutic
自我認定危機　identity crisis
自我適應　ego's adaptive
自我壓抑　self-denial
自淫　autoerotic
至上認定感　Super-Identity
色林吉亞　Thuringia
色慾　concupiscence
艾凡諾　Alverno
行動計畫　activities program
西里修斯　Angelus Silesius
西斯班尼斯　Petrus Hispanus

老子　Loa-tse

七劃

亨利·蘇瑟　Henry Suso

伯爾納鐸　Bernard

佛哲桑　Erich Vogelsang

利特　Paul J. Reiter

杜瑞　Dürer

沃沐斯會議　Diet of Worms

狂鬱精神病　manic-depressive state

良性歇斯底里病　benign hysterical episode

身心式　psychosomatic

身體的自我　body-ego

防禦　defensive

八劃

亞哈船長　Ahab

享樂主義　hedonism

兩性擴散　bisexual diffusion

兩極性　bipolarity

具有紀錄性質的藝術　documentary art

具體化　reification

卑勒　Gabriel Biel

命定論　fatalism

命定論　Predestination

固著　fixation

固戀　fixation

宗教人格　homo religious

性本能　libido

性器期　phallic stage

拉帕波特　David Rapaport

林茲　Linz

法拉提契里　Fraticelli

泛性主義　pansexualism

泛性論者　pansexualist

波墨　Heinrich Boehmer

阿那爾德 Anhalt
阿姆霍斯特大學 Amherst College
阿法朗根 Alfragan
阿奎那 St. Thomas Aquinas
阿契霍恩 August Aichhorn
阿威羅伊 Averroes
阿維森納 Avicenna
青春期後的成年人 postadolescents

九劃

信仰的時代 Age of Faith
前意識 preconscious
哈拿克 Theodosius Harnack
哈特曼 Heinz Hartmann
威吉爾 Virgil
威克里夫 Wycliffe
威登堡大學 University of Wittenberg
威廉・詹姆斯 William James
客西馬尼 Gethsemane
後性器期 the post-oedipal period
思想改造 thought reform
思想訓練 indoctrination
思覺失調症 schizophrenic
施佩爾 Albert Speer
柏拉糾 Pelagius
柯靈烏 R.G.Collingwood
相反律 law of opposites
胡司 Huss
負面認定 negative identity
韋伯 Max Weber

十劃

個人能量慣性的重心 habitual center of personal energy
哥勞斯 Johannes Cochlaüs
哥達 Cotta

哥達夫人　Ursula Cotta
哥德　Goethe
埃斯勒本　Eisleben
埃森納　Eisenach
夏培　Schalbe
庫比茲克　August Kubizek
格里撒　Hartmann Grisar
烏南蒙諾　de Unamuno
烏新根　Usingen
特拉比斯會　Trappists
特雷費—羅珀　Trevor-Roper
班頓　Roland H. Bainton
神人同性論　anthropomorphism
神經病　neurotic
神聖之愛　Agape
紐曼　John Henry Newman
虔信者　pietists
起源論　originololgy

退化　regression
馬德堡　Magdeburg

十一劃

偉大的羅倫佐　Lorenzo the Magnificent
停阻　arrest
動力心理學　dynamic psychology
唯名論　nominalism
唯實論　realism
密契主義　mysticism
屠特威特　Trutvetter
強迫性的補償　obsessive compensation
排斥　repudiation
教會國家　church-state
曼海姆　Karl Mannheim
曼斯菲德　Mansfeld
梅色堡　Merseburg
棄絕自我　self-abnegation

赦罪　indulgences
陶尼　R. H. Tawney
陶樂　Tauler
麥第奇　Medici

十二劃

勞伊克林　Reuchlin
喀爾文　Jean Calvin
喀爾德隆　Calderon
喬伊斯　James Augustine Aloysius Joyce
富蘭克豪森　Frankenhausen
惠欽格　Huizinga
斯多登漢　Stotternheim
普勞塔斯　Plautus
最低限度　rockbottom
絕對主義　absolutism
絕對理性時代　era of absolute reason
絕對信仰時代　age of absolute faith
華倫布羅薩　Vallombrosa
費西諾　Ficino
超我　superego
超認定　super-identity
間歇性的瘋癲　periodical insanity
雅蘭拉若　Alain de la Roche
飯前道理　table talk

十三劃

傳移神經病　Transference neurosis
勤奮期　stage of industry
塔中的啟示　revelation in the tower
奧古斯丁修會　Augustinian order
奧古斯丁修會黑色修院　the Black Monastery of the Augustinians
奧坎　Willam Occam
奧羅左科　Orozco
意識形態　ideology

瑟納的聖加大利納　Catherine of Sienna
群體的神經病　collective neuroses
聖女彼利其特　St. Brigit
聖保羅　St. Paul
聖奧古斯丁　St. Augustine
聖經母體結構　matrix of the Scriptures
聖體禮　communion
葛森　Jean Gerson
詩篇演講　lectures on Psalms
零點修士　Nullbrueder

十四劃

對象關係　object-relationship
漢撒同盟　Hanseatic League
熙篤會　Cistercian
精神分析　Psychoanalysis
精神分析主義　psychoanalysism
精神病　psychotic
精神病患　psychopath
緊張症　catatonic
蓋茨堡演說　Gettysburg Address
認同　identification
認定擴散　identity diffusion
齊克果　Kierkegaard

十五劃以上

撒克邏博斯克　Sacrobosco
儉省原則　law of parsimony
墨雷羅　Morelos
德尼　Denis
憂鬱　depression
憂鬱症　melancholia
震擊治療法　shock therapy
魯夫斯　Mutianus Rufus
魯賓那斯　Crotus Rubeanus
歷史化　historification

蕭伯納　George Bernard Shaw
霍夫堡　Hofburg
優羅克　Yurok
嬰兒期的奮鬥　infantile struggle
謝爾　Otto Scheel
隱居修院　eremitical-conventual
職業治療　occupational therapy
薩佛納羅拉　Savonarola
瓊・艾瑞克森　Joan Erikson
羅爾　Rorer
懸宕期　moratorium
蘇族　Sioux
蘭克　Leopold von Ranke
驅力　drives
魔鬼信仰　demonology
戀母情結　Oedipus complex
靈知　gnosis

【附錄2】

延伸閱讀

- 《馬丁路德桌邊談話》（2017），馬丁・路德（Martin Luther），橄欖。
- 《超越五百年的影響力：馬丁路德今天仍舊說話》（2017），撒拉・威爾森（Sarah Hinlicky Wilson），道聲。
- 《致死之病：關於造就和覺醒的基督教心理學闡述》（2017），齊克果（Søren Aabye Kierkegaard），商周。
- 《威登堡風雲：馬丁路德的朋友與對手》（2016），廖元威，道聲。
- 《齊克果日記》（2016），齊克果（Søren Aabye Kierkegaard），商周。
- 《愛在流行：一個基督徒的談話省思》（2015），齊克果（Søren Aabye Kierkegaard），商周。
- 《受傷的醫者：心理治療開拓者的生命故事》（2014），林克明，心靈工坊。
- 《生命週期完成式》（2012），艾瑞克・艾瑞克森（Erik H. Erikson）、瓊恩・艾瑞克森

（Joan M. Erikson），張老師文化。

- 《心靈治癒生命的八個階段》（2011），林瑪竇（Matthew Linn）、林丹尼斯（Dennis Linn）、莎依拉・法布里肯特（Sheila Fabricant），上智文化事業。
- 《超越佛洛伊德：精神分析的歷史》（2011），史帝芬・米契爾（Stephen A. Mitchell）、瑪格麗特・布萊克（Margaret J. Black），心靈工坊。
- 《真理的意義》（2005），威廉・詹姆斯（William James），立緒。
- 《覺醒中的自由：路德神學精要》（2004），林鴻信，校園書房。
- 《宗教經驗之種種》（2001），威廉・詹姆斯（William James），立緒。
- 《艾瑞克森：自我認同的建構者》（2001），羅倫斯・佛萊德曼（Lawrence J. Friedman），張老師文化。
- 《生命史與心理傳記學：理論與方法的探索》（2001），威廉・讓揚（Willaim Runyan），遠流。
- 《Erikson 老年研究報告》（2000），艾瑞克・艾瑞克森（Erik H. Erikson）、瓊恩・艾瑞克森（Joan M. Erikson）、海倫・克夫尼克（Helen O. Kivnick），張老師文化。
- 《心理史學》（2000），張廣智，周兵，揚智。

Master 051

青年路德：一個精神分析與歷史的研究

Young Man Luther: A Study in Psychoanalysis and History

作者—艾瑞克·艾瑞克森 Erik H. Erikson　譯者—康綠島　審訂—丁興祥

出版者—心靈工坊文化事業股份有限公司
發行人—王浩威　總編輯—王桂花
責任編輯—趙士尊　特約編輯—鄭秀娟　封面設計—黃昭文
內頁排版—龍虎電腦排版股份有限公司
通訊地址—10684台北市大安區信義路四段53巷8號2樓
郵政劃撥—19546215　戶名—心靈工坊文化事業股份有限公司
電話—02）2702-9186　傳真—02）2702-9286
Email—service@psygarden.com.tw　網址—www.psygarden.com.tw

製版·印刷—彩峰造藝印像股份有限公司
總經銷—大和書報圖書股份有限公司
電話—02）8990-2588　傳真—02）2290-1658
通訊地址—248新北市新莊區五工五路二號
初版一刷—2017年10月　ISBN—978-986-357-101-8　定價—600元

國家圖書館出版品預行編目資料

青年路德：一個精神分析與歷史的個案研究 / 艾瑞克.艾瑞克森(Erik H. Erikson)著；
康綠島譯. -- 初版. -- 臺北市：心靈工坊文化, 2017.10
面；　公分
譯自：Young man Luther : a study in psychoanalysis and history
ISBN 978-986-357-101-8(平裝)

1.路德(Luther, Martin, 1483-1546)　2.基督教傳記

249.943　　106015942